O CAMINHO DA SABEDORIA

Christophe André
Alexandre Jollien
Matthieu Ricard

O CAMINHO DA SABEDORIA

Conversas entre um monge, um filósofo e um psiquiatra sobre a arte de viver

Tradução de
Eric Heneault

Título original: *Trois amis en quête de sagesse*

Publicado mediante acordo com Éditions de l'Iconoclaste e Allary Éditions em conjunto com a 2 Seas Literary Agency e seu coagente Villas-Boas & Moss Agency.

O texto deste livro foi fixado conforme o acordo ortográfico vigente no Brasil desde 1º de janeiro de 2009.

Matthieu Ricard dedica a integralidade dos seus direitos autorais a projetos humanitários realizados no Tibete, no Nepal, no Butão e na Índia pela associação internacional que fundou: Karuna-Shechen. www.karuna-shechen.org

Edição das conversas originais: Catherine Meyer
Preparação: Fátima Couto
Revisão: Fernando Nuno e Raquel Nakasone
Capa: Miriam Lerner/Equatorium Design
Imagem de capa: TatianaDavidova/ThinkStockphotos.com
Projeto gráfico: Rodrigo Frazão

1ª edição, 2016
Impresso no Brasil

Dados Internacionais de Catalogação na Publicação (CIP)
(Câmara Brasileira do Livro, SP, Brasil)

André, Christophe
O caminho da sabedoria: conversas entre um monge, um filósofo e um psiquiatra sobre a arte de viver / Christophe André, Alexandre Jollien, Matthieu Ricard ; tradução de Eric Heneault. -- São Paulo: Alaúde Editorial, 2016.

ISBN 978-85-7881-367-3

1. Autoajuda 2. Conduta de vida 3. Desenvolvimento pessoal 4. Sabedoria I. Jollien, Alexandre. II. Ricard, Matthieu. III. Título.

16-04709 CDD-158.1

Índices para catálogo sistemático:
1. Desenvolvimento pessoal: Psicologia aplicada 158.1

2022
A Editora Alaúde faz parte do Grupo Editorial Alta Books
Avenida Paulista, 1337, conjunto 11
01311-200 – São Paulo – SP
www.alaude.com.br
blog.alaude.com.br

ÍNDICE

PREFÁCIO

A casa em que trabalhamos neste livro se encontra no meio de uma floresta, na Dordonha. Perto dali, há uma pequena trilha em que frequentemente passeávamos entre as conversas. E, em uma bifurcação, um cartaz de madeira indica a direção do lugarejo mais próximo, com as seguintes palavras escritas à mão: "Cœurjoie [Alegria do Coração], via sem saída"! Mas não demos atenção a esse aviso: durante essas duas semanas de trabalho e amizade, a alegria sempre encontrou uma saída, um jeito de estar em nosso coração!

Já faz dois ou três anos que decidimos os três em conjunto escrever um livro sobre a maneira de conduzir a própria existência. Não um manual que ditasse lições, mas um livro que falasse das nossas convicções e da nossa experiência. Considerávamos que nossas três trajetórias, tão diferentes – nossas três "profissões", filósofo, monge, psiquiatra –, talvez permitissem um cruzamento fértil de pontos de vista sobre os grandes assuntos que interpelam o ser humano quando ele reflete sobre a maneira como leva a vida.

Nós nos conhecíamos havia muito tempo. Já tínhamos lido o que cada um escrevera. E então chegou a época dos verdadeiros encontros... E da amizade. No decorrer dos nossos encontros, públicos ou privados, da constatação dos valores que tínhamos em comum, das convicções que compartilhávamos, surgiu a ideia de um livro.

Neste trio fraternal, cada um desenvolve um papel. Matthieu é o irmão primogênito generoso e firme, que percorre o mundo para defender as causas que lhe são caras (os projetos humanitários, o Tibete, o altruísmo), de uma robustez intelectual e física que provoca a admiração de seus dois parceiros; Alexandre é o irmão caçula, alegre e afetuoso, de mente brilhante, criativa, poética, que adora rir e fazer rir, que gosta de ser paparicado e de dar muito amor. Christophe é o irmão do meio, tranquilo, preocupado em ajudar, explicar e confortar seus pacientes e leitores, o mais solitário do grupo, porém sempre alegre em se juntar aos seus "amigos no bem", como o trio se apelidou.

Uma palavra ainda sobre o lugar e o ambiente. Passamos esses dias de intercâmbio em uma casa que dá para o vale do rio Vézère, onde podíamos admirar o nascer do sol no inverno, emergindo devagar das brumas e iluminando aos poucos a paisagem. Uma casa em que fomos tratados como príncipes do Périgord: alimentados com suculenta comida vegetariana, só nos restava refletir, sentar e conversar ao lado da lareira. Para aliviar o cérebro, fazíamos longos passeios pela natureza, sentávamos à mesa para conversar com amigos de passagem e visitávamos a comunidade budista do Centro de Estudos de Chanteloube, cujos templos, estupas e eremitérios nos cercavam.

Rimos muito também quando procuramos um título para o livro. Veja do que você escapou (e cuja gênese esperamos que entenda ao ler os capítulos correspondentes): *Três homens em um vilarejo, Os sapateiros da compaixão, Os titios matadores** *do ego, Os lenhadores do altruísmo, Os encanadores da gratidão, Os tagarelas do Périgord, Os lixeiros do eu, eu, eu, Os vermezinhos da escuta, O comando da otimização dos desempenhos compassivos.*

Durante esses dias de trabalho, fomos cercados de amigas e amigos carinhosos, permanentes ou de passagem, sem os quais não teríamos conduzido este projeto: nossos três nomes constam na capa,

---

* Tradução livre da expressão "*Les tontons flingueurs*" do texto original, que faz referência ao filme francês homônimo, dirigido por Georges Lautner em 1963 e lançado no Brasil com o título *Testamento de um gângster*. (N. do T.)

mas existe uma verdadeira rede de anjos e fadas que se debruçaram sobre o berço deste livro. No fim do volume, agradecemos aos nossos companheiros de viagem.

Último detalhe: esta obra reúne as trocas de experiências e de convicções de três amigos cujas trajetórias, personalidades e profissões levaram a refletir e trabalhar sobre o que faz bem ao ser humano. Não pretendemos ser modelos no assunto, nem servir de exemplo no que diz respeito aos esforços que é preciso fazer ou às dificuldades que devem ser superadas! Nossas conversas versaram sobre temas que escolhemos durante nossa estadia, e toda noite decidíamos o assunto do dia seguinte, de maneira que a noite fosse nossa conselheira. Nossas conversas, informais, eram integralmente gravadas antes de serem transcritas no papel. Nossos editores e nós mesmos então trabalhamos para "limpar" e formatar essas horas de conversas e debates. Esperamos que o leitor encontre nas próximas páginas algum resquício do ambiente estudioso e alegre das nossas conversas, do espírito espontâneo mas comprometido com a coerência e a comunicação que tentamos adotar.

Agora venha se sentar ao nosso lado em uma cadeira ou ainda mais perto de nós, em uma das poltronas surradas e aconchegantes em que nos acomodamos. Já estão aí outros amigos, que mais adiante dirão coisas preciosas sobre o nosso debate. O fogo está crepitando na lareira, o vale se estende do outro lado da janela, o sol invernal começa a empalidecer levemente, o chá está fumegando nas xícaras, aquecendo as mãos e estimulando a mente. Alexandre, com uma expressão travessa, faz uma piada; Matthieu acomoda os óculos e bate nas mãos para pedir que todos se concentrem mais; e Christophe olha uma última vez para suas notas, redigidas na noite anterior em um pequeno caderno (sabe que seus amigos brincalhões costumam olhar em sua direção para que ele seja o primeiro a falar).

A conversa vai começar, só falta você...

INTRODUÇÃO

Matthieu: A motivação é um pouco como a direção que decidimos seguir ao nos levantarmos de manhã em uma viagem: vamos para o norte, o sul, o oeste? Na hora de iniciar as conversas que vão fornecer a matéria deste livro, vale demorar-nos alguns instantes na questão do sentido que queremos dar às nossas discussões. Sobretudo, devemos nos perguntar se queremos ajudar os outros ou servir a interesses pessoais.

Nossas motivações para este livro

Christophe: No que me diz respeito, parece-me que minhas motivações são triplas: primeiramente, ser útil. Sou um médico que escreve livros de ajuda psicológica e procura prestar serviço por meio deles. Saber que posso ser útil a outras pessoas sem que para tanto seja preciso encontrá-las me traz grande alegria. Acho que nunca tive outro motivo ao começar a escrever um livro, como nós três, aliás: ajudar meus leitores a sofrerem menos, a progredirem como pessoas. Passar dez dias com dois amigos que amo e admiro é a segunda motivação! Mas ainda vejo outra aspiração neste livro a três vozes: fazer coincidir a imagem que as pessoas têm de nós com aquilo que somos. Às vezes nos percebem erradamente como "sábios", como se tivéssemos encontrado um tipo de sabedoria e de maneira de ser que nos tornasse muito diferentes dos outros. Obviamente – pelo menos para mim –, trata-se de uma ilusão, e, ao falarmos do nosso percurso e das dificuldades que encontramos para nos tornarmos pessoas melhores, podemos ajudar ainda mais quem nos lê, lembrando que não lhes somos superiores. Tenho a impressão de que para o leitor é reconfortante saber que não existem duas categorias de pessoas: as que voam 10 quilômetros acima da sua cabeça e aquelas que, como ele, se debatem na lama do cotidiano. Todas as pessoas são semelhantes: precisam trabalhar duro para serem melhores.

Alexandre: Agora, na hora de iniciar esta conversa, tenho a impressão de entrar em um imenso laboratório espiritual para explorar, na companhia de vocês, as grandes obras da existência. Encarar esse vertiginoso desafio ao lado de dois peritos da felicidade me alegra e também me intimida um pouco. Acima de tudo, desejo que nossas conversas sejam úteis. Há livros que me salvaram a vida. E eu estaria feliz se, sem apresentar receitas – elas não existem –, nossa conversa pudesse incentivar aquelas e aqueles que lutam e testemunhar o desejo de seguir cada vez mais um caminho espiritual. Mesmo o maior progresso interior é inútil se não nos tornarmos mais solidários, se não nos aproximarmos do próximo. E a cultura de si mesmo logo pode mofar se não levar a uma verdadeira generosidade. O ego é tão esperto e sinuoso que se aproveita de tudo, ou quase. Com certeza, há um egoísmo espiritual. Ao nos esquecermos dos outros, quebramos inevitavelmente a cara, instrumentalizamos o próprio caminho da nossa salvação. Daí a urgência de procurar uma prática que nos liberte passo a passo desse risco... A amizade cura muitos males, dá asas e consola. Foi ela que deu o pontapé inicial ao nosso encontro, e é ela que tece profundamente os vínculos que nos unem e que nada poderia desgastar. O essencial consiste em nunca esquecermos que somos todos companheiros no mesmo barco, e juntos devemos atravessar o oceano do sofrimento. É a essa dinâmica que eu gostaria de dedicar este livro.

Mesmo o maior progresso interior é inútil se não nos tornarmos mais solidários. E a cultura de si mesmo logo pode mofar se não levar a uma verdadeira generosidade.

Matthieu: Inicialmente, este livro nasceu da nossa amizade e do desejo renovado de passar alguns dias juntos para ter uma conversa franca sobre assuntos importantes para nós. A ideia não é simplesmente juntar nossas elaborações mentais para fazer mais um livro. Alguns gostam de inventar conceitos para depois se dedicar à ideia de propagá-los. Nossa meta consiste mais em compartilhar o que aprendemos com nossos mestres – espirituais e outros – nos estudos e na prática meditativa e terapêutica. Quanto a mim, graças à sabedoria e à bondade dos meus mestres espirituais, pude me transformar, mesmo que pouco, e me colocar a serviço dos outros. Portanto, de minha parte, tento compartilhar o que me trouxeram, fazendo o melhor que posso para não trair nem desnaturar a mensagem deles.

Alexandre: Temos urgência em nos engajar profundamente em uma prática, nutrimos um ardente desejo de progredir e entender que podemos escapar da prisão da mente. Cada um pode dissertar à vontade sobre a prática, mas vivê-la dia após dia, eis a grande questão... Durante uma conferência na Associação dos Indignados,* eu mesmo estava um tanto "indignado", porque após os belos discursos fiquei sozinho debaixo de um temporal, obrigado a voltar a pé para casa. É inútil condenar

* O movimento dos Indignados, originário da Espanha, hoje tem ramificações em vários países na forma de associações que lutam contra a injustiça social. (N. do T.)

o mundo, acusar o planeta inteiro. O que importa é promover ações, ajudar, apoiar de verdade. Devemos seguir sem mais tardar o conselho de Nietzsche, para quem a melhor maneira de começar bem o dia consiste em nos perguntarmos, ao acordar, se hoje podemos agradar a "pelo menos um homem". Tudo começa pelo "próximo", o "primeiro a aparecer", segundo as palavras de Christian Bobin. Como, do fundo do coração, acolher quem eu encontro na esquina, o próximo com quem convivo todo dia? E amar para valer aquele que me irrita?

Christophe: Todos nós podemos ser como esses indignados que o escutaram falar de altruísmo e não o ajudaram a voltar à estação de trem. Porque nos limitamos aos conceitos, porque, imediatamente após a conferência, voltamos aos nossos problemas e preocupações. No fundo, a mensagem essencial não é "o altruísmo é uma bela coisa", porém "o que posso fazer para os outros? Agora? Hoje?" O conceito em si não cura. Pode consolar, esclarecer, gratificar, mas a cura sempre passa, mais cedo ou mais tarde, pelos atos e pelo corpo. É na experimentação e no real que vemos se uma ideia tem força e sentido, e é na prática que podemos constatar suas consequências sobre nós e os outros.

Matthieu: A ideia essencial que vocês levantam está no cerne do budismo. Diz-se que a eficácia e o sentido de qualquer ensinamento se medem pela maneira como ele se torna parte integrante de nós. Todo o resto é apenas blá-blá-blá. Colecionar as receitas do médico sem seguir o tratamento prescrito não ajuda a se curar. As ideias são úteis para esclarecer o debate, saber aonde vamos, determinar os princípios dos nossos atos, mas, se não pusermos nada em prática, elas não servem para nada.

Há outra questão importante que vale a pena esclarecer, no que diz respeito à nossa motivação e à possível utilização deste livro. Trata-se da ambiguidade daquilo que chamamos de "desenvolvimento pessoal": se esse desenvolvimento ocorre unicamente na bolha do nosso ego, vamos nutri-lo, poli-lo, embelezá-lo com ideias reconfortantes, mas sempre dentro de uma ótica muito estreita, e passaremos ao lado da meta, porque a busca da plenitude só pode se realizar pela benevolência e pela

A eficácia e o sentido de qualquer ensinamento se medem pela maneira como ele se torna parte integrante de nós.

abertura aos outros. É preciso evitar a qualquer preço que o exercício da plena consciência – e da meditação, em particular – se torne um refúgio onde nos deixemos absorver o tempo todo pelo nosso ego. Como Alexandre diz com frequência: "A bolha do ego cheira a mofo". Ou tentamos nos transformar com a finalidade de servir aos outros, e todo mundo sai ganhando, ou ficamos na bolha do nosso ego, e todo mundo sai perdendo, porque quem tenta desesperadamente ser feliz apenas para si não consegue ajudar nem aos outros nem a si mesmo.

Christophe: Tenho a sensação de evoluir em uma esfera um pouco diferente, na medida em que, como médico, me confronto com as dificuldades dos meus pacientes, que frequentemente padecem de baixa autoestima. Isso me leva a olhar essa questão de maneira menos crítica. No meu trabalho, constato que a primeira etapa consiste com frequência em consolar o ego, restaurá-lo, reforçá-lo. Muitos têm consigo mesmos uma relação marcada pela aversão. Tenho a impressão de que é preciso fazer um trabalho em dois tempos. Se eu os incentivar a cuidar dos outros, com certeza isso vai ser bom para eles, mas essa não é a ordem mais apropriada de fazer o trabalho. Sei que no final vai ser preciso que abram mão do interesse que têm em si mesmos, ou pelo menos da parte excessiva desse interesse autocentrado. Mas isso não acontece tão depressa. Penso assim principalmente porque, quanto a mim, foi assim que progredi.

Outra coisa que sempre me obcecou na prática da minha profissão é o que chamamos de "revelação de si mesmo do terapeuta", o momento em que quem cuida, diante do sofrimento do outro, fala um pouco do seu próprio sofrimento – aliás, usamos isso neste livro. Esse fenômeno foi estudado, teorizado, porque é um elemento poderoso, como um tempero na comida. Sem isso, uma relação terapêutica fica chocha, ao passo que, graças a ele, ela pode adquirir um gosto de cumplicidade e humanidade. Em que consiste a revelação de si mesmo em uma relação de ajuda? Em um dado momento, o médico percebe em seu paciente um sofrimento que ecoa um sofrimento que ele mesmo viveu. E decide lhe contar parte daquilo que atravessou, porque isso pode ser útil ao paciente: ele toma consciência de que não está sozinho. Esse *self-disclosure*, como dizem os americanos, deve ser feito em pequenas doses: não se trata de invadir o espaço da consulta com nossa própria história, ou de procurar "relativizar" o paciente, porque não se trata de desvalorizar seu direito de sofrer. Trata-se apenas de levá-lo a se juntar, por meio do seu sofrimento, ao vasto grupo das pessoas que o cercam. Isso me faz pensar nesta outra frase de Christian Bobin, em *Les ruines du ciel* [As ruínas do céu]: "Qualquer que seja a pessoa que você olhar, saiba que ela já atravessou várias vezes o inferno". Quando chegam a nós, os pacientes estão atravessando o inferno, onde se sentem sozinhos e perdidos. Saber que outros já passaram por esse caminho às vezes pode lhes trazer conforto e tranquilidade.

Nosso percurso

Alexandre: A ideia de vocação é muito libertadora. Serve de bússola nos dias em que tudo dá errado, de incitação para responder ao mais profundo chamado da vida. Tanto na adversidade como na alegria, trata-se de se perguntar incansavelmente qual o chamado, aqui e agora, da existência. No que me diz respeito, acredito que a vida me confiou três chamados. Primeiro, a deficiência física, que deve ser vivida por inteiro. A enfermidade, longe de ser um fardo, pode se tornar um fabuloso campo de treinamento. Se eu a considerar como algo penoso, só me resta me matar agora mesmo... É melhor considerá-la como um caminho possível em direção à sabedoria. Mas cuidado, não é o sofrimento que engrandece, *mas o que fazemos dele.* Desconfio

> Não é o sofrimento que engrandece, *mas o que fazemos dele.* Desconfio sempre dos discursos que se apressam a justificar as provações.

sempre dos discursos que se apressam a justificar as provações. Levam a gente a esquecer que a dor pode amargurar ou matar o coração. Mesmo sem conseguir aceitar totalmente a deficiência, já que certos dias é uma calamidade, descubro nela uma chance de me tornar mais alegre e livre. E vejo claramente que, sem uma prática espiritual, estou mal encaminhado. Em resumo, a deficiência me impele para a urgência de me converter e de me refugiar no fundo do fundo, longe dos rótulos, do parecer, para seguir todo dia o caminho da aprendizagem.

A profissão de escritor também procede de um chamado. Essa paixão, essa necessidade se impôs muito cedo. Na hora da luta, entendi que um dia eu precisaria testemunhar a herança que me legaram os companheiros de infortúnio. Eles me transmitiram um gosto pelo essencial: o desejo de progredir, a sede de uma alegria incondicional e de solidariedade. No instituto para pessoas portadoras de deficiências em que cresci, durante dezessete anos, nasceu uma vocação de testemunha. Certamente, tratava-se de um mecanismo de sobrevivência, porém dos mais férteis: no sofrimento, senti com todo o meu ser que era preciso fazer algo a partir disso.

Por fim, a vocação de pai de família me convida a desaprender, a curar o medo, os reflexos, as falhas, a progredir sempre.

Essas três vocações me acompanham a todo momento, especialmente quando não estou bem, o que ocorre com bastante frequência. Ultrapassam a ideia de um objetivo pessoal que o ego teimaria em alcançar a qualquer preço: aqui, não há como ser promovido, trata-se simplesmente de seguir adiante e de amar cada vez mais profundamente sem se deter em lugar nenhum. Quem se prende a uma identidade não para de sofrer. Se, por exemplo, eu estiver convencido de que minha felicidade depende do meu *status* de escritor, o dia em que não puder mais escrever vou perder a alegria.

Hoje eu me alimento na fonte das grandes espiritualidades, em especial pela prática do zen e por uma vida de preces, o que me ajuda a viver mais profundamente esses três canteiros de obras da existência.

Tudo começou com uma deficiência de nascimento: bastou um infeliz cordão umbilical para que eu ficasse com paralisia cerebral irreversível. Desde os 3 anos de idade, cresci em um centro especializado, escola de vida árdua, porém formidável. Lá, acima de tudo, descobri a dura precariedade da nossa condição. Desde então, carrego um sentimento de insegurança, um medo do abandono, fruto certamente desse início de carreira um tanto movimentado e da separação em relação aos meus pais. Dessa vida em uma instituição, mantive o deslumbramento diante do mundo e a necessidade de sempre estar a caminho.

Com meus companheiros de infortúnio, às vezes portadores de deficiências muito graves, também me deparei com a morte. Uma das minhas melhores amigas, Trissia, sofria de hidrocefalia. Aos 8 anos, uma educadora me falou em particular: "Vá ver Trissia, ela está no fim do corredor, veja como está bonita". Entrei no cômodo para descobrir minha amiga deitada em um caixão. Eu não sabia que ela estava doente. Esse encontro antecipado com a morte e o sofrimento ao mesmo tempo me fez crescer e me traumatizou. Nunca vou esquecer aquela menina de mãos cruzadas, como em uma prece. Naquele quarto lúgubre, senti um chamado radical que me orientou para a vida espiritual. Senti na carne que, sem busca interior, eu estaria perdido.

A luta para ser aceito na escola supostamente "normal" foi longa. Não passei nos testes psicomotores. Eu não era rápido o suficiente. Graças à obstinação dos meus pais, felizmente pude me matricular na escola. Se hoje insisto no direito de todos à integração, é exatamente porque escapei por pouco da exclusão. Quando me deixaram sair do centro, foi como se eu estivesse desembarcando em outro planeta. Eu não sabia nada sobre os códigos sociais: quem eu devia beijar, de quem devia apertar a mão... Hoje ainda estou aprendendo esse jogo social.

Desde a infância, cultivo certo senso do trágico e uma ingenuidade persistente... Ao conviver com pessoas que não podiam falar, também aprendi a doçura de um gesto amigável, um sorriso, um olhar. Precisei de bastante tempo para aterrar na sociedade e resolver me adaptar. Agarrei com tanta força a primeira garota pela qual me apaixonei que até hoje sua reação me perturba: "Mas você está com problemas!" Esse primeiro contato corria muito o risco de se transformar em uma condenação à contenção... Ao contrário, o que fazia minha alegria no instituto era viver em uma desconcertante transparência: quando estávamos felizes, nós dizíamos; quando estávamos tristes, fazíamos com que os outros soubessem... No mundo externo, ao contrário, eu descobria que, em geral, era preciso mascarar os sentimentos, disfarçar as intenções, e sobretudo não se mostrar por inteiro.

Conviver com os mais desprovidos me transmitiu, ainda jovem, certo gosto pela solidariedade. Alguns julgam que o homem é mau, egoísta e pensa só em si. Foi exatamente o contrário o que vivi com meus companheiros de infortúnio: uma solidariedade natural, uma benevolência espontânea, um desejo de progredir juntos... Em resumo, um vivificante altruísmo. Diante de um destino pouco clemente, nós nos mantínhamos unidos. É preciso esquecer essa ideia de que o homem é egoísta por natureza. Você, Matthieu, em seu livro *A revolução do altruísmo*, cita um trecho da correspondência do pai da psicanálise que me divertiu muito e em que ele diz ter descoberto pouco "bem" nos homens, cuja grande maioria não passa de canalhas. Ao contrário, descobri uma bondade nua, sem cálculo, no coração de muitos praticantes, e sobretudo junto às crianças. Por que acabamos desaprendendo essa inocência?

É verdade que o espetáculo do cotidiano e a mais rudimentar observação de si mesmo revelam mil e uma taras, tais como o ciúme, a calúnia, o deboche... imperfeições difíceis de abandonar. Mas isso não impede que eu acredite na grandeza do homem. Portanto, *precisamos* redobrar nossos esforços para alcançar o fundo do fundo, a natureza profunda do nosso ser que escapa desses mecanismos emocionais.

> Antes, eu só procurava a felicidade do lado de fora, só me refugiava na esperança de uma vida melhor, sem tentar mudar meu olhar sobre o mundo.

No meu caminho, um encontro, como um feliz acidente de percurso, me fez sair dos trilhos, abandonar a rota traçada. Um dia, perguntei ao padre do instituto: "Por que há pessoas deficientes? Se Deus existe, por que nos deixa aqui, longe dos nossos pais?" O padre Morand teve a decência de não tentar explicar o inexplicável. A bondade desse homem, que dedicou a vida inteira aos outros, deixou-me confuso e me conquistou. Lembro-me de suas palavras: "Você é um filósofo, é como Sócrates!" A partir daí, embora péssimo aluno e pouco interessado nas coisas da mente, apressei-me em comprar livros sobre Platão e Sócrates, em extrair deles uma verdadeira farmacopeia e, sobretudo, um convite para ter uma *vida melhor* em vez de uma *vida mais bem-sucedida*. A aventura podia começar, e foi um jovem adolescente desarmado que correu atrás do crescimento, que ousou descer à sua interioridade. Antes, eu só procurava a felicidade do lado de fora, só me refugiava na esperança de uma vida melhor, sem tentar mudar meu olhar sobre o mundo. Os "vagabundos" de Atenas trouxeram um remédio, um estímulo, uma terapia da alma. Daí a desejar entrar na filosofia como se entra em certas ordens não foi mais que um passo.

Ao lado da deficiência, a carência afetiva deixou duras sequelas. Muitos educadores foram instruídos a manter essa distância presumidamente terapêutica quc parece proibir todo calor humano. Além disso, algumas vezes fui cercado por freiras um tanto frias. Caçando toda forma de idolatria, quando eu dizia que adorava bolos, elas respondiam secamente: "Só se adora Deus". Felizmente, o padre Morand procedia às devidas correções. Sua extrema bondade e sua grande erudição me deram o gosto pela vida espiritual. Seu bom senso, sua generosidade indefectível e sua sagacidade me tocaram.

Dando o exemplo, ele me converteu ao caminho da filosofia. Durante a Segunda Guerra Mundial, ele abrigara uma família judia. Um dia me contou que, ao perceber de longe um carro da Gestapo, sem hesitar ele pôs a casa do avesso, quebrando pratos e saqueando armários. Quando os ss chegaram, ele simplesmente disse: "Seus colegas acabaram de passar, vasculharam tudo, olhem a bagunça que deixaram".

Em resumo, é a esse homem de Deus que devo minha paixão pela filosofia. Precisei de muito tempo para entender que a sabedoria se enraíza em uma arte de viver, em exercícios espirituais praticados todos os dias. Logo, passei pela experiência um tanto amarga de descobrir que a filosofia não cura, não no meu caso, pelo menos. Embora eu lesse e relesse Aristóteles, Leibniz, Espinosa, Nietzsche e os demais, as emoções perturbadoras não me deixavam sossego. No caminho, encontrei o mestre zen Jacques Castermane. Graças a ele, senti que a paz já estava lá no fundo do fundo, e que o corpo, longe de ser um obstáculo, podia conduzir a ela...

Então, eu *precisava* de um pai espiritual que ao mesmo tempo fosse mestre zen e padre católico para aprofundar a fé em Deus, que sempre esteve em mim, e a meditação. Eu, minha mulher e nossos três filhos nos mudamos para Seul a fim de nos iniciarmos na escola do desapego e da liberdade. O diagnóstico foi claro: eu havia perdido a alegria da minha infância, essa simplicidade, essa espontaneidade. Na Coreia do Sul, a aprendizagem me mudou bastante: no lugar do superpai protetor que minha mente esperava, encontrei um autêntico mestre espiritual que dia a dia me mostra que o amor incondicional está além de tudo aquilo que eu podia imaginar. Ele me ensina a amar mais livremente, a sair da prisão, afinal. Desde então, me comprometi a meditar uma hora por dia. Dedicar-se de corpo e alma à prática é o que salva: dominamos poucas coisas, daí a necessidade de nos entregarmos sem ressalva à vida espiritual, que passo a passo nos liberta.

Todo dia descubro com alegria o que liberta verdadeiramente: os encontros e a fidelidade da prática espiritual. Graças ao meu mestre e à minha família, com Bernard Campan, Joachim, Romina, Christophe, Matthieu e tantos outros, posso me dedicar a essas vocações e progredir no ofício de homem. Sim, mil e um auxílios no dia a dia me ajudam a viver com minhas feridas. Finalmente, sou o contrário do *self-made man*: sem meus amigos no bem, eu não poderia perambular por Seul. A todo instante, devo morrer e renascer e desaprender muito...

Toda vez que chego a amaldiçoar minha deficiência, lembro-me das palavras infinitamente benéficas do meu mestre, que me despertam na mesma hora: "Abençoe os obstáculos; sem essa deficiência e essas repetidas angústias, é provável que você tivesse sido o rei dos imbecis". Esses eletrochoques me ensinam a não demonizar mais aquilo que à primeira vista me impede de progredir. Recentemente, implorei para não ser *mandado de volta* à Europa antes de ter encontrado a verdadeira paz, uma alegria autêntica, antes de ter desarraigado as causas do *meu* sofrimento. Acho que vamos permanecer um bom tempo na Coreia do Sul...

Christophe: Gosto muito das três vocações sobre as quais você fala – pai, deficiente e autor. Para mim também a paternidade foi reveladora e uma motivação para progredir: eu queria dar o melhor exemplo possível às minhas filhas, e percebia que isso ia exigir de mim muito trabalho! Minha deficiência é simplesmente ser estrutural e psicologicamente um ansioso com muita aptidão para a infelicidade, e faço esforços diários para não correr ladeira abaixo nessa direção. Quanto à vocação de autor, no começo foi uma extensão da minha vida de médico. Gosto de ajudar, consolar, curar – quando é possível. Ao ler os livros dos outros – os seus, Alexandre, os de Matthieu, os de Christian Bobin e tantos mais –, sou sensível ao seu aspecto terapêutico esclarecedor – ou não. Na minha mente, avalio o serviço prestado ao leitor, e a meu ver existem dois tipos de livros: os que vão ajudar e os que apenas vão divertir.

Meu percurso? Não nasci inteiramente equipado para curar e falar sobre o sofrimento. Encontrei todos os tipos de dificuldades – infinitamente menores que as suas, Alex. Por inúmeras razões, sou alguém profundamente inquieto, pessimista, introvertido também, e só me sinto capaz de refletir verdadeiramente quando estou a sós. Ao mesmo tempo, preciso dos outros; costumo dizer que sou um solitário sociável! Toda vez que pude contar nos meus livros essa dimensão de fragilidade e mostrar como era importante para mim trabalhá-la, acredito que isso trouxe reconforto aos meus leitores, porque eles constataram que esse trabalho é o destino de qualquer pessoa. Meu grande temor é ser idealizado por meus leitores, ao passo que meus familiares me amam, às vezes admiram alguns dos meus comportamentos, porém também conhecem os meus limites – e não apenas é melhor assim, como também é mais confortável para mim! É por isso que costumo falar de mim nos meus livros: não por narcisismo, mas para revelar os esforços que devo fazer para me afastar de uma vida tranquila e perfeita demais.

Tive a sorte de estudar medicina e não engenharia: quando pequeno, por ser bom aluno, fui orientado para os estudos científicos e, como todos os meus colegas da época, eu sonhava em construir foguetes, prédios. E no último momento li Freud, que fazia parte do programa de filosofia: seus textos me entusiasmaram, e decidi me tornar psiquiatra. Psiquiatra e não psicólogo, o que me levou a seguir o caminho da medicina e entender que eu gostava mesmo de tratar pacientes. Poder ajudar e consolar me trazia grande alegria... Ainda mais que, na minha juventude como estudante, eu certamente era o cúmulo do egoísmo, porque ninguém me ensinara o altruísmo, e porque eu gostava de seduzir e me divertir. Aos poucos, estudar medicina me levou a me deparar com verdadeiros sofrimentos, coisas terríveis. E também a perceber que é importante estar presente ao lado das pessoas que sofrem; eu entendia que havia escolhido a profissão certa porque, ao lado da tristeza que as infelicidades dos pacientes faziam brotar dentro de mim, eu sentia que aliviá-los me deixava feliz e dava à minha vida um sentido que as demais atividades não conseguiam. Finalmente, tratar e consolar me fazia um bem imenso. Será por esse motivo que segui esse caminho? Minhas motivações para o altruísmo seriam em última instância egoístas, já que me deixavam bem? Por muito tempo acreditei nisso, embora tivesse vergonha desse egoísmo disfarçado. Muito mais tarde, Matthieu abriu meus olhos, mostrando que esse bem-estar ao tratar os pacientes era fruto do altruísmo, algo obtido "a mais", mas não obrigatoriamente sua motivação inicial.

Então, após os estudos de medicina, passei para a psiquiatria. E logo vi que a psicanálise, que dominava essa disciplina na época, não era para mim: confrontava-se com meu desejo de ajudar os outros. Requeria uma posição de contenção na qual eu me sentia infeliz e incomodado; na psicanálise, eu me sentia limitado em minha espontaneidade, obrigado a manter uma distância que me parecia imprópria diante de pessoas que sofrem. Assim como os médicos da sua instituição, Alexandre, que tinham por norma não desenvolver relações afetivas com as crianças das quais cuidavam, considerava-se então que o tratamento era melhor quando contido, mantido a certa distância terapêutica. Abria-se mão do poder gigantesco das emoções, da compaixão e da empatia; ele era ignorado ou reprimido. Essa maneira de ser distante com os pacientes, de não os pegar pela mão, de não dar conselhos me deixava profundamente incomodado. Eu disse a mim mesmo: "Você não é feito para ser psiquiatra", e, por um tempo, dediquei-me à cirurgia, às emergências e à obstetrícia. Eu gostava bastante disso, mas a psiquiatria ainda me atraía, talvez porque eu precisasse dela para meu próprio uso. Voltei a ela de outro modo: saí do circuito universitário, abandonei toda forma de ambição profissional na hierarquia hospitalar e fui vaguear um pouco, formei-me em hipnose, em terapia familiar. Descobri meu mestre em psiquiatria, Lucien Millet, que era o que se chamava de psiquiatra humanista. E com ele me senti totalmente à vontade: ele era gentil com os pacientes, chamando-os pelo nome – sem desenvolver amizade –, interessando-se pela vida deles, querendo a colaboração da família em vez de mantê-la à distância... Ele praticava a psiquiatria como me parece que deve ser: com benevolência e preocupação com os outros. Comecei a respirar, e me formei numa abordagem comportamental, na contracorrente da psicanálise lacaniana. Com a abordagem comportamental, estamos na pedagogia e no companheirismo: explicamos aos pacientes como funcionam seus transtornos, os esforços que precisam fazer. Mostramo-nos atentos a

> Ele praticava a psiquiatria como me parece que deve ser: com benevolência e preocupação com os outros.

eles. E é preciso mesmo! Porque lhes pedimos que façam coisas difíceis: que confrontem seus medos, suas angústias, algo que não fariam espontaneamente. Tudo o que eu fazia com meus pacientes me alimentava para superar meus próprios problemas, minhas próprias angústias, minha própria timidez.

Ao descobrir a psicologia positiva, também fiz uso dela para combater minhas tendências ao negativismo, ao pessimismo e à infelicidade. Então, encontrei a meditação, e foi, mais uma vez, uma imensa reviravolta.

Toda vez que eu trabalhava com meus pacientes, estava remando no mesmo barco. Eles não percebiam, mas frequentemente eu sentia uma grande gratidão após as sessões: permitir-lhes entender algo sobre si mesmos me ajudava a entender algo sobre mim, na prática, ao vivo. Os pacientes foram meus mestres – lembro-me mais precisamente de cerca de dez deles que transformaram minha vida sem saber. Talvez eu não lhes tenha dito o suficiente, talvez não lhes tenha agradecido o suficiente; mas na época eu achava que isso poderia desestabilizá-los...

Gosto desse canteiro de obras permanente em que todos nós trabalhamos. Quando nos encontramos, Alexandre, você me fez descobrir essa noção de *progredientes*, palavra latina que designa aquelas e aqueles que estão trabalhando, progredindo. Aliás, em determinado momento, você até teve uma associação com esse nome, "Les Progredientes". Eu me envolvi nesse processo, levando uma vida inteira para melhorar, progredir e explicar isso aos pacientes, incentivá-los a fazer o mesmo.

Demorei muito para entender aquilo de que Matthieu fala constantemente: a primazia da motivação altruísta sobre as motivações autocentradas. Eu era tão desequilibrado que, se não tivesse feito medicina, com certeza teria seguido um caminho errado: talvez pudesse ter sido um bom engenheiro, mas uma péssima pessoa. E acredito que recebi essa mensagem de maneira profunda somente após ter me tornado pai e médico, após ter sido "abrandado" por meus filhos e pacientes. Como isso exigiu tempo, sempre tive a preocupação de sentir em que ponto estão meus pacientes para lhes mostrar a direção, de longe, sem pressioná-los em relação a coisas que ainda não são plenamente capazes de apreender. Eu os incentivo a considerar que pequenos atos altruístas vão permitir, por exemplo, que pensem menos em seu sofrimento, mas não apresento isso como um ideal salvador. Se estou lhes contando tudo isso, é porque sempre perdoo aos meus pacientes por se agarrarem demais a seu ego machucado, levando-os a perdoar seus próprios erros e demoras. Esse foi o caminho que eu percorri.

Matthieu: O que dizer após tantas coisas lindas? Quando criança e adolescente, eu não era nem melhor nem pior que os outros. Tinha fama de ser um tanto frio – como Alexandre dizia a meu respeito no começo da nossa amizade –, não era muito extrovertido. Desde a adolescência eu me abri aos textos sobre a espiritualidade, por influência da minha querida mãe, Yahne Le Toumelin, e do irmão dela, Jacques-Yves Le Toumelin, navegante solitário que, durante suas viagens no mar, leu muito a respeito do sufismo, do vedanta e sobre outras vias espirituais, principalmente graças aos livros de René Guénon. Tínhamos um círculo de amigos que falava muito sobre essas coisas. Eu estava interessado. Li também alguns livros sobre a espiritualidade – nada muito profundo. Fui criado em um ambiente laico, queria ser médico e até cirurgião. Mas ouvi os conselhos do meu querido pai, que me disse: "Há muitos médicos. A pesquisa é o futuro". Eu tinha boas notas em física, então escolhi a física. Fora isso, não era um excelente aluno. Meu pai ainda me disse: "A biologia é o futuro". Então, estudei biologia. Por uma feliz combinação do destino, ingressei no Instituto Pasteur, nas aulas de François Jacob, e escrevi uma tese sobre a divisão celular.

Acontece que, pouco antes da minha chegada ao Instituto Pasteur, acompanhei a edição dos filmes que Arnaud Desjardins fizera sobre os grandes mestres tibetanos que haviam fugido com a invasão chinesa. Eu tinha 20 anos, e, de repente, isso mudou tudo. Disse a mim mesmo que não se tratava mais de textos de Mestre Eckhart, de Ibn Arabi, de Ramana Maharshi, dos Padres do Deserto, nem de outras pessoas falecidas. Essas pessoas ainda estavam vivas. Ainda existiam lá outros Sócrates, Francisco de Assis, e eu achava que eles tinham algo excepcional em relação a todas as pessoas que havia encontrado até então. Arnaud Desjardins e outro amigo, Frédéric Leboyer, que tinham acabado de vê-los, me mostraram fotos. Eles me disseram: "Quem mais nos impressionou foi aquele que vive em Darjeeling, Kangyur Rinpoche". Resolvi encontrá-lo.

Meu pai tivera a excelente ideia de me fazer aprender grego clássico, latim e alemão. Ele dizia que eu acabaria aprendendo inglês de qualquer modo. Assim, parti para Darjeeling com um pequeno *Método Assimil* de inglês no bolso. Lá chegando, logo encontrei Kangyur Rinpoche, e ele se tornou meu mestre, não somente porque foi o primeiro que encontrei, mas também porque foi o que me tocou mais profundamente. Durante a minha viagem, encontrei outros mestres, mas foi com Kangyur Rinpoche que passei mais tempo. Fiquei três semanas sentado diante dele, sem dizer muita coisa. Eu não falava inglês, e muito menos tibetano. Diante de mim estava o próprio exemplo não de um saber específico, de uma habilidade excepcional, como a dos virtuosos do piano, mas simplesmente do melhor que um ser humano podia se tornar. Ele não tinha nada em comum com as pessoas que eu conhecera antes. Foi por meio de sua maneira de ser, de sua bondade, que esse mestre me inspirou profundamente.

Regressei à França, onde continuei minha tese, porém todos os anos, entre 1967 e 1972, voltei para Darjeeling, sete vezes ao todo. Em determinado momento, pensei: "Quando estou no Instituto Pasteur penso sobretudo no Himalaia, e quando estou no Himalaia não penso mais no Instituto Pasteur. Preciso tomar uma decisão!" E em vez de ir aos Estados Unidos, como desejava François Jacob, resolvi fazer um tipo de pós-doutorado em budismo no Himalaia! Fiquei lá, quase sem sair, de 1972 a 1997. Tive muito poucos contatos com o Ocidente.

Diante de mim estava o próprio exemplo não de um saber específico, de uma habilidade excepcional, mas simplesmente do melhor que um ser humano podia se tornar.

Não li nenhum livro em francês durante todo esse período. Jornais também não, e não ouvi rádio. Aliás, há uma falha no meu conhecimento dos eventos mundiais que ocorreram naquela época. E, como negligenciei demais a língua francesa, isso me prejudicou na hora de escrever livros. Durante 25 anos, fui iniciado em tibetano e pratiquei a via budista.

No que diz respeito às três situações que vocês mencionaram – pai de família, deficiente e escritor –, nunca fui pai de família. Mesmo assim, cuidei de crianças por meio da Karuna-Shechen, organização humanitária que fundei com um grupo de amigos. Hoje, ela se encarrega da educação de 25.000 crianças em escolas e trata 120.000 pacientes por ano em dispensários que construiu.

No que diz respeito à deficiência, sem querer fazer graça, para mim está claro que somos deficientes enquanto não estivermos totalmente acordados, enquanto ainda tivermos por dentro um rastro de malevolência, de avidez ou de ciúme, e não sentirmos uma benevolência ilimitada em relação aos outros. Quer se trate da felicidade sobre a qual vocês falam ou do altruísmo que almejo, tenho perfeita consciência da mescla de sombra e luz que ainda existe em mim, e dos progressos imensos que ainda devo fazer. Sei que, às vezes, estou longe de ser perfeitamente benévolo. Chego a ter pensamentos e palavras que lamento, ao avaliá-los em comparação ao altruísmo. Mas mantenho um profundo desejo de remediar isso, de me transformar muito mais ainda. É isso que importa, é nessa direção que quero ir.

Meu regresso ao Ocidente teve por origem um diálogo com meu pai, do qual fizemos um livro, *O monge e o filósofo*. Eu não tinha vocação para ser escritor. Havia começado a traduzir textos tibetanos, mas não era especialmente talentoso para escrever. Quando recebi a proposta desse diálogo, fui ver o abade do mosteiro onde moro, Rabjam Rinpoche (neto de Khyentse Rinpoche, meu segundo mestre, falecido em 1991). Eu lhe disse: "Recebi essa proposta. Francamente, não vejo bem o interesse de jogar conversa fora durante dez dias". Para minha surpresa, ele respondeu: "Sim, sim, você tem que fazê-lo". Portanto, foram em parte seus conselhos que me fizeram aceitar. Sem ele, eu teria seguido a mesma trajetória, no Himalaia, praticando e traduzindo textos. Obviamente, isso mudou muitas coisas. Um dia eu era um perfeito desconhecido, e no dia seguinte, porque apareci na televisão, as pessoas já falavam comigo na rua, queriam me dar carona para qualquer lugar ou conversar cinco minutos comigo. Além do mais, com as minhas roupas, sou facilmente identificável, uma verdadeira bandeira ambulante!

Então, por que continuar fazendo tudo isso? Não seria melhor se eu ficasse em meu eremitério para tentar me tornar um ser humano melhor e em seguida me colocar a serviço dos outros para valer? Se essa é a ideia, por que parar no meio do caminho, agir como amador e colher o trigo ainda verde? Contudo, as circunstâncias fizeram com que eu começasse vários tipos de atividades, principalmente com a associação Karuna-Shechen, que até agora já realizou mais de 160 projetos humanitários. Acho que o livro em que trabalhamos será útil. Há pessoas que nos dizem que isso as ajuda na vida. É sempre surpreendente, e ao mesmo tempo reconfortante. Já que viajo pelo mundo todo, que isso sirva para alguma coisa.

Navego entre o Oriente e o Ocidente, entre uma vida puramente tradicional, contemplativa, e uma vida de interação com o mundo moderno e todos os desafios que isso inclui. Tento encontrar amigos de bem, os melhores possíveis, para difundir a causa do altruísmo, que prezo muito. Voltei à ciência por meio de colaborações com neurocientistas. Eu nunca poderia ter imaginado que fosse entrar em um laboratório 35 anos após ter deixado o Instituto Pasteur. Em várias outras áreas, como a política, a economia, o meio ambiente, podemos tentar encontrar uma comunidade de pensamento com a ideia de que cem talos de palha soltos não têm muita utilidade, mas se reunidos em uma vassoura servem para fazer a faxina. Com a expressão "fazer a faxina", quero dizer: tentar eliminar os obstáculos que se opõem à construção de um mundo melhor, de uma humanidade mais justa, remediar as desigualdades, difundir uma visão de mundo altruísta, ajudar as pessoas a darem sentido à existência, contribuir para o bem da sociedade. Ao encontrarmos pessoas com as quais sentimos certa identidade de pensamento e tecemos laços de amizade, como é o caso de vocês, é possível pensar que juntos conseguiremos fazer mais do que sozinhos, que poderemos aprender uns com os outros, enriquecer nossa reflexão e encontrar meios mais eficientes de ajudar os outros. As circunstâncias fizeram com que nós três, no decorrer dos anos, tenhamos nos tornado mais próximos, aprendido mutuamente a nos conhecer e apreciar.

Agora, no que diz respeito a escrever, não me considero verdadeiramente um escritor. Antes de tudo, sou apaixonado pelas ideias. Às vezes, as pessoas me perguntam se tenho uma missão no Ocidente. Em absoluto. Nenhuma meta especial. Quando me perguntam em programas de televisão: "Afinal, o que veio fazer aqui?", respondo: "Vocês me pediram para vir, então vim. Mas, se não me convidassem, eu não teria nada a ganhar ou a perder". Quando posso compartilhar ideias, faço isso de bom grado. Do contrário, não curto nada além de ficar no meu eremitério. Não vou passar o tempo todo me perguntando: "Qual vai ser meu próximo livro?" O tempo é precioso, e já explorei os assuntos que mais me entusiasmam. Após o altruísmo, nenhum outro assunto se impõe. Por outro lado, se juntos pudermos elaborar um projeto que traga uma dimensão suplementar ao que cada um de nós pode fazer do seu lado, ficarei muito feliz. Há anos compartilhamos esse desejo.

1

QUAIS SÃO NOSSAS ASPIRAÇÕES MAIS PROFUNDAS?

Matthieu: O que mais conta na existência? No fundo, o que identificamos como essencial? Deve haver dentro de nós algo que nos anime, uma direção que se imponha e dê sentido a cada um dos nossos passos. Viver não é se contentar em vagar conforme os encontros e as circunstâncias, nem tentar ajeitar as coisas no dia a dia. Não quero dizer que desde cedo, assim que acordarmos, seja preciso decidir que vamos mudar o mundo, mas parece-me essencial ver certa continuidade, um progresso naquilo que, acima de tudo, desejamos cumprir na nossa vida. Alguns não gostam da ideia de "construção perpétua de si mesmo". Entretanto, mês após mês, ano após ano, é possível construir não para satisfazer o ego, mas para se tornar uma pessoa melhor, mais altruísta e esclarecida. Não podemos decidir repentinamente que vamos estar 100 por cento a serviço dos outros. É preciso tempo para adquirir a capacidade de realizar esse ideal.

Mês após mês, ano após ano, é possível construir não para satisfazer o ego, mas para se tornar uma pessoa melhor, mais altruísta e esclarecida.

O que nos anima

Alexandre: Ao lado das saudáveis aspirações que nos convidam a ir adiante, a progredir sempre, rastejam toneladas de ambições egoístas que nos alienam e nos fazem sofrer. Espinosa, em sua obra *Ética*, distingue claramente os desejos adequados (aqueles que nascem no fundo do fundo e decorrem da nossa natureza) dos inadequados, que trazemos *de fora*. A publicidade, ao despertar milhares de cobiças, é um perfeito exemplo disso. Distinguir em si o que pertence ou não ao desejo adequado é um exercício muito libertador. Olhando as expectativas que tecem minha vida, desencavo uma necessidade enorme de seguir os padrões, de fazer o possível, mesmo que seja desgastante, para imitar os outros. Graças a uma ascese, a exercícios espirituais, começo a discernir as influências, os determinismos que pesam sobre mim... É quase um jogo avaliar cada desejo que passa pela mente para ver o que o originou. A liberdade participa desse exercício, e cada instante da existência pode ser uma ocasião para se libertar, porque não nascemos livres, e sim nos tornamos livres.

Christophe: Neste momento, a questão das minhas mais profundas inspirações me incomoda um pouco. Por muito tempo, tive mais o sentimento de estar em uma trajetória de sobrevivência, tentando ir em direção ao que me fazia sofrer menos, esforçando-me também para não fazer os outros sofrerem. Era mais uma regra intuitiva que regia minha maneira de ser do que uma aspiração ou um ideal consciente. Por isso, é bastante lógico que eu tenha me tornado médico, já que, no fundo, diminuir o sofrimento alheio me dava um tipo de quadro social que correspondia àquilo em direção do que eu inconscientemente queria ir. Com o tempo, começo a ser capaz de um maior discernimento. Por muito tempo, vivi em busca de segurança: eu queria que minha família não passasse por necessidades materiais, um medo provavelmente herdado dos meus pais, originários de um meio pobre. Eu queria proteger meus familiares, e possivelmente me proteger também. Porém, não eram aspirações muito nobres, e a profissão de médico deve ter me ajudado a ultrapassar essa única motivação. Hoje, tenho muita dificuldade para dizer que minha aspiração profunda é verdadeira e unicamente ajudar os outros a sofrerem menos. Não consigo enxergar se isso vem do fundo de mim ou de fora... Acima de tudo, eu não gostaria de parecer um tipo de pseudossanto!

Alexandre: Há no homem uma misteriosa capacidade de enganar e iludir a si mesmo. É muito honesto reconhecer que nossos desejos nem sempre são muito claros e que às vezes, ao pretendermos salvar os outros, procuramos antes de tudo um reconhecimento, um meio de cuidar das nossas próprias feridas. Existem milhares de influências que modelam nossas ações e comportamentos, até mesmo a maneira de enxergar o mundo. Olhando meu percurso, descubro muitos instantes em que, achando que estava totalmente livre, apenas me enganei. Observando com mais atenção meu interesse pela vida espiritual, noto acima de tudo um imenso medo de sofrer. De fato, no início, eu era um pouco como um náufrago procurando uma boia salva-vidas. Com o decorrer do tempo, essa motivação principalmente autocentrada se dilatou, e estou começando a me abrir para o outro.

Matthieu: Quando eu estava no Instituto Pasteur, tinha um colega, Ben Shapiro, com quem dividia uma mesa de trabalho, e de vez em quando tínhamos conversas sobre a vida. Não sabíamos realmente o que fazer da nossa existência, mas sabíamos o que não queríamos: uma existência insípida que não tivesse nem sentido nem utilidade, que não provocasse nem alegria nem entusiasmo no dia a dia.

É evidente que a primeira meta de qualquer pessoa é manter-se viva. Há momentos ou lugares no mundo onde isso se torna uma prioridade absoluta, por causa de guerras, fome, epidemias ou catástrofes. Mas quando não nos sentimos imediatamente ameaçados, apesar de a impermanência permear e de não sabermos nunca o que acontecerá no dia seguinte, deveríamos pensar em não simplesmente "matar o tempo" e passar a vida a desperdiçá-lo. Deveríamos ter em vista um desenvolvimento pessoal, uma forma de realização. Pessoalmente, sempre me perguntei: "O que é ser feliz? Acumular prazeres? Encontrar uma satisfação mais profunda? Entender como funciona a mente? Aprender a ser melhor com os outros?" Para mim, é como se eu me perguntasse o que mais conta em minha vida. Eu diria também, como Alexandre: quais são os desejos que se originam no mais profundo do meu ser e quais os que vêm de fora, que me foram impostos ou insidiosamente sugeridos, como ocorre com os falsos brilhantes da sociedade de consumo. Lembro-me de um amigo tibetano que um dia, na Times Square, em Nova York, no meio dos neons que atraem permanentemente o olhar, me disse: "Eles tentam roubar minha mente!"

Em determinado momento, independentemente de qualquer influência externa, devemos poder nos perguntar: o que realmente vale a pena? O que vai me levar a pensar, no fim do ano, que não perdi meu tempo? Podemos nos fazer essa pergunta com regularidade, e quando, vinte anos mais tarde, olharmos para trás, deveríamos ter o mesmo sentimento que o camponês que fez o melhor que pôde para cultivar sua terra. Embora as coisas nem sempre aconteçam como queremos, deveríamos poder dizer: "Não lamento nada, porque fiz o que pude, no limite das minhas capacidades".

Christophe: Patrick Modiano, ao receber o Prêmio Nobel, disse substancialmente em seu discurso:

> Fiquei verdadeiramente surpreso, lendo as matérias a meu respeito, de que as outras pessoas vissem coerência na minha obra, enquanto eu, como autor, sou como um motorista que guia à noite e não vê nada além do alcance dos faróis: sua meta é manter-se na estrada, não ultrapassar o limite de velocidade, não atropelar os animais que a atravessam...

É de certo modo assim que vejo meu próprio funcionamento: faça o maior bem e o menor mal possível aos outros e a você mesmo. Além do mais, tenho a impressão de que em certos cruzamentos escolhi por onde ir, de maneira deliberada: não foi somente o acaso que me fez seguir à direita ou à esquerda. Mas não me sinto capaz de dizer muito mais a respeito; de qualquer modo, não há nada em mim que decorra de uma antiga projeção ou de um projeto de vida elaborado e estruturado.

O caminho e a meta

Matthieu: Lembro-me de ter encontrado, no Canadá, um grupo de jovens que saía da universidade. Durante seis meses, viram orientadores profissionais e preencheram questionários, foram enviados para lá e para cá. Mas como orientar sua existência com questionários e seguir o conselho de pessoas que você mal conhece? Eu lhes disse: "Por que não vão se sentar um pouco à beira do lago, sozinhos ou com alguém querido? Chega de preencher questionários; desliguem o computador, perguntem-se o que realmente querem fazer na vida e deixem a resposta surgir do fundo de si mesmos".

O tamanho da jornada ou suas dificuldades não são problemas. Para quem viaja pelo Himalaia, nem tudo é fácil. Às vezes o tempo está bom, às vezes péssimo. As paisagens podem ser deslumbrantes, mas a trilha de repente é cortada por ravinas ou é preciso patinhar em uma selva pantanosa no fundo de um vale tropical. Entretanto, cada passo nos aproxima do lugar aonde queremos ir, e isso é inspirador. Aliás, a definição da perseverança, uma das seis "perfeições" do budismo – ou seis *paramitas* – que você estuda na Coreia, Alexandre, é "a alegria de fazer o bem". O "bem", aqui, não é simplesmente uma boa ação, é algo que nos inspira profundamente, é a alegria em forma de esforço. Embora a viagem às vezes seja árdua, o entusiasmo sobrevive se avançarmos em direção ao lugar aonde queremos realmente chegar. Ao contrário, se nos perdermos e ficarmos sem referências, vamos perder a coragem. Ao cansaço se juntam a desorientação e o sentimento de impotência. Perdemos a vontade de andar, e ficamos prostrados e desesperados. É por isso que a direção que escolhemos na existência tem tamanha importância.

Os psicólogos do bem-estar, como Daniel Gilbert, dizem que é o próprio esforço que traz satisfação: uma vez alcançada a meta, costumamos ficar decepcionados. Conversando com ele, autorizei-me a dizer:

> Se, por exemplo, eu quiser um Maserati, vou ficar muito excitado e, afinal de contas, feliz enquanto fizer mil esforços para ganhar o dinheiro necessário. Mas, após ter comprado o carro, ficarei com medo de que alguém risque a lataria ou de que ele seja roubado, e afinal não vou sentir a felicidade que esperava.

Com isso, queria dizer que, na medida em que há certa confusão sobre o que realmente pode trazer alegria, de fato ficamos decepcionados uma vez alcançada a meta. Mas se a meta valer a pena, se eu puder, por exemplo, cultivar a sabedoria e o amor altruísta, o caminho e a meta serão gratificantes. O problema é que com frequência nos enganamos ao perseguir metas ilusórias, como a riqueza, a fama, a beleza física, bens cada vez maiores – muitas armadilhas que não contribuem verdadeiramente para o nosso desenvolvimento.

Alexandre: O desafio consiste em progredir sem estar preso a uma meta. O que me ajuda é me perguntar a que a vida me chama, aqui e agora. Quando atravesso zonas de turbulências, essa pergunta me convida a responder com ações, sem me precipitar. Ela me reorienta para o concreto quando me perco nas brumas da mente. No

> O desafio consiste em progredir sem estar preso a uma meta. O que me ajuda é me perguntar a que a vida me chama, aqui e agora.

Evangelho, Jesus diz que "O Filho do Homem não tem onde reclinar a cabeça". Do mesmo modo, na ascese budista, o praticante não deve se acomodar em lugar nenhum. Assim que houver acomodação, o sofrimento aparece.

Por um lado, as zombarias e provações podem nos libertar, tirando-nos da acomodação e impedindo que nos fixemos em uma emoção ou representação. No metrô, quando as pessoas riem ao me ver, aproveito a ocasião para me lembrar de que não estou reduzido às aparências, que o fundo do meu ser escapa aos olhares.

Em vez da ideia de meta, prefiro a de vocação, que me leva a lembrar que, no final, não sou eu quem decide: podemos chamar isso de vontade de Deus ou chamado da vida, ou ainda de outras mil maneiras, e constataremos simplesmente que não é o pequeno eu que manda. Há uma realidade infinitamente mais profunda no comando. Isso não nos impede, pelo contrário, de nos engajar, de realizar ações. Sem cair no fatalismo nem dispensar nenhuma meta, devemos sempre ir em frente. O ensinamento zen nesse aspecto é muito claro: fazer tudo de maneira impecável e se desapegar do resultado.

Matthieu: A meta de que estou falando é o que me inspira, não é aquilo que me obceca e em que se fixam todos os meus apegos. A ideia de uma direção – ou aspiração – é mais satisfatória, e não está submetida a limites. No budismo, desconfiamos de qualquer fixação, até mesmo em metas nobres, porque essa fixação produz efeito contrário àquele que procuramos. Podemos até pensar que aspiramos a nos libertar das causas do sofrimento, do egoísmo, da ignorância, do ciúme, do orgulho, mas a ideia não é somar vitórias, porém definir para que lado queremos ir, e se isso vale a pena.

Alexandre: Estou fascinado pela distinção entre o eu social, isto é, o conjunto de papéis que representamos no cotidiano, e o fundo do fundo, nossa intimidade, que se desenvolve além de qualquer rótulo e permanece indefinível. Toda a ascese consiste finalmente em chegar lá para viver em vez de apodrecer no eu superficial, que está sempre mudando e sofrendo. Essa distinção me acalma consideravelmente. Ela revela uma via extraordinária que pulveriza os rótulos e pode se iniciar por perguntas bem simples: quem sou eu verdadeiramente? Quais são as escolhas fundamentais da minha vida? Que influências me construíram até agora? Fico impressionado de ver até que ponto compensamos nossas falhas, imitamos os outros para nos construir... Na *Ética*, Espinosa confirma meu raciocínio, convidando à identificação de todas as causas que nos levam a agir, e frequentemente a reagir. A liberdade nasce dessa tomada de consciência a cada instante.

Matthieu: A questão da dúvida também é importante. Há uns anos, traduzi do tibetano a autobiografia de Shabkar, um iogue que viveu mais de dois séculos atrás. No mesmo momento foi publicada uma biografia de Santa Teresinha do Menino Jesus. O jornal *Le Monde* publicou uma matéria sobre os dois livros. Em resumo, dizia que a vida de Shabkar não era muito interessante porque o caminho desse grande iogue tibetano parecia ter sido traçado: ele passava da ignorância ao despertar como se estivesse passeando na floresta. De fato, atravessava provações físicas, mas não "noites escuras da alma", dúvidas dilacerantes, enquanto para Santa Teresinha do Menino Jesus ou São João da Cruz existem momentos de fé total e no dia seguinte o nada, como se Deus tivesse desaparecido.

Ao me perguntar qual era a diferença entre ambos os percursos, pareceu-me que, para os místicos cristãos, é a relação com Deus que conta acima de tudo, já que eles abandonaram toda preocupação mundana. Portanto, tudo depende da intensa comunhão com Deus e, consequentemente, da existência desse Deus. Ora, essa existência é

No budismo, o Despertar é uma meta claramente definida, que está diante de nós um pouco como o Everest para aquele que quer escalá-lo.

um mistério para sempre inacessível. A ideia do mistério é magnífica. É como se houvesse uma imensa montanha perpetuamente escondida atrás das nuvens, mas que inspiraria toda a nossa existência. Há momentos em que estamos intimamente convencidos de que ela está lá, comungamos com ela, e outros momentos em que duvidamos. Daí os grandes ímpetos místicos, seguidos por noites escuras.

No budismo, o Despertar é uma meta claramente definida, que está diante de nós um pouco como o Everest para aquele que quer escalá-lo. Não duvido da existência daquilo que se ergue majestosamente diante dos meus olhos, mas me pergunto se eu seria capaz de fazer os imensos esforços necessários para chegar ao cume, se isso vale a pena, se não seria melhor ir à praia. No entanto, ao pensar bem, vejo claramente que almejo escalar essa montanha porque sei que vale realmente a pena me libertar da ignorância, do ódio, do ciúme, da vaidade, da avidez, etc., e não hesito mais. A prática do caminho budista obviamente não está isenta de obstáculos. Podemos nos perder na meditação, imaginar erradamente ter alcançado estados de realização espiritual profundos, sucumbir ao desânimo, cair na dualidade da esperança e do medo. Mas esses obstáculos são certamente menos dramáticos que a alternância entre fé e dúvida total que, por exemplo, Madre Teresa descreve em suas *Memórias*.

Alexandre: Se fui até a Coreia do Sul, também foi para aprofundar o diálogo entre as religiões. Esse caminho não é dos mais fáceis, embora me convide à não fixação e a não atribuir um caráter absoluto a nada. Às vezes, alguns budistas me pregam sermões dizendo gentilmente:

"Mas por que você acredita em um Deus pessoal? Esse conceito de Criador é completamente falso". E quando me volto para certos cristãos, as coisas não são melhores, eles me acusam de procurar coisas novas: "Como você pode praticar o zen se no Evangelho está escrito que Jesus é o caminho, a verdade, a vida?" Mas, felizmente, existem mil exemplos de aproximações possíveis. Recentemente, assisti a uma missa de que participava um mestre zen. E eu o vi, como uma criança, escutar as palavras do padre com infinita disponibilidade... Quando ele leu os salmos, tomei consciência de que nos aproximávamos na prática. É incrível que um mestre budista tenha me transmitido, por sua simples presença, o vibrante desejo de me consagrar mais à vida de prece. De fato, ele se mantinha bem distante da teoria, da especulação: vivia no cerne da interioridade. Sem negar as importantes diferenças que existem entre o budismo e o cristianismo, gosto de podermos compartilhar pontes e experiências. Não há nada pior do que as brigas religiosas, frutos de um dogmatismo bem pouco religioso, afinal de contas.

No decorrer deste diálogo, percebo que a noção de graça, isto é, de dom, ajuda divina recebida graciosamente, é essencial na fé cristã. Foi isso que me desviou um pouco dela quando eu não estava bem. Abandonar-se, confiar enquanto tudo desmorona ao seu redor, exige enorme ousadia, da qual eu não era capaz no meio da tormenta. Ao conversar com Matthieu, entendi aos poucos que o budismo oferece um caminho, uma via para alcançar o Despertar, para escalar o monte Everest da felicidade. E aquele que quer seguir os passos de Buda é incentivado a pegar seu bastão de peregrino, transformar a mente e praticar o caminho óctuplo para começar essa ascensão. Em resumo, como diz Matthieu, o monte Everest está lá, e só nos resta escalá-lo, mesmo que o caminho seja extremamente árduo.

Ao ler o Evangelho, encontro uma luminosa ascese que conduz a um desapego de si mesmo, um despojamento interno e um abandono total à Providência divina. Em suma, para alcançar o Everest é preciso se abandonar a Deus, contar com Ele mais do que com nossas próprias forças. Para brincar, costumo dizer a Matthieu que, no cristianismo, o caminho consiste em pegar o elevador espiritual que leva à união com Deus. Mas é preciso ter muita coragem para acreditar, entrar no elevador e abrir mão de todo o voluntarismo...

O que importa é avançar no caminho, sem lhe atribuir um caráter absoluto nem denigrir as outras vias. Vivendo em contato com outras religiões, é tentador fazer comparações. No que me toca, eu me alimento do budismo, que me incentiva a me tornar cada vez mais cristão, a me juntar mais profundamente a Cristo e a viver o Evangelho no cotidiano. A sabedoria de Buda também remove os preconceitos, as representações que projeto sobre Deus. Mestre Eckhart se junta a essa ascese quando endereça ao Altíssimo esta prece: "Deus, liberta-me de Deus". Quantas vezes não utilizei a religião para encontrar nela um tipo de consolo, uma bengala, em vez de uma fonte ou um motor? Vendo Cristo expulsar os comerciantes do Templo, entendo que existe um grande perigo de utilizar a religião como um instrumento, de fazer dela um lugar de barganha em que se compraria a paz mediante sacrifícios.

Se Buda me acalma, Cristo me consola por sua humanidade. Para mim, acreditar em Deus e seguir Cristo envolve antes de tudo uma fé, uma arte de viver, uma disciplina interna, uma ascese. Constata-se hoje que Jesus faz menos sucesso que Buda. O dia em que compartilhei uma citação do dalai-lama no Facebook, recebi uma porção de "curtidas", mas, quando postei um vídeo do papa Francisco descendo do carro para beijar uma pessoa deficiente à beira da estrada, meu *post* quase passou despercebido. Recebi apenas comentários que lembravam a dolorosa história da Igreja: as Cruzadas, a Inquisição, os inúmeros casos de pedofilia... Penso que o diálogo inter-religioso exige um pré-requisito: dispensar todo objetivo apologético, desenvolver um interesse real pelo outro e sair da lógica do "tenho razão, portanto você está errado".

Buda me alimenta no cotidiano, como Cristo. Por que eu deveria escolher? É como se eu tivesse dois filhos, dois amigos ou dois pais, e me fosse solicitado renunciar a um deles... Obviamente, é preciso se resguardar do relativismo daquele que pratica um turismo espiritual e que faria um tipo de sopa com todas as religiões. Em resumo, fico feliz com o fato de alguns budistas me aproximarem de Cristo. É uma magnífica esperança, embora a inclinação natural nos leve a nos acomodarmos em rótulos.

Matthieu: Falamos em vocação, desejo, direção, adequação, congruência. Como já disse, a questão é saber se tudo tem sentido para cada um. Por exemplo, imaginem que eu receba uma proposta de trabalho que não me interessa de forma alguma; mesmo assim, pode ter sentido se eu precisar dela para alimentar meus filhos. A riqueza, o poder e a fama inspiram certas pessoas e não interessam a outras. Diógenes teria dito a Alexandre, o Grande: "Sou maior que tu, senhor, porque desdenhei mais do que conquistaste". Na ideia de direção, de congruência, existe a ideia de encontrar um sentido em cada instante que passa, em cada esforço que fazemos. Na falta de sentido, minha vida corre o risco de se desenrolar como um filme entediante. Como diz Pierre Rabhi, primeiro vamos à escola, depois à boate para nos divertir, em seguida somos contratados por uma empresa para construir uma carreira, e acabamos em um caixão.*

Para o contemplativo, o que tem sentido não é fazer frutificar a conta bancária, mas conseguir, após alguns anos de esforços determinados, libertar-se de emoções negativas como a raiva, a avidez ou a arrogância, ou ainda da confusão, dos conflitos internos, da distração, etc.

Alexandre: O que é um contemplativo, a seu ver?

Matthieu: O contemplativo, pelo menos no sentido budista, é aquele que entende que sua mente pode ser seu melhor amigo, mas também seu pior inimigo, e que, portanto, deve transformá-la pela meditação. Ele contempla a natureza fundamental da mente, e essa prática muda sua percepção dos outros, de si mesmo e do mundo. E, quando você muda sua percepção do mundo, de certo modo você muda o mundo.

Frequentemente, nós nos limitamos a encontrar pequenas soluções no dia a dia, enquanto o contemplativo de quem estou falando

---

* No texto original, o autor faz um trocadilho intraduzível sobre os diferentes sentidos da palavra francesa "*boîte*", que pode significar "escola", "boate", "empresa" e "caixa". (N. do T.)

procura mudar radicalmente a maneira como experimenta o mundo e traduz as circunstâncias da vida em bem-estar ou mal-estar. Ele aprende a não cair mais na armadilha daquilo que o atormenta e escraviza, e a se liberar disso. Ele se torna menos vulnerável e, consequentemente, mais disponível para os outros.

Ele se acostuma também com o componente fundamental da mente, essa consciência primeira, sempre presente atrás do movimento dos pensamentos, e até na ausência de pensamentos, essa pura consciência luminosa que nunca se deixa alterar por elaborações mentais.

O que nos inspira

Matthieu: No caminho, podemos procurar a ajuda de um amigo de bem, um mestre espiritual, uma pessoa que tenha um conhecimento e um domínio da mente maior do que nós. Não importa o que façamos na vida, sempre precisamos de guias para aprender e progredir. Esse guia, sobretudo quando se trata de espiritualidade, deve ter todas as qualidades necessárias. O risco é que, quando estamos em um estado de confusão e fraqueza, passemos a confiar em um charlatão. O verdadeiro mestre espiritual não tem nada a ganhar nem a perder. Tem tudo a dar e compartilhar. Não se importa em ter alguns discípulos a mais, não procura nem a glória, nem o poder, nem a riqueza. Apenas deseja ajudar os outros a se libertarem. Ele mesmo deve ser o exemplo vivo dessa libertação. No meu caso, após ter encontrado meu primeiro mestre, Kangyur Rinpoche, passei da confusão e ausência de meta a uma visão clara e inspiradora daquilo que eu podia realizar na vida.

Alexandre: Para avançarmos rumo à liberdade, é importante nos perguntarmos quais são nossos modelos, nossas referências: é o esportista vitorioso que multiplica as façanhas? O empresário ganancioso? O ator coberto de glória? Ou então o vizinho da esquina que se dedica modestamente aos outros? Em resumo, a quem eu me reporto para aprender a viver? Em que virtudes ou qualidades eu gostaria de me inspirar para seguir adiante? No meu caso, as pessoas que me tocam e me ajudam a crescer são aquelas que, no dia a dia, irradiam bondade e nunca se deixam amargurar pelo sofrimento. Há um heroísmo discreto no cotidiano: levantar-se de manhã, ser generoso, passar pelas provações sem perder a alegria.

Matthieu: Lembro-me de um estudo realizado nos Estados Unidos no qual perguntavam às pessoas: "Entre o dalai-lama e Tom Cruise, quem você mais admira?" Oitenta por cento responderam: "O dalai-lama". A pergunta seguinte era: "E qual você gostaria de ser, se pudesse escolher?" Dessa vez a maioria respondeu: "Tom Cruise". Perguntei-me por que motivo. Talvez achassem que, se já tivessem o físico, a celebridade e a riqueza de Tom Cruise, poderiam em seguida adquirir sozinhos as qualidades humanas do dalai-lama, porque isso lhes parecia mais fácil do que o contrário. Na realidade, não é mais fácil. A transformação interna é trabalho de toda uma vida. Um dia, um jornalista chileno perguntou ao dalai-lama: "Trinta mil pessoas vêm escutá-lo nesse estádio, por que tantas?" Ele respondeu: "Não sei, pergunte a elas!" Depois de um momento de reflexão, acrescentou: "Talvez porque, há sessenta anos, medito toda manhã durante quatro horas sobre a compaixão".

Christophe: Durante muito tempo tive dificuldade com os modelos. Cresci com certa desconfiança em relação aos adultos; eu enxergava tanto a fragilidade deles que provavelmente desenvolvi um tipo de prudência, ou até de aversão à ideia de que outras pessoas pudessem ser mestres. Eu me sentia muito mais à vontade considerando todas as pessoas como modelos, porém de forma transitória. De fato, eu me comovo com as lições que recebo dos meus pacientes, dos meus filhos ou de estranhos. E nunca procurei mestres: essa relação de dependência sempre me assustou. Um mestre transitório pode ser alguém próximo que me conta uma história e me maravilha pela inteligência ou a força que mostra. Recentemente, um amigo me contou como acompanhou sua mulher que estava morrendo: ela tinha câncer e, aos poucos, seu estado físico definhou. Ele me contou como cuidava da sua limpeza, como lhe massageava os pés, como conseguiam preservar e até enriquecer esse vínculo amoroso. Ao escutá-lo, tive a impressão de estar diante de algo absolutamente admirável, diante de um modelo de dignidade, de dedicação, de altruísmo. Essas experiências me fazem refletir muito, e sempre, ao me deparar com alguém cujo comportamento é exemplar, eu me faço as seguintes perguntas: "Será que sou capaz disso?", "O que posso fazer desde já para me aproximar disso?"

Às vezes, minhas filhas também são meus mestres. A menor, por exemplo, é entusiasta, alegre, enquanto sou espontaneamente – se não me esforçar – um depressivo que chega a arrastar os pés e raciocinar tortuosamente para justificar sua visão de mundo. Antes, eu achava que as pessoas entusiastas se colocavam em perigo, porque se expunham à decepção. Ou me irritavam (eu achava que não tinham entendido a verdadeira natureza da vida) ou me preocupavam (eu sentia medo por elas). Durante muito tempo, tive medo por minha filha, medo do seu entusiasmo, da sua tendência à alegria independentemente do que acontecesse, medo de que se ferisse, se decepcionasse e não pudesse superar isso. E então, alguns anos atrás, de tanto ter me questionado, entendi que era ela quem tinha razão! Há dois anos está seguindo um curso preparatório de medicina, leva uma vida difícil, levanta-se todos os dias às 6h30, gasta uma hora de metrô de manhã e de noite. E todos os dias eu me levanto com ela para preparar seu suco de laranja, o café, o sanduíche, e acho importante eu estar lá. Quase sempre ela está sorridente e alegre, mesmo no inverno, quando está frio e ainda escuro, mesmo na época de testes e exames. Certas manhãs, ela me pergunta como vou, e às vezes não estou bem, mas não quero demonstrar, então respondo: "Ah, tudo bem, tudo bem". Ela retruca: "Esse 'tudo bem' não está me convencendo!" Aos poucos, aprendo a lição. E consigo dizer a mim mesmo: "Não importa o que acontecer, você tem todos os motivos, de manhã, para estar feliz; você acorda, vive em uma democracia, vai viver mais um dia nesta terra, as pessoas gostam de você, e, embora tenha preocupações, à noite ainda estará vivo!" Portanto, toda manhã recebo uma aula catedrática e leve: estou diante de um doutor (ou doutora!) em alegria, em entusiasmo e confiança diante da vida, e lhe sou muito grato por isso!

Alexandre: Seguir os ensinamentos de um mestre não me impede, longe disso, de desconfiar totalmente dos gurus que considero o suprassumo da alienação, se não nos liberarem de nossa mente e se não viverem em profundo desapego. Entregar as chaves do nosso destino a alguém que não seguiu sua ascese colabora para a remoção da liberdade, e sabemos bem que desastres isso pode provocar. Como evitar cair na idolatria e renunciar à procura de um superpai que nos paparique? A vocação do pai espiritual, ou mestre, é justamente nos despertar para nossa liberdade, caçar sem concessão todas as armadilhas do nosso ego e, ao mesmo tempo, testemunhar-nos amor incondicional. É melhor dizer que isso não é muito comum... Tive a sorte de encontrar um padre católico que também era mestre zen. No momento em que nossos olhares se cruzaram, entendi que ele ia se tornar meu mestre. O que me comove é que em momento algum ele postula o título de mestre. Ao contrário, ele me remete o tempo todo à minha liberdade. Até hoje, no meu caminho, nunca encontrei tamanha bondade, tamanha sabedoria e tamanha fé em Deus.

Um verdadeiro mestre está livre do ego. Nenhum desejo de agradar, nenhuma vontade de manipular mancham sua infinita compaixão. Ele vive uma coerência sem falha. O que percebo graças ao meu pai espiritual é minha incrível capacidade de me enganar, sempre. Apenas um guia esclarecido e infinitamente bondoso pode nos tirar das nossas ilusões, que nos afastam daquilo que é realmente bom para nós. Como é difícil manter certa distância quando o dia todo nos debatemos no meio de uma confusão emocional!

Christophe: Quando você fala do seu dia a dia com seu mestre zen, Alexandre, fico pasmo, porque eu nunca ousaria dizer a um paciente ou familiar o décimo daquilo que ele lhe diz. É verdade que isso ocorre em uma relação forte: ele conhece você e tem uma experiência incrível. Mas, no meu caso, tenho um medo incrível de aumentar o sofrimento alheio: em nove de cada dez casos essa ressalva é boa, a meu ver, e evita fazer sofrer demais, mas de vez em quando esse medo de dar sinceramente a minha opinião me trava. Não consigo encarar a pessoa e lhe dizer, em suma, que basta, que deve parar de perseverar em seus erros. E, como você, admiro muito as pessoas que conseguem lembrar que existem realidades, que nem tudo é possível, que nem tudo é permitido, que não podemos passar o tempo todo ouvindo somente a nós mesmos...

Matthieu: O que você diz a respeito do mestre de Alexandre me lembra o tempo em que eu vivia junto de Khyentse Rinpoche, meu segundo mestre espiritual. Embora eu mal conseguisse imaginar alguém mais bondoso, às vezes ele se mostrava extremamente severo comigo. Mas, afinal de contas, qual teria sido a finalidade de poupar meus defeitos e meu ego?

Alexandre: É preciso distinguir duas coisas. A vocação do mestre espiritual é nos arrancar da prisão do ego, aproximando-nos do Despertar e da união com Deus; a missão do terapeuta consiste em nos ajudar a passar pelas provações, a encontrar ferramentas para lidar com os grandes sofrimentos. Se um psiquiatra quiser brincar de mestre espiritual e praticar os eletrochoques encontrados no zen, corre o risco de mandar o paciente para o cemitério.

Matthieu: Essa atitude de Khyentse Rinpoche não era sistemática. De fato, muitas pessoas que o encontravam diziam que nunca tinham visto alguém mais amável, que ele nunca elevava a voz. Isso não o impedia de se mostrar implacável com nossos defeitos, quando via que era o momento de fazê-lo, e quando sabia que seu interlocutor já o frequentara tempo suficiente para saber que ele só queria o seu bem.

Alexandre: O que mais comoveu você nos treze anos em que conviveu com esse mestre?

Matthieu: Primeiro, em momento algum durante todos esses anos testemunhei uma única palavra ou ação dirigida contra os outros. Cheguei a ter certeza de que ele nunca tinha nenhum vislumbre de pensamento mal-intencionado, que seu único desejo era guiar os outros à liberdade interior. No dia a dia, tampouco testemunhei mudança alguma de humor. Sua maneira de agir e tratar os outros era sempre igual e adequada à situação. Ele manifestava uma coerência perfeita entre o interior e o exterior. Às vezes, podia se mostrar muito severo, mas isso não tinha nada a ver com mau humor. Muitas vezes, pude constatar que era unicamente para ajudar os outros a se libertarem dos seus defeitos. Com o tempo, isso despertou em mim uma total confiança.

Alexandre: Por que uma confiança total?

Matthieu: Nas relações humanas comuns, sou obrigado a compor com a parte de sombra e luz de cada um. Sei que posso confiar em alguns, e menos em outros. Um artesão hábil, um exímio jogador de xadrez ou um grande pianista podem me dar bons conselhos em sua especialidade, mas não espero que me mostrem como me tornar uma pessoa melhor. Tenho consciência de que, fora as qualidades que me fizeram recorrer a eles, podem ter vários tipos de defeitos.

No caso desse mestre, a experiência me mostrava que eu podia confiar nele em tudo. Os treze anos que passei continuamente em sua presença só confirmaram isso. Em nenhum momento percebi a existência de falhas. Aliás, essa confiança foi indispensável para me ajudar a me libertar das causas do meu sofrimento. Eu precisava confiar totalmente nele. Não podia me dar ao luxo de duvidar dos seus conselhos em cada etapa.

2

O EGO, AMIGO OU IMPOSTOR?

Alexandre: Vamos cuidar sem mais demora desse importante assunto: o ego. A narração do Gênesis propõe um luminoso diagnóstico: após Adão e Eva terem provado do fruto proibido, está escrito: "Então foram abertos os olhos de ambos, e conheceram que estavam nus; e coseram folhas de figueira, e fizeram para si aventais". Vergonha, culpabilidade, egocentrismo, como não entrar nessa espiral de inferno? Perder a inocência talvez seja olhar para o próprio umbigo, começar a cultivar a própria imagem, um monte de rótulos, de ilusões, isolar-se do real e querer ser o centro do mundo reivindicando uma independência absoluta.

Essa tendência quase congênita ao narcisismo provoca em nós muitos conflitos! Se eu me exilar no fundo do fundo, se eu me trancar em representações, se eu estiver permanentemente fazendo um papel, como posso alcançar uma verdadeira alegria? Concretamente, toda vez que agarro obstinadamente uma ideia ou me apego a quem acredito ser, posso ter certeza de que vou apanhar. Para estragar ainda mais nossa vida, existe este terrível reflexo: quanto mais eu sofrer, mais corro o risco de me contrair, de me fechar em mim mesmo. Infernal círculo vicioso! Felizmente, a prática oferece uma saída de emergência...

Como abandonar essa infeliz tendência a se isolar do mundo, de Deus e dos outros? Como se curar do egocentrismo? Desde já, posso parar de acordar de manhã no papel do consumidor voraz para me tornar um pouco mais atento aos outros. Abandonar essa lógica do "eu, eu, eu, primeiro" não é fácil. Entretanto, existem mil ocasiões de parar de alimentar o ego voraz. Ao cortar o bife no prato, e sem cair em uma culpabilidade nociva, posso ver os princípios que ditam minha vida: por que crer que meu prazer vale o massacre de animais?

O exercício é simples: identificar, para desarraigá-lo, esse hábito de se colocar no centro, sempre e acima de tudo, de nunca instrumentalizar o outro, mas amá-lo verdadeiramente. Um dia, um monge me disse sem rodeios: "Estar verdadeiramente acordado consiste em não relegar mais os outros a um segundo plano, deixar de se atribuir privilégios sobre todos os seres animados". Santo trabalho...

As doenças do ego

Christophe: O ego não faz parte do vocabulário usual da psicologia; fala-se mais em "autoestima", que define o conjunto das maneiras de se olhar, de se julgar, de se tratar. Quanto a mim, eu descreveria mais o ego como o conjunto dos apegos a si mesmo, à própria imagem, e gostaria de falar sobre suas patologias com todas as consequências. Sabe-se, graças a vários estudos, que a autoestima é profundamente influenciada por todas as relações sociais. No fundo, muitos pesquisadores consideram que o valor que atribuímos a nós mesmos é fortemente, para não dizer quase exclusivamente, constituído pelo sentimento de sermos estimados pelos outros. Em outras palavras, é o olhar dos outros que condiciona a qualidade do olhar que acreditamos ter sobre nós mesmos e que reflete, na realidade, a maneira como nos vemos nos olhos dos outros.

Existem duas grandes patologias da autoestima, e ambas provocam grandes sofrimentos. Em primeiro lugar, o excesso de apego a si mesmo que encontramos nas pessoas narcisistas, com a consequência imediata e consubstancial: quanto mais sentimos apego por nós mesmos,

O ego não faz parte do vocabulário usual da psicologia; fala-se mais em "autoestima", que define o conjunto das maneiras de se olhar, de se julgar, de se tratar.

mais queremos ser admirados, mais pensamos ser superiores aos outros e autorizados a nos dar mais direitos. Daí esse comportamento característico das pessoas narcisistas, que se dão o direito de guiar mais depressa porque pensam que sabem guiar melhor, de ultrapassar todos na fila porque acham que seu tempo é mais precioso, de cuidar mais dos próprios interesses do que dos alheios, etc.

Mas existe também outra forma de obsessão por si, de apego excessivo a si mesmo, que afeta as pessoas com falta de autoestima: trata-se de um apego negativo. No fundo, essas pessoas têm a mesma obsessão pelo olhar e pelo julgamento alheio que os narcisistas, mas, em vez de estarem em busca de admiração ou comportamentos de submissão, espreitam o julgamento e a crítica porque têm medo de serem rejeitadas, medo de não serem suficientemente amadas.

Os trabalhos sobre a autoestima começaram nos anos 1960. Cinquenta anos depois, grandes progressos já foram feitos, e entende-se que o objetivo, o ideal do trabalho sobre a autoestima seja o esquecimento de si. Ao observar aqueles para os quais a autoestima parece funcionar bem, percebe-se que eles não têm um ego inflado. Também não se perguntam mais do que o necessário o que os outros pensam a seu respeito, e se engajam na ação, no vínculo, sem fazer perguntas sobre si o tempo todo. Os americanos falam de *quiet ego*: um ego tranquilo, liberado da obsessão de "o que vão pensar de mim? Será que estou à altura?"

Como alcançar esse objetivo? Quando se pede a alguém complexado, que imagina não ter qualidades suficientes, para pensar em outra coisa que não em si mesmo, em geral ele não consegue. Por outro lado, uma vez curado, ele é capaz de ter consciência disso. Lembro-me de uma paciente que me disse a respeito desse assunto:

> Quando estou com pessoas que me impressionam e não estou me sentindo bem, gostaria de ser um ratinho e desaparecer para que ninguém preste atenção em mim. Então, penso no trabalho que fazemos na terapia e digo a mim mesma: "Não se diminua tanto, você não é tão grande!" Em outras palavras, não se preocupe, as pessoas não estão apaixonadas por você, não é de você que elas estão se ocupando, nem é você que estão julgando o tempo todo. Contanto que não suba na mesa e comece a gritar, você terá seu lugar no meio dos outros sem ser objeto de obsessão para eles.

Existem inúmeros estudos sobre esse assunto, e um dos que mais me marcaram mostrava que, paradoxalmente, era benéfico para a autoestima de um indivíduo cultivar o sentimento de pertencer a um grupo, de fraternidade com os outros: isso não apenas não o desvalorizava, como lhe dava segurança e o acalmava. Ao contrário, o desejo de predominância provocava sentimentos de insegurança, ameaça e esgotamento. É um erro cometido por muitos pacientes que não têm bom nível de autoestima: eles têm a impressão de que, para serem aceitos pelos outros, precisam ser admirados por eles. Se forem complexados pela falta de cultura, vão tentar parecer cultos, por exemplo. Era o que se fazia nas antigas gerações das terapias de autoestima: tentava-se revalorizar os pacientes, incentivando-os a se enxergarem positivamente. E com frequência muitos pacientes tímidos, complexados, tinham a impressão de que, para não serem mais dominados, precisavam ser dominantes. Hoje se defendem as relações horizontais e não verticais, e renuncia-se às histórias de dominância, porque cobram muito, emocionalmente. Sabe-se, por exemplo, que os sujeitos narcisistas que têm obsessões de dominância, de reconhecimento, de submissão alheia são pessoas extremamente inseguras, com altos graus de estresse, ansiedade, tensão, irritação. O mesmo ocorre no sentido oposto, com os sujeitos com déficit de autoestima.

O ego é um mal necessário, como um carro alugado. Precisamos dele para atravessar a vida, assim como de um meio de locomoção.

Vou concluir com dois pontos: o ego é um mal necessário, como um carro alugado. Precisamos dele para atravessar a vida, assim como de um meio de locomoção para nos deslocar de um ponto a outro – salvo quem é eremita ou contemplativo, não sai do mosteiro e talvez ache que se livrar completamente do ego é mais simples. Nas estradas da vida, há veículos mais poluentes que outros: grandes utilitários que consomem muita gasolina, que querem ser olhados e ter o caminho livre, e, no outro extremo, pequenas bicicletas que não poluem e não fazem barulho. Parece-me que não podemos nos livrar do ego, jogá-lo pela janela, mas podemos fazer com que ele não seja poluente demais para os outros, custoso demais para nós mesmos (em energia, cuidados, manutenção...)

Segundo ponto: não podemos nos livrar do ego desprezando-o. Para os pacientes que padecem de autoestima, a solução não é continuar a se desprezar: frequentemente, estão ao mesmo tempo obcecados por si mesmos e irritados contra si. Voltamos à diferença capital entre desapego e não apego: a ideia não é desapegar-se do ego de forma obsessiva, mas nossos esforços devem nos levar em direção ao não apego ao ego.

A verdadeira confiança em si

Matthieu: Tive muitas oportunidades de falar sobre a desconstrução do ego na prática budista. Em geral, as pessoas se incomodam com essa abordagem. Elas perguntam: "Não é necessário ter um ego forte para funcionar bem na existência?", ou ainda: "Não existem muitas pessoas sofrendo de distúrbios psicológicos por causa de ego fragmentado ou enfraquecido?"

Do ponto vista do budismo, em vez de falar de ego forte, preferimos falar em força interior. Essa força age paralelamente ao fato de nos libertarmos da prisão do ego, que é a fonte primeira de tudo aquilo que envenena nossa mente.

As pesquisas sobre as quais você fala mostraram que a compaixão, a generosidade, a bondade, a indulgência para conosco nos ajudam a ter uma autoestima saudável. Ao contrário, todos os métodos empregados, notadamente na América do Norte, para reforçar a autoestima de maneira artificial levam ao narcisismo, de tal modo que, segundo a psicóloga Jean Twenge, nos últimos vinte anos, observa-se nos Estados Unidos uma verdadeira epidemia de narcisismo: 90 por cento dos estudantes questionados pensam fazer parte dos 10 por cento mais dotados, 90 por cento dos motoristas de carro (até mesmo aqueles que causaram acidentes há pouco tempo) estão convencidos de que guiam melhor que os outros. Não é necessário ser grande matemático para entender simplesmente que não podem estar todos acima da média!

Nos Estados Unidos, os pais e os educadores repetem às crianças o dia todo: "Você é especial!" As crianças acabam acreditando. Usam camisetas ou adesivos em que está escrito "Sou especial". Uma em cada dez roupas para garotas menciona em algum lugar "princesa". Recebi de lá um cartão de aniversário musical dizendo: "Fazemos questão de lhe dizer que você é realmente especial". Ora, a síntese de um número significativo de estudos levou o psicólogo Roy Baumeister a concluir que todos os esforços e todo o dinheiro que as escolas, os pais e os terapeutas investiram na promoção da estima produziram benefícios mínimos. "Após todos esses anos", ele conclui, "lamento dizer que minha recomendação é a seguinte: esqueçam a autoestima e concentrem-se no domínio de si mesmos e na autodisciplina".

Obviamente, não se pode cair no outro extremo, e, como você mostrou tão bem em seus textos, Christophe, uma autoestima "boa" e saudável é indispensável para a gente se desenvolver na existência,

A confiança em si de uma pessoa narcisista é eminentemente frágil, por estar baseada em um ego inflado e desconectado da realidade.

já que a desvalorização doentia de si mesmo pode trazer distúrbios psicológicos graves e grandes sofrimentos.

Para concluir, a confiança em si de uma pessoa narcisista é eminentemente frágil, por estar baseada em um ego inflado e desconectado da realidade. Quando Narciso percebe que não tem nada de excepcional, que não é mais bonito, nem mais inteligente, nem mais charmoso, nem mais dotado que a média, a queda é mais dura, e provoca nele raiva e depressão. Portanto, não é agarrando-se à entidade factícia do ego que se pode adquirir uma confiança estável. A confiança verdadeira nasce da libertação das armadilhas e da prisão do ego.

O eu, a pessoa e o ego

Matthieu: Consideramos nosso eu como uma entidade única, autônoma e durável. Certamente, isso pode funcionar bem na existência, mas será que esse conceito corresponde verdadeiramente à realidade? Vendo uma foto de mim quando criança, penso: "Esse garoto andando de bicicleta sou eu". Desde aquela época, vivi todo tipo de experiências, e meu corpo envelheceu, mas penso: "Ainda sou eu". Nesse fenômeno, vários mecanismos mentais ocorrem simultaneamente: a percepção de um "eu", a de uma "pessoa" e a de um "ego".

O *eu* vive no presente; é aquele que pensa "existo" quando eu acordo de manhã, e então, "estou com frio" ou "estou com fome". Ele corresponde à experiência do nosso estado atual.

A noção de *pessoa* reflete nossa história. É um *continuum* que se estende à nossa existência como um todo, que integra aspectos corporais, mentais e sociais. Sua continuidade no tempo permite que vinculemos as representações de nós mesmos que pertencem ao passado àquelas relativas ao futuro.

Ainda há o *ego*. Espontaneamente, consideramos que ele constitui o próprio cerne do nosso ser. Nós o concebemos como um todo indivisível e permanente que nos caracteriza da infância à morte. O ego é dono do "meu corpo", da "minha consciência", do "meu nome". Embora nossa consciência seja por natureza um fluxo dinâmico em constante transformação, não podemos deixar de imaginar uma entidade distinta semelhante a um barco descendo o curso de um rio.

Uma vez que a percepção de um "eu" e de uma "pessoa" se cristalizou nesse sentimento de identidade bem mais forte que o ego, queremos proteger e satisfazer esse ego. Manifestamos aversão a tudo que o ameaça e atração pelo que lhe agrada e o conforta. Essas duas reações provocam muitas emoções conflitantes – raiva, desejo, inveja, ciúme, etc.

Basta examinar um pouco esse ego para entender a que ponto ele não passa de uma mistificação cujo autor é nossa mente. Por exemplo, vamos tentar localizá-lo. Quando digo: "Você bateu em mim", não digo: "Você bateu no meu corpo, mas não faz mal, porque não se trata de mim". Portanto, associo mesmo meu ego ao meu corpo. Minha consciência, por sua vez, não pode levar socos. Mas, quando digo: "Você me decepcionou", associo meu ego aos meus sentimentos, à minha consciência. E, quando digo "meus" sentimentos, "minha" consciência, "meu" nome, "meu" corpo, o ego aparece então como dono de tudo isso. Não vemos muito bem como uma entidade provida de existência própria poderia, assim como Arlequim, assumir todas essas identidades mutuamente incompatíveis. O ego então não pode ser mais que um conceito, um rótulo mental posto sobre um processo dinâmico. Não deixa de ser útil, já que nos permite vincular uma série de situações mutáveis, integrar nossas emoções, nossos pensamentos, nossa percepção do meio ambiente, etc., em um todo coerente. Porém, ele é fruto de uma atividade mental contínua que mantém viva, em nossa mente, uma entidade imaginária.

Alexandre: O que você diria a um mestre zen que praticasse eletrochoques e não hesitasse, se fosse preciso, em dar uma bofetada num discípulo preso ao apego?

Matthieu: Se eu fosse um bom discípulo zen, pensaria: "O que me atingiu, a mão do mestre ou a intenção que a guiou?", ou ainda: "O que doeu, minha face ou meus sentimentos?" Isso me lembra a história de uma amiga de Hong Kong que veio receber ensinamentos em nosso mosteiro de Shechen, no Nepal. Mais de mil pessoas estavam sentadas no chão, junto umas das outras, dentro do templo. Em um determinado momento, alguém atrás dessa mulher lhe deu um tapa nas costas para que ela fosse um pouco mais para a frente. Esse incidente a perturbou durante uma hora. Ela pensou: "Venho de tão longe para receber ensinamentos sobre a paciência e a compaixão, e alguém se comporta de maneira rude comigo, embora tenha vindo para receber os mesmos ensinamentos". Mas, após certo tempo, ela não pôde deixar de rir: "Eu acabei por entender", contou ao mestre espiritual do mosteiro, "que meu corpo sentira o impacto do golpe por alguns segundos, mas que meu ego sofrera durante uma hora".

Voltando ao exame do ego, chegamos com frequência à conclusão de que o ego é nossa consciência. Contudo, essa consciência também é um fluxo inapreensível: o passado morreu, o futuro ainda não nasceu e o presente não tem duração. Como o ego poderia existir suspenso entre algo que não existe mais e algo que ainda não existe? Quanto ao instante presente, é impossível tocá-lo com o dedo. O ego não pode sobreviver por muito tempo se permanecer na transparência do momento presente, livre de qualquer pensamento discursivo. Ele precisa se alimentar das ruminações do passado e das antecipações do futuro.

Se o ego não passa de uma ilusão, libertar-se dele não significa arrancar o coração do nosso ser, mas simplesmente abrir os olhos. E, como nosso apego ao ego é fonte de sofrimento, é extremamente útil desmascarar sua impostura.

Não devemos pensar que, ao nos livrarmos do ego, iremos nos transformar em um vegetal, pelo contrário. Paul Ekman disse um dia:

> Percebi, nas pessoas que me parecem dotadas de qualidades humanas excepcionais e que dão uma impressão de bondade, de candura e de alegria de viver, como o dalai-lama ou Desmond Tutu, que mal conseguimos perceber o ego delas. As outras pessoas aspiram instintivamente a estar na companhia deles, porque acham que é especialmente enriquecedora. Essas pessoas inspiram as outras pelo pouco-caso que fazem do próprio *status*, da fama, do eu. Tamanha ausência de egocentrismo é desconcertante.

O esquecimento de si, o silêncio do ego

Alexandre: O tempo todo, ouvimos as palavras "ego" e "eu", sem saber exatamente o que designam. E, para dizer a verdade, eu teria muita dificuldade em defini-las. A meu ver, o ego é um tipo de pacote de ilusões composto por desejos, medos, emoções e representações aos quais, para nosso maior sofrimento, nós nos apegamos. É preciso diferenciar esse "eu" ilusório, essa fachada, do fundo do fundo, da nossa interioridade, que escapa de toda reificação. Contudo, a noção de ego ainda permanece vaga na minha mente. Sendo assim, como eu poderia me libertar dele? Graças a Christophe, começo a entender e a relativizar. Por muito tempo, eu olhava com suspeita certo tipo de elogio da autoestima. Temia que se tornasse um culto da personalidade. Mas, como Christophe mostra, sem uma personalidade bem-estruturada, sem uma saudável confiança em nós, acabamos nos escravizando.

Nesse assunto, gosto também de me lembrar da fina análise de Rousseau no *Discurso sobre a origem e os fundamentos da desigualdade entre os homens*. Ele diferencia o amor por si, que leva cada indivíduo a tomar conta de si mesmo, a evitar os perigos, do amor-próprio, que é uma paixão iminentemente social. Todos conhecemos suas consequências nocivas: a obsessão pela opinião alheia, a sede de parecer, o desejo de dominação, o gosto pelo poder. No fundo, o amor-próprio surge da

Quem sou eu? Sem que isso se torne obsessão, é libertador perguntar: Sou meu corpo, meus pensamentos, meu carro? Sou minhas convicções religiosas, minhas ideias políticas?

comparação. É como se modelássemos uma imagem de nós à qual nos agarrássemos, para nosso maior sofrimento. Isso não tem nada a ver, basicamente, com o amor por si, uma inclinação primitiva, uma espécie de instinto de conservação que nos leva a tomar conta da nossa vida e, em muitos casos, a progredir. Infelizmente, com frequência, esse impulso entra em queda, reduzindo-se ao egoísmo. O filósofo nos dá uma chave eficiente para não afundarmos nessa idolatria do "eu", sem que isso se transforme em um lamentável desprezo por nós mesmos.

Ramana Maharshi, grande sábio indiano, também desobstrui o caminho. Pode ajudar a nos desamarrar desse eu que se debate por todo lado, para alcançarmos o fundo do fundo, onde a alegria e a paz nos precedem. Bem concretamente, posso imitá-lo, perguntando-me por minha vez: Quem sou eu? Sem que isso se torne uma obsessão, é libertador perguntar: Sou meu corpo, meus pensamentos, meu carro? Sou minhas convicções religiosas, minhas ideias políticas?

O que nos liberta também é interpretar as emoções perturbadoras como sinais de possível apego ao ego. Por que raios devo me amarrar a uma ideia mesmo que isso me faça sofrer? E por que às vezes estou prestes a estourar em vez de reconhecer meus erros? Mais sutilmente, pressinto como que um narcisismo às avessas invadindo o próprio terreno da vida espiritual: "Vou lhes mostrar que não tenho ego, vocês não perdem por esperar..." Diante desse perigo, há muito mais a fazer do que se desprezar. Em vez disso, que tal ouvir a palavra de ordem de Espinosa: "Não rir, não se lamentar, nem odiar, mas compreender"?

Identificar os mecanismos que nos aprisionam ao ego, localizar nossas escravidões, é mais um desafio alegre do que um dever. E por que não começar a jornada por um pequeno balanço, uma notícia meteorológica interna: "Veja, hoje meu pequeno 'eu' está muito agitado. Não estou me sentido bem, estou hipersensível e, para ser valorizado, estou prestes a rastejar"?

Gosto também do exercício que proponho aos meus filhos quando estão um pouco turbulentos. Ficamos alguns minutos em silêncio, contemplando a mente. Os budistas às vezes a comparam a um pequeno macaco muito excitado que pula de galho em galho, sem parar. A prática consiste simplesmente em observá-lo tranquilamente fazer bagunça, sem querer intervir. E por que não lhe dizer com toda a serenidade: "Macaquinho, calma!"? O que caracteriza a mente é essa perpétua insatisfação. Ela sempre se deixa derrubar por emoções perturbadoras.

Quando sentimos alegria, o ego se oculta. Não é preciso provar coisa alguma. É por isso que não adianta fazer uso da culpa. Ao contrário, isso tende a exacerbar o pequeno eu. O caminho da libertação, portanto, não passa pela mortificação, mas pelo dom de si, pela alegria e pelo compartilhamento. E pequenos exercícios repetidos cotidianamente nos levam a isso.

A ascese poderia começar privilegiando o *nós* em vez do *eu*. Aliás, eu soube que em coreano não se diz "minha casa", mas "nossa casa". O fato de nos sentirmos separados dos outros, isolados, aumenta o mal-estar. Se nos levantarmos de manhã tendo por única meta impedir que nosso pequeno eu se arranhe, encontraremos obstáculos por todo lado. Por que não abandonar o erro de perspectiva induzido pelo egocentrismo?

Outro dia, minha filha brincava em um parque. De repente, ouvi gritos de dor e pensei, vendo que não era ela que chorava: "Ufa, não é ela". É estranho: havia vinte crianças, e eu me preocupava com apenas uma delas. Quantas pessoas moram na Terra? Que erro de cálculo e falta de amor preocupar-me exclusivamente com minha pessoa, ou *meus* familiares, desconsiderando outros bilhões de indivíduos que vivem em *nosso* planeta! Mais cedo ou mais tarde, a vida se encarrega de me lembrar que não sou o centro do mundo.

Ao progredirem na terapia, as pessoas tendem a usar muito mais o "nós" que o "eu".

Matthieu: Você fala em passar do "eu" para o "nós"... Nos livros, tenho bastante dificuldade para escrever "penso que..." Com frequência, ouço: "Seu texto não é suficientemente pessoal". Minha meta é compartilhar ideias, tornar-me porta-voz da sabedoria dos meus mestres espirituais e divulgar as pesquisas científicas que esclarecem os assuntos de que tratamos. Tentei o "nós", mas levei broncas, sobretudo em inglês: "Isso é o 'nós' real; você acha que é a rainha da Inglaterra?" Contudo, dizem que o "nós" faz bem à saúde! Um pesquisador, analisando discursos e textos, percebeu que aqueles que empregavam com maior frequência "eu", "mim" e "meu" eram mais propensos a infartos...

Christophe: Aliás, estudos sobre o discurso dos pacientes mostram que, ao progredirem na terapia, as pessoas tendem a usar muito mais o "nós" que o "eu".

Alexandre: Portanto, não é obrigatório submeter o eu a uma dieta drástica, mas usar meios hábeis para apagá-lo suavemente, sem esse desgastante voluntarismo. No que diz respeito à felicidade, me parece que o ego está repleto de preconceitos. Vamos ousar perder tempo e nos perguntar: o que nos deixaria plenamente felizes? Se a resposta for ganhar milhões ou ser famoso, existem fortes probabilidades de que sejamos infelizes a vida toda.

Como descobrir a verdadeira alegria, aquela que as provações não abalam? Mestre Dogen indica o caminho direto dizendo que o dom conduz ao desapego. De forma bem simples, posso me perguntar: o que posso oferecer aqui e agora ao meu próximo? Encontro nisso uma força que me ajuda a subir de volta a ladeira que, do contrário, me levará irresistivelmente em direção a um doloroso egoísmo. O desafio consiste em não se limitar a uma generosidade desenfreada, desencarnada. Às vezes, é mais fácil testemunhar uma infinita paciência com a primeira pessoa que aparecer do que se conter para não brigar à toa com a própria mulher.

O que, para valer, normaliza o ego é rir de si próprio. Nada melhor que o humor para me sacudir toda vez que me acomodo em um rótulo. Cem vezes por dia me lembro desta citação do Mestre Eckhart: "Observe a si mesmo e, assim que se encontrar, relaxe, não há nada melhor a fazer". Na alegria, o ego nos deixa em paz, ele sai na ponta dos pés. Não sei mais quem disse que a saúde é o silêncio dos órgãos, mas acredito que a alegria incondicional seja o silêncio do ego.

Christophe: Foi um cirurgião francês, René Leriche, que disse em 1936: "A saúde é a vida no silêncio dos órgãos".

Alexandre: Quando o ego desaparece, vem a paz, como por milagre. Mas quase sempre a rádio Mental FM difunde um ruído de fundo: "Ande logo", "Faça isso", "Faça aquilo", "Assim, não dá", "Eu preciso disso". Praticar a meditação é, em última análise, tentar diminuir o impacto desses pensamentos. O ego não serve para nos deixar felizes. Talvez tenha uma função, mas sua vocação certamente não é levar-nos à paz. A cada instante, aprendemos a desobedecer a ele, a parar de acreditar em todas as suas ordens. E por que não rir da sua maneira de sempre criticar, julgar e condenar todo mundo? O que o derruba é a generosidade que não espera nenhum retorno. Nunca devemos hesitar em nos perguntar: "O que posso fazer de concreto hoje para fazer bem a alguém?"

Matthieu: Se o silêncio dos órgãos é a saúde física, o silêncio do ego é a saúde mental! O ego faz a si mesmo constantemente duas perguntas: "Por que eu?" e "Por que não eu?" Por que ele foi rude comigo? Por que esse problema sobrou para mim? Por que não sou tão bonito ou sortudo quanto aquele cara?

Todo ser humano quer encontrar a felicidade e evitar o sofrimento, mas a melhor decisão que podemos tomar é não deixar essa felicidade aos cuidados do ego. Aquele que só pensa em si não faz nada sensato para ser feliz. Além do mais, seus fracassos provocam nele frustração e raiva que ele volta contra si mesmo e contra o mundo externo.

O ego saudável é o ego transparente daquele que dispõe de um vasto espaço de paz interna no qual pode acolher os outros, porque não está obcecado por sua própria situação. Tornando o ego menos pesado e concreto, nós nos poupamos de muitos problemas. Deixamos de nos preocupar tanto com críticas e elogios. Fazemos a faxina dos pensamentos e desligamos a Mental FM, que repete o dia todo: "Eu, eu, eu; o que vai acontecer comigo? O que vão dizer de mim?" E começamos a olhar melhor ao nosso redor e a perceber a beleza dos seres e das coisas. Lembro-me do padre Ceyrac, que morreu quase centenário após ter cuidado durante cinquenta anos de dezenas de milhares de crianças pobres no sul da Índia. Um dia ele me disse com um amplo sorriso: "Saio do metrô e as pessoas são muito bonitas. Mas elas não sabem!"

Christophe: Trabalhar a maneira como reagimos aos elogios e às críticas é um exercício muito válido para os pacientes que padecem de autoestima. Eles são complexados, duvidam de si mesmos, com frequência são explorados, esmagados, manipulados pelos outros. E às vezes, ao contrário, tornam-se agressivos porque não se sentem bem consigo mesmos. Nós lhes mostramos que existem maneiras de aceitar os elogios sem recusar o que eles transmitem, mas sem se vangloriar, sem pensar obrigatoriamente que eles engrandecem. O mesmo ocorre com as críticas: uma crítica nem sempre é uma verdade, porém sempre é uma informação! Quando sou criticado (se houver motivo válido), estou recebendo um recado, seja sobre mim (para me sinalizar certos defeitos, e devo me felicitar por isso), seja sobre a maneira como a pessoa me enxerga, e com isso também devo me alegrar! Porque, em ambos os casos – advertência ou informação nova –, são recados úteis.

Ensinamos nossos pacientes a lidar com os elogios e as críticas, e obviamente a desconfiar também um pouco deles: ter uma boa imagem de si apenas se receberem elogios ou admiração e uma má imagem de si se sofrerem críticas ou falta de reconhecimento é extremamente perigoso; trata-se de uma dependência do olhar alheio, assim como existe a dependência do açúcar, do tabaco, do álcool, das drogas. Então, precisamos nos desacostumar disso. Claro, todo mundo precisa de elogios e críticas para recordar seus defeitos e, às vezes, ser incentivado, mas é preciso ter cuidado para não se tornar dependente disso.

Ducha de gratidão

Christophe: Há no que disse Alexandre uma noção muito preciosa: quanto mais nos sentimos excluídos do mundo, mais queremos salvar nossa própria pele. Lembro-me de trabalhar sobre a gratidão com pacientes com problemas de autoestima: pedíamos regularmente que pensassem no que deviam aos outros quando se sentiam felizes, quando haviam tido algum tipo de êxito. A ideia consistia em se perguntar, após comemorar esse sucesso: "Na felicidade que estou sentindo ou nesse sucesso que esperei, o que devo aos outros?" E, paradoxalmente, quanto mais aprendiam a funcionar desse modo, mais adquiriam confiança em si mesmos! Porque, no fundo, a gratidão os libertava dessa "falsa confiança em si", como você disse, Matthieu, que consiste em acreditar apenas nas próprias forças e capacidade. Eles adquiriam uma forma de confiança muito mais inteligente e ampla. Uma confiança ancorada em todas as fontes de ajuda, amor, afeto ao redor deles, nas quais nem sempre prestavam atenção e que não solicitavam quando estavam no fundo do poço, enquanto, ao contrário, é preciso pensar nisso quando estamos em uma fase de bem-estar, sucesso e alcance dos objetivos. Em vez de nos enfraquecer, como poderiam pensar os narcisistas, o fato de pensar: "Você deve aos outros uma parte – grande ou pequena, pouco importa – daquilo que está vivendo" nos fortifica ao ampliar nosso sentimento de vínculo e solidariedade com os outros. Esse vínculo é muito mais intenso, muito mais estreito do que imaginamos.

Uma das mais belas definições da gratidão que conheço é do filósofo André Comte-Sponville, que escreveu: "A gratidão se regozija do que deve, enquanto o amor-próprio preferiria esquecê-lo". Estou feliz por dever algo aos outros, porque, no fundo, é maravilhoso que os outros tenham me dado "algo"; não devo me sentir humilhado por isso, inferiorizado ou inseguro. Isso não quer dizer que eu não tenha sido capaz de obtê-lo sozinho, ou, mesmo que fosse o caso, não é importante, desde que os outros tenham podido me ajudar. Não devemos esquecer que cultivar a consciência daquilo que devemos aos outros para nos sentirmos mais fortes é um bom atalho.

Matthieu: Apenas uma palavra sobre a gratidão. Greg Norris, que estuda na Universidade Harvard o ciclo de vida dos objetos que usamos no dia a dia, uma vez me explicou que, quando seguro na mão uma folha de papel, 35 países pelo menos tornaram esse gesto possível. Um lenhador, por exemplo, cortou uma árvore em uma floresta da Noruega, uma transportadora dinamarquesa levou essa árvore até uma fábrica francesa, e assim por diante. Depois, à polpa de celulose acrescentou-se amido extraído de batatas vindas da República Tcheca; essa polpa foi colorida ou clareada com o uso de substâncias químicas fabricadas na Alemanha, etc. Além do mais, cada pessoa que contribuiu para essa cadeia tem pais, avós, filhos... que influenciaram, todos, na escolha feita. Em resumo, poderíamos ler em filigrana, em toda a superfície do papel, a seguinte inscrição: "Os outros, os outros, os outros..."

Essa constatação da interdependência de todos os seres e de todas as coisas deveria nos encher continuamente de gratidão. Como os ambientalistas que avaliam a pegada ecológica de um produto, poderíamos avaliar a pegada de gratidão vinculada àqueles que nos permitiram estar juntos hoje. Perceberíamos aos poucos que essa gratidão deve incluir a Terra toda.

Christophe: Um dia, um paciente a quem eu ensinara a fazer esses exercícios falou da "ducha de gratidão" que ele tomava todas as noites ao fazer o balanço do dia! Na hora de dormir, ele pensava em todas as coisas boas – grandes ou pequenas – que havia vivido e que devia – totalmente ou em parte – aos outros. Ele me disse: "Se pensarmos bem, esse negócio é muito profundo!" E é verdadeiramente incrível! Se de repente eu parar e tomar consciência de tudo que devo a outras pessoas neste momento, tenho a impressão de que metade da humanidade estará neste cômodo! É exatamente o que você dizia, Matthieu: gratidão às pessoas que fizeram o chá que bebemos, àquelas que fabricaram a xícara, às pessoas da companhia de luz que trouxeram a eletricidade até nós, a você, que organizou esta reunião a três para este livro, aos amigos que nos ajudam na organização, nas refeições... Em poucos segundos, não é mais uma ducha, são as cataratas do Niágara que caem sobre nós! Não há nada do que estamos vivendo agora que não seja devido a outras pessoas. Nada: a luz, o calor, a comida, as roupas, o fato de podermos conversar – tudo isso devemos aos nossos pais, professores, amigos, a dezenas e centenas de desconhecidos. É vertiginoso, perturbador e regozijador.

Matthieu: Nas lojas de lembranças, vendem-se frequentemente tigelas com nomes pintados. Você procura a tigela onde está escrito Paul, Virginie, Matthieu ou qualquer outro nome que lhe vier à mente. O que deveria estar escrito em toda a superfície da tigela, mas também em muitas outras coisas, é: "Os outros, os outros, os outros..." É disso que deveríamos nos lembrar ao utilizarmos qualquer objeto. As pessoas reclamam por causa dos engarrafamentos, do metrô, sem pensar em momento algum na incrível cooperação que a existência e o funcionamento de uma cidade implicam.

Christophe: O exercício da gratidão é reconfortante. E em "reconfortante" há algo que nos faz bem e nos fortalece. A gratidão nos fortalece e nos dá uma consciência dos recursos externos, maiores do que apenas nossos recursos internos.

Matthieu: De fato, deveríamos deixar Narciso nu em uma selva e lhe dizer: "Agora, vire-se sozinho, já que é melhor que os outros!" (*Risos.*)

NOSSOS CONSELHOS DIANTE DO EGO

TRÊS CONSELHOS QUE SURGEM

Alexandre

• Praticar a gratidão como um exercício espiritual e, por nossa vez, entrar nessa imensa corrente de solidariedade realizando atos muito concretos para ajudar o maior número possível de pessoas.

• Ter cuidado consigo mesmo: para derrubar o ego, ou pelo menos torná-lo um pouco mais calado, devemos começar cuidando realmente de nós mesmos e identificando o que realmente nos alegra. Quando a frustração, a amargura e a revolta permanecem no fundo do coração, o ego redobra de ímpeto. Desde já, devemos aprender a nos alegrar e a fazer o bem.

• "Quem sou eu?" Devemos seguir os passos de Ramana Maharshi. Quando a angústia nos visita, devemos nos perguntar imediatamente: quem está com medo? E, quando atravessamos zonas de turbulência, progressivamente identificar que sempre há uma parcela de nosso ser que, dentro do próprio caos, escapa do sofrimento.

TRÊS REFLEXÕES

Matthieu

• Parar de colar rótulos de "eu" e "meu" em si mesmo e nas coisas. Assim, estamos mais de acordo com a realidade, e nossa mente se amplia.

- Libertar-se dos caprichos do ego. Menos preocupados com a necessidade de proteção, nós nos tornamos mais disponíveis para os outros.

- Ser benevolente. É a melhor maneira de conseguir a própria felicidade.

BREVES CONSELHOS ÀS PESSOAS QUE TÊM PROBLEMAS DE EGO

Christophe

- Seja seu amigo, tenha um vínculo de amizade consigo mesmo; mas não corra atrás da admiração ou promoção da sua imagem. É verdadeiramente de amizade que se trata: querer o bem de um amigo é poder ser benevolente com ele, com suavidade.

- Tenha seus pequenos mantras de autobenevolência: "Faça o melhor que puder, e nunca se machuque".

- Torne-se mais leve, diga a si mesmo: "Que meu ego seja como uma pequena bicicleta, e não como um grande utilitário!"

- Todas as noites, tome "duchas de gratidão" que vão lavar a poeira inútil do ego, alegrar o coração e revelar todas as suas forças, internas e externas.

3

APRENDER A VIVER COM AS EMOÇÕES

Christophe: As emoções são uma área apaixonante porque fundamental para a compreensão dos humanos, da sua psicologia e dos seus sofrimentos. Quando ainda era criança, um dos ideais educativos dos meus pais era que eu fosse um menino *sensato*. E nessa *sensatez* havia a ideia de que não se deve deixar as emoções ocuparem muito espaço. Encontramos nisso a oposição, tradicional no Ocidente, entre razão e emoção: valoriza-se a razão e refreia-se a emoção. O que correspondia, aliás, ao funcionamento da minha família, em que se expressavam pouco as emoções. Como que por acaso, ao me formar psiquiatra, tornei-me especialista em distúrbios emocionais...

As emoções que nos perturbam

Christophe: No Ocidente, as emoções por muito tempo foram encaradas com receio e desconfiança. Os gregos desconfiavam daquelas que perturbavam a ordem social, notadamente o orgulho, a *húbris* – descomedimento do orgulho e da confiança em si. Eles consideravam também que a tristeza era uma emoção problemática, porque desengajava o indivíduo do seu papel de cidadão. Tudo muda no século XIX, com Darwin, que mostra que as emoções são, de início, um fenômeno biológico adaptativo que se encontra em estado embrionário nas mais simples espécies animais e é cada vez mais elaborado à medida que o cérebro se torna mais complexo. Ele *naturaliza* as emoções. Hoje, temos a sorte de viver numa época em que se estudam as emoções de forma científica.

Na minha profissão, quando as pessoas vêm à consulta, é em geral por causa de emoções dolorosas que escapam do seu controle. Trata-se principalmente das emoções de medo que caracterizam certas doenças da ansiedade, e das emoções de tristeza e de vergonha excessivas que aumentam com a depressão. Paradoxalmente, os muito irascíveis não costumam procurar terapia: a meu ver, nossa sociedade tem tolerância demais em relação à raiva! Até há algum tempo, poucos pacientes me procuravam por causa de déficit de emoções agradáveis: o primeiro propósito era interromper a dor vinculada às emoções "negativas". Mas, com a psicologia positiva, os profissionais sabem que, após terem aliviado o excesso de emoções negativas dos pacientes, devem verificar se eles são capazes de acolher, suscitar e cultivar as ditas emoções "positivas". Aliás, há hoje um grande debate sobre a terminologia positiva-negativa, que induz um julgamento de valor: sentimos que as emoções positivas só têm vantagens, e as negativas, somente inconvenientes, o que, claro, é simplificar demais. Em vez disso nos esforçamos para usar os termos "emoção agradável" ou "emoção desagradável".

A psicologia se tornou perita na compreensão das emoções desagradáveis e na análise do seu vínculo com os pensamentos dolorosos. Existe um ditado na terapia cognitiva que diz: "Quanto maior a emoção, maior a cognição". Em outras palavras, quando sou habitado por uma emoção de ansiedade ou tristeza, a emoção é como o fogo sob a panela dos meus pensamentos, e quanto mais forte for a emoção maior será o número de pensamentos negativos, e mais vou acreditar neles. Por exemplo, se eu estiver nervoso demais, pensamentos como "essas pessoas não prestam e fazem tudo para me contrariar" serão amplificados e vão me parecer óbvios. Se eu estiver inquieto demais, qualquer preocupação vai se transformar nos meus pensamentos em catástrofe, etc. Ao contrário, se abaixarmos a intensidade emocional, a adesão aos pensamentos será menos forte. É assim que funcionam os antidepressivos e ansiolíticos: eles não modificam diretamente a natureza dos nossos pensamentos, mas a intensidade da atividade emocional. Percebe-se também, com as terapias em que se usa a meditação de plena consciência, que a atenção é um meio extremamente potente de regular a emoção. Ajudando-nos a ficar mais distantes das emoções, ela modifica o impacto que elas exercem sobre nossa visão do mundo e nossa cognição.

Alexandre: Se nossas emoções não nos submetessem constantemente à tortura, talvez nem falássemos sobre isso. Mas elas nos corroem dia após dia e envenenam nossa vida. Quando estamos à mercê delas, a relação com a realidade se abala completamente. Sob o domínio da raiva ou do pânico, posso dizer adeus à pouca lucidez que ainda me resta. Um dos grandes fundamentos da vida espiritual é primeiramente aceitar que podemos perder o controle. Alguns dias atrás, no dentista, vi uma pequena mancha vermelha, e minha mente se encarregou do resto: os piores cenários catastróficos se sucederam, e logo me vi morrendo de aids, abandonado por todos. Do nada, criei uma preocupação monstruosa.

Aliás, a expressão "criar preocupação" mostra bem que é a mente que cria, que fabrica do nada o medo. De certo modo, ela coloca sobre o mundo uma camada de ilusões que devemos dissipar sem tardar. Para começar, talvez fosse conveniente não dramatizar, tomar consciência de que uma das taras do ego é preocupar-se por nada, girar em falso. Praticar a meditação é perceber aos poucos toda a ressonância que um pequeno detalhe mal interpretado pode ter. Portanto, há uma enorme diferença entre o medo quase físico que surge quando uma arma dispara a 10 centímetros do meu ouvido e essa pequena mancha vermelha, totalmente insignificante, que vai produzir a pior das angústias durante meses.

Mas o que vale o raciocínio diante das fábulas construídas pela mente? O pior é que acredito nisso. Lembro-me, aliás, de uma mulher que temia acima de tudo ser atingida por um raio. Um dia, estava no telefone comigo e ouviu o trovão ao longe. Tomada pelo pânico, ela quis desligar imediatamente. Respondi tolamente que no máximo havia uma chance em um milhão de que o raio caísse sobre sua casa. Ela rebateu: "Justamente!" Christophe, você me ensina dia após dia que, acima de tudo, o que o ansioso teme é a incerteza. Uma chance em um milhão já é demais para quem precisa de certeza infalível para poder relaxar e começar a apreciar a vida.

Conhecer os mecanismos da mente, identificar como ela dá um jeito de nos *pegar*, não é algo simples. Se a angústia me paralisa, às vezes me surpreendo achando insípidas as alegrias e as calmarias do cotidiano. É como se faltasse a adrenalina que me estimula nas provações, e isso é dramático. Os golpes do acaso eram esmagadores, desgastantes, mas, pelo menos, eu sabia por que me levantava de manhã. Em *A gaia ciência*, Nietzsche escreveu:

> Escuto, na dor, o grito do comando do capitão do navio: "Recolham as velas!" O intrépido navegador "homem" deve treinar-se a dispor as suas de mil maneiras; de outro modo, não tardaria a desaparecer, o oceano haveria de engoli-lo depressa.

Mas depois, quando o cotidiano e a rotina retomam seus direitos, surge uma falta, quase um hábito, ou até mesmo uma dependência da infelicidade. Como se precisássemos acumular problemas para nos sentirmos vivos. Nossa relação com as emoções pode ser no mínimo ambígua. Mesmo que elas nos façam sofrer por serem excessivas, mesmo que façam com que percamos nossas referências, ainda assim existe certo mal-entendido: alguns pensam que precisamos vibrar para existir, e que a meditação vem nos amputar das nossas emoções.

O que me *seduziu* na filosofia foi que ela parecia prometer a famosa ataraxia, isto é, a ausência de perturbações de alma. Hoje, vejo bem que eu talvez não tenha como arrancar as mil e uma preocupações que agitam minha mente. Entretanto, graças à meditação, um tipo de milagre ocorre dia após dia. E frequentemente consigo rir das minhas angústias, não ter mais medo dos meus medos.

Um exercício que me ajuda consideravelmente: ver que a consciência que provoca a experiência do medo, da angústia e da tristeza nunca é atingida. Existe no homem e na mulher uma parte que permanece intacta. Nenhum traumatismo pode perturbá-la. Então, poderíamos comparar a consciência a uma enorme panela. Dentro, há um pouco de tudo: grão-de-bico, alface, cenoura, que nos deixam bem-humorados, e cebolas, que nos levam às lágrimas. Na infelicidade, o ego se limita a mastigar as cebolas sem saborear o resto. Considerar a consciência como uma panela que permite deixar passar as emoções sem se reduzir à raiva, à pena, que não passam de ingredientes entre tantos outros.

O que pode nos desgastar é esse eterno vaivém, esse ioiô interior que nos leva da alegria à tristeza em uma fração de segundo. É difícil estar totalmente na alegria sem se dar conta de que ela vai acabar. E, na tristeza, acreditamos que vamos carregar perpetuamente esse mal-estar, o que nos afunda ainda mais. A não fixação é uma das ferramentas mais formidáveis, que nos permite sair da apreensão e da rejeição para começar a acolher o que vier. E, primeiramente, preciso aceitar essa montanha-russa interna, perceber que posso acordar feliz, mas que a leitura de um simples *e-mail* pode me arrastar para baixo. Como se eu entregasse às circunstâncias externas um controle remoto que tivesse o poder de me zapear de uma emoção para outra.

A boa notícia é que podemos escapar dessa montanha-russa justamente descendo ao fundo do fundo para descobrir uma alegria incondicional. De início, o primeiro passo consiste em observar tranquilamente esse zapear incessante sem se preocupar demais. É um grande equívoco que impede de curtir a alegria incondicional. Erradamente, acreditamos que ela será possível apenas no dia em que tivermos curado todas as nossas feridas, enquanto essa alegria sem porquê é possível desde já, mesmo no centro da tormenta. Podemos alcançá-la agora mesmo. Se esperarmos uma vida perfeita para poder curti-la, corremos o risco de esperar muito tempo... O Eclesiastes me ajuda muito, ensinando-me que é no caos, na falta de esperança, que *devo* descobrir a paz. Gosto que esse texto bíblico martele o célebre versículo: "Vaidade das vaidades, tudo é vaidade". Sua leitura me cura de muitas ilusões e me impede de crer que domino o curso da minha vida. Mais cedo ou mais tarde, tudo vai desmoronar, tudo é impermanente.

Encontro certa libertação ao constatar que tudo é frágil. Finalmente, posso com alegria renunciar à estabilidade, à solidez, para aprender a nadar na impermanência. Se eu procurar a qualquer custo uma terra firme onde me instalar para sempre, serei inexoravelmente decepcionado. A primeira nobre verdade de Buda lembra que tudo é sofrimento e impermanência. Não sou tibetólogo nem sanscritólogo, mas, como nota Yongey Mingyur Rinpoche em seu livro *Alegre sabedoria*, poderíamos formular o diagnóstico de Buda dizendo que "tudo range". A experiência comum demonstra também que, não importa o que fizermos, mesmo que estejamos com a mais pura disposição interna, sempre há algo errado. E, como diz Bernard Campan: "A solução é deixar ranger alegremente". Praticar a meditação não é se extrair deste mundo, mas aprender a coabitar, a ficar em paz no meio desses rangidos.

Quando a psicologia moderna encontra o budismo

Matthieu: Para continuar nosso panorama, a palavra "emoção" etimologicamente evoca aquilo que põe em movimento. É um assunto muito amplo, porque será que existe algo que não ponha a mente em movimento? Segundo o ponto de vista adotado ou a meta perseguida, os especialistas falam em emoções positivas ou negativas, agradáveis ou desagradáveis – como você dizia, Christophe –, dando sentidos diferentes a esses termos. Eles os abordam sob diversos ângulos: científico, terapêutico, pessoal, espiritual e outros mais.

Para entender as emoções de maneira mais concreta, em sua simples relação com o bem-estar e o mal-estar, acho que é necessário começar por algumas considerações. Qualquer atividade mental é associada a

> Encontro certa libertação ao constatar que tudo é frágil. Finalmente, posso com alegria renunciar à estabilidade, à solidez.

emoções que podem, em suma, ser qualificadas como agradáveis, desagradáveis ou neutras. A maior parte dos estados afetivos como o amor ou o ódio também são acompanhados por discursos interiores e raciocínios. No plano neurológico, cada região do cérebro associada a aspectos emocionais particulares também é associada a aspectos cognitivos. Em outras palavras, os circuitos neuronais que veiculam as emoções são intimamente ligados àqueles que veiculam a cognição. As emoções não se manifestam praticamente nunca independentemente dos outros aspectos da nossa experiência. Isso quer dizer que a distinção entre o emocional e o cognitivo está longe de ser tão categórica quanto pode parecer à primeira vista.

Do ponto de vista budista, que é essencialmente terapêutico porque visa a remediar o sofrimento e trazer o bem-estar, a maneira mais pragmática de distinguir os diferentes estados mentais, especialmente as emoções, consiste em examinar suas consequências. Se uma emoção aumenta nossa paz interior e nosso bem-estar ao mesmo tempo que nos incentiva a ajudar os outros, diz-se que é positiva. Se perturba nossa mente e nos leva a prejudicar os outros, diz-se que é negativa. Portanto, o único critério que merece ser considerado é o bem-estar ou o sofrimento que resultam de tal ou tal emoção. Nisso, o budismo difere das psicologias que diferenciam as emoções conforme incentivam a aproximação, como a curiosidade ou a atração, ou o afastamento, como o medo e a aversão.

A distinção entre emoções agradáveis e desagradáveis me parece problemática do ponto de vista da procura da felicidade durável, já que perpetua a confusão entre felicidade e prazer. O prazer é provocado por estímulos agradáveis de ordem sensorial, estética ou intelectual. É instável e pode rapidamente se transformar em indiferença, até em desprazer ou desgosto. Ouvir uma música sublime pode trazer um imenso prazer, mas ouvi-la sem parar durante 24 horas se torna uma tortura. Além do mais, a busca individual do prazer pode facilmente ir contra o bem-estar alheio. Por outro lado, a verdadeira felicidade, no sentido budista, é um estado interior não submetido às circunstâncias. Em vez de se transformar em seu contrário após certo tempo, ela se torna cada vez mais estável, porque gera um sentimento de plenitude que acaba constituindo um traço dominante do nosso temperamento no decorrer dos meses e dos anos. É essencialmente uma maneira de ser e um equilíbrio interior profundo, vinculados à compreensão justa do funcionamento da mente.

Christophe: Qual é a palavra tibetana para designar as emoções?

Matthieu: Os termos budistas nessa área nem sempre condizem com aqueles que utilizamos no Ocidente, porque não refletem o mesmo ponto de vista. Não há na verdade uma palavra específica para designar as emoções positivas. Fala-se em pensamentos ou em estados mentais benéficos, como o amor e a compaixão. Existem até outros estados mentais, como a calma e o discernimento, que, aqui, não chamaríamos de "emoções".

Quanto à palavra geralmente traduzida por "emoção negativa", também tem um sentido mais amplo, já que designa não somente a raiva, o ciúme, etc., mas também a ignorância ou a confusão mental, que são sua fonte. As emoções, em seu aspecto negativo, são vinculadas a uma falsa visão da realidade que provoca uma disfunção da mente. O termo tibetano evoca a ideia de tormento e esgotamento. Basta observar o momento em que a avidez, a raiva, o ódio ou o ciúme nos invadem para constatar que provocam em nós um mal-estar profundo, esvaziando-nos da nossa energia. Em geral, as ações e palavras suscitadas por essas emoções também ferem os outros. Do mesmo modo, as emoções negativas criam separações entre nós e os outros. Elas nos levam a idealizar o que apreciamos e a demonizar o que detestamos. E nos fazem acreditar que a beleza e a feiura são inerentes aos seres e às coisas, o que provoca um divórcio crescente entre o que são de verdade e a maneira como os percebemos. É por isso que, como dizia Christophe, quando temos emoções negativas, mais sobrepomos elaborações mentais à realidade.

A psicologia positiva, as terapias cognitivas e o budismo se encontram nesse ponto. Durante um encontro com o dalai-lama, Aaron Beck, o fundador da terapia cognitiva, explicava que, quando sentimos muita raiva, 80 por cento das nossas percepções se sobrepõem à realidade. Se os seres humanos fossem atraentes ou repulsivos em si, seríamos todos atraentes ou repulsivos, o que não é o caso. Essa evidência nos escapa assim que o desejo ou a raiva nos invadem, porque passamos por um "período refratário", como diz Paul Ekman, que impede que entendamos que a pessoa que odiamos naquele momento também tem qualidades, ou que aquela que desejamos loucamente também tem defeitos.

As emoções negativas também têm outra característica sobre a qual o dalai-lama insiste com frequência: elas não precisam ser cultivadas para se desenvolverem. Podemos ter raivas enormes sem precisar praticar antes. Como dizia um dos meus mestres, Jigme Khyentse Rinpoche: "Não precisamos exercitar nossa mente para que ela fique mais facilmente contrariada ou com ciúme; não precisamos de acelerador de raiva ou amplificador de amor-próprio". Ao contrário, mesmo estando naturalmente pacientes ou benevolentes, precisamos fazer certo esforço para o sermos ainda mais.

Eu acrescentaria que uma emoção aparentemente positiva de fato pode ser negativa, e vice-versa. O desejo às vezes pode traduzir uma intenção nobre, como a de aliviar os sofrimentos alheios e a de proteger o meio ambiente, mas o desejo de riquezas ou prazeres corre certamente o risco de se tornar, mais cedo ou mais tarde, fonte de tormentos para si e para os outros. A raiva pode traduzir a malevolência, mas também apenas uma indignação, um sentimento de revolta diante de um massacre, por exemplo, expressando uma benevolência e um forte desejo de ajudar os outros.

Christophe: Quando descobri, pessoal e profissionalmente, essa extrema variedade de emoções e principalmente as emoções positivas, isso mudou minha vida! Durante muito tempo, como se espera de um psiquiatra, tive a impressão de que existiam muitas emoções negativas e do outro lado, no final das contas, apenas duas grandes emoções positivas: a alegria e o amor. E entendi que isso era um erro gigantesco. Os estudos científicos revelaram inúmeras emoções positivas: a confiança, a serenidade, a ternura, a admiração, a benevolência... Estudou-se também recentemente a elevação, a emoção diante de algo como o Everest, o Grand Canyon, ou diante de algo totalmente fora do comum. E também há o entusiasmo, essa forma de reação emocional favorável às propostas da vida ou dos outros, essa abertura à novidade alegre e enérgica, tão preciosa nos grupos. Acho admirável essa corrente da "psicologia positiva" que nos ensina a descobrir a infinita riqueza dos estados de espírito agradáveis e a usá-los de forma cuidadosa. Eu trabalho para promover o estudo e o uso terapêutico dessas emoções agradáveis, porque possuem força e potência consideráveis e podem ser cultivadas.

O papel das emoções

Matthieu: Os especialistas da evolução consideram que as emoções são úteis à sobrevivência e à gestão dos maiores eventos da vida – reprodução, proteção dos familiares, relações entre os indivíduos, reações diante dos predadores, etc. O ciúme é certamente uma fonte de tormentos, mas também pode ser considerado como a expressão do instinto que contribui para manter a coesão do casal e a sobrevivência da prole. A raiva pode ser destruidora, mas, do ponto de vista da evolução, permite afastar rapidamente aquilo que pode prejudicar ou dificultar a realização dos nossos projetos.

Muitos psicólogos concordam com Aristóteles, para quem uma emoção é adequada quando adaptada à situação e expressada com intensidade proporcional às circunstâncias. Diante da injustiça, uma cólera indignada pode ser apropriada, enquanto uma explosão de raiva destruidora não o seria. Após perder um ente querido, a tristeza é apropriada, enquanto o desespero e a depressão são desproporcionais e contrários ao bem-estar durável. Recentemente, senti uma imensa tristeza por causa do terremoto que ocorreu no Nepal, onde vivo a maior parte do tempo. Mas, logo depois, pensei que, em vez de me desanimar diante da ideia de que era preciso reconstruir o que já havia sido construído, era mais válido dedicar minha energia a ajudar as vítimas.

Assim, o que favorece nossa sobrevivência do ponto de vista da evolução não contribui obrigatoriamente para o nosso bem-estar individual. Não podemos dizer que o ciúme, a raiva ou a inveja favoreçam a paz interior. O desejo sexual desenfreado pode ser excelente para a propagação dos genes, mas é fonte de tormentos porque se manifesta o tempo todo sem nunca encontrar uma satisfação permanente. Ao contrário, não há certeza de que a compaixão e o Despertar sejam úteis à reprodução. O eremita consumado que vive na solidão das montanhas não faz muitas coisas para propagar seus genes.

Christophe: Embora isolados, esses eremitas que você acaba de mencionar contribuem à sua maneira para o bem de todos, ao não acrescentar mais violência ou materialismo no mundo, servindo de exemplo...

De fato, as emoções se inscrevem em nosso patrimônio genético de humanos e nas conexões cerebrais, antes de serem reforçadas por nossa educação e nosso meio cultural. Todas as emoções são úteis: a raiva, a tristeza, o medo, a ansiedade, a vergonha têm funções bem precisas. Elas nos prestam serviço, com a condição de que não alcancem intensidade forte demais, de que não sejam duradouras e de que não percamos de vista sua finalidade.

De um ponto de vista evolucionista, as emoções de tonalidade negativa ou desagradável são associadas principalmente a situações perigosas, que podem ameaçar nossa sobrevivência. A raiva nos permite intimidar os outros (e evitar um combate físico mais custoso), o medo nos afasta de perigos potenciais (e nos incita, no melhor dos

Todas as emoções são úteis: a raiva, a tristeza, o medo, a ansiedade, a vergonha têm funções bem precisas.

casos, à prudência e, no pior, à fuga), a tristeza nos obriga a diminuir o ritmo para refletir, etc. Então, as emoções positivas estão associadas a situações de busca de recursos (alimentos, descanso, trocas agradáveis, como jogos e relações sexuais). Mas o que é agradável nunca é prioritário em relação ao que é perigoso: na natureza, deve-se tratar do perigoso antes do agradável. É por isso que as emoções negativas têm um tipo de supremacia potencial sobre as emoções positivas, em sua clareza, sua intensidade, na força com a qual surgem e captam nossa atenção. Porém, sem as emoções positivas, não aguentaríamos muito tempo: são elas que, em seguida, reabrem nosso olhar e nossa capacidade de nos relacionar com os outros, de encontrar novos recursos e inventar novas soluções; são nossa energia para seguir adiante. Portanto, precisamos de ambas. As emoções negativas são um pouco como os "fanfarrões" em uma família, que reagem mais rápido, gritam mais alto e criam confusão na mesa familiar. Mas, sem as emoções positivas, ninguém mais viria à mesa comer porque rapidamente a situação se tornaria um inferno! Como dizia Descartes na conclusão do tratado *As paixões da alma*: agora que as conhecemos todas, temos muito menos razão para temê-las do que tínhamos antes; pois verificamos que são todas boas por natureza e que só devemos evitar o seu mau uso ou os seus excessos.

Alexandre: Para nos libertar das emoções perturbadoras, é preciso primeiramente parar de considerá-las como inimigas, adversárias a serem derrotadas, e olhá-las como mensageiras ou mesmo sinais de alarme. E, desde já, tentar fazer bom uso delas. O que me entristece hoje é a afirmação em si, que, incompreendida, torna-se manifestação de orgulho: "Sou como sou, sou irritável, e assim é a minha natureza". Se o autodesprezo é uma calamidade, proteger-nos dentro do orgulho excessivo também provoca catástrofes. É grande a tentação de transformar o veneno em antídoto. O sábio e a criança não precisam se afirmar, são plenamente o que são, e ponto.

Não mais temer as emoções negativas é também um grande progresso. Esses medos que hoje nos atormentam talvez tenham salvado nossa vida na infância. Até hoje, devo lutar contra defeitos muito tenazes: a hiperansiedade e a impaciência. Porém, retrospectivamente, entendo que ambas têm uma função: salvar minha vida afastando-me da resignação, do desânimo e dos mil e um obstáculos que eu devia atravessar. Mas hoje estou bem e posso seguir o caminho sem precisar dessas incômodas bengalas. Existem instrumentos da vida que servem durante algum tempo e que devemos abandonar para seguir adiante. Nesse sentido, os filósofos gregos, como os céticos, têm uma linda imagem: falam em *medicações purgativas*, isto é, remédios que se eliminam à medida que curam o mal. Desculpem-me por falar sem rodeios, mas o melhor exemplo é o laxante, que some junto com o problema!

Christophe: Efetivamente, vemos que as emoções negativas nos prejudicam e custam caro, mas isso também pode valer para as emoções positivas – a alegria, por exemplo, acelera o coração, gasta energia, pode se transformar em excitação nas crianças... Mas dá tanto em troca que no final acabamos ganhando endorfina e satisfação existencial! Como as crianças, aliás, que nos sugam uma energia incrível, mas nos proporcionam tanta alegria a longo prazo. Penso mais nos excessos, nos descontroles, na alegria que nos leva à excitação: em determinado momento, exageramos, passamos dos limites. Não ouvimos os sinais de cansaço do corpo porque estamos eufóricos. É o problema das alegrias patológicas do transtorno bipolar: elas levam a excessos e imprudências, e, no final, a catástrofes humanas e financeiras (conflitos e despesas patológicas).

Matthieu: Portanto, é importante pensar bem nos efeitos dos nossos estados mentais sobre a qualidade da nossa experiência vivida, a curto e a longo prazo. Sob certa perspectiva, pode parecer normal procurar aquilo que nos dá prazer, exceto que isso raramente leva à felicidade. Por outro lado, é possível cultivar uma satisfação interior que não esteja obrigatoriamente vinculada às sensações agradáveis, mas que proporcione, no final das contas, uma plenitude profunda e duradoura.

Da importância dos estados de espírito

Christophe: Para seguir adiante em nossa compreensão das emoções, podemos considerá-las segundo dois eixos – o eixo da valência (mais agradável ou desagradável) e o eixo da intensidade. Nesse segundo eixo, distinguem-se as emoções explosivas, quase incontroláveis ao serem despertadas em nós, como a raiva ou o medo; e os estados emocionais de intensidade mais baixa, que podemos chamar de "humores", os "estados de espírito", aos quais os pesquisadores dão cada vez mais importância, porque representam o essencial das nossas sensações emocionais. As emoções fortes nos exigem tanto em termos de energia física e psíquica que não podemos nos dar ao luxo de nos entregar a elas várias vezes por dia: isso acabaria por nos desgastar e sem dúvida nos matar. Quando se pede a alguém que se lembre da última vez em que se sentiu extremamente raivoso, extremamente triste, extremamente inquieto, extremamente envergonhado, ou talvez extremamente feliz, muitas vezes ele tem dificuldade para encontrar situações recentes. Ao contrário, é muito provável que desde hoje de manhã todos nós já tenhamos vivido estados emocionais moderados, com um pouco de tristeza, um pouco de preocupação, um pouco de bom humor e de alegria.

É importante identificar esses estados discretos e ver que são muito influentes porque representam um tipo de terreno que facilita a eclosão de emoções muito mais fortes e de todo um sistema de pensamentos, de toda uma visão do mundo. Estar permanentemente sob o domínio

> Estar permanentemente sob o domínio de emoções de ressentimento ou de irritação influencia minha visão do mundo e a maneira como vou me comportar socialmente.

de emoções de ressentimento ou de irritação influencia minha visão do mundo e a maneira como vou me comportar socialmente. Por isso, incentivamos nossos pacientes a prestarem atenção a essas emoções sutis, de segundo plano, notadamente na fase de prevenção de recaída, de aprendizagem da arte do bem-estar, da arte do equilíbrio interior.

Como tomar consciência desses estados emocionais? Isso é amplamente facilitado pelas abordagens contemplativas e meditativas, e também por outras formas de trabalho sobre si: manter um diário, fazer uma terapia cognitiva que nos incentive a estabelecer vínculos entre as situações que vivemos, as emoções que sentimos, os pensamentos que surgem naquele momento e os comportamentos que são a consequência de toda essa cadeia de causalidades.

Matthieu: No budismo, fala-se sobre os pensamentos quase imperceptíveis que se manifestam de forma contínua no segundo plano do nosso campo de consciência, como a água correndo, às vezes, sob a grama de um prado. Esses pensamentos podem provocar em nós diferentes humores. Se forem negativos, podem despertar explosões emocionais repentinas, como um acesso de raiva, por exemplo. Se forem naturalmente positivos ou resultarem de uma prática da benevolência, por exemplo, suas frequentes manifestações vão influenciar a longo prazo nosso terreno mental, de maneira que, se alguém se apresentar no campo da nossa atenção, o primeiro sentimento a se manifestar será a benevolência.

Como tomar consciência dos estados emocionais que se manifestam em nós, frequentemente sem que saibamos disso? Ao deixarmos que ocupem muito espaço, eles ficam incontroláveis, e não temos outra escolha senão esperar que se acalmem. Mas, se examinarmos os efeitos que produzem em nós, perceberemos que, em meio à tempestade que despertaram, nossa percepção dos outros e da situação não correspondia à realidade.

De tanto renovar essa experiência, aos poucos nos tornamos capazes de ver as emoções chegando com mais antecedência. Podemos então aplicar o devido antídoto de maneira preventiva, sempre com a ideia de que é mais fácil apagar uma faísca do que um incêndio na floresta.

Afinando ainda mais a compreensão e o domínio da nossa mente, chegamos ao ponto em que podemos administrar as emoções no exato momento em que surgem. Quando esse processo se torna tão usual que as emoções que antes nos perturbavam se dissolvem à medida que aparecem, elas não podem mais perturbar nossa mente. Não podem mais se traduzir em atos e palavras que prejudicam a nós e aos outros. Esse método exige treinamento, porque não estamos acostumados a tratar os pensamentos desse modo.

Podemos nos libertar das emoções negativas?

Matthieu: Se é possível nos libertarmos da opressão das emoções destruidoras, é porque elas são estranhas à natureza da nossa mente. Segundo o budismo, o aspecto fundamental da consciência, a pura faculdade de conhecer, essa qualidade da mente que é chamada de "luminosa", é um espaço incondicionado em que as emoções se manifestam como as nuvens do céu, de forma momentânea, sob o efeito de circunstâncias também transitórias. Quando são negativas, usamos diferentes métodos para nos libertar delas, e, quando são positivas, treinamos para desenvolvê-las.

Os contemplativos sabem disso. Mesmo que perscrutem o fundo dessa presença despertada, não vão encontrar ódio, avidez, ciúme, vaidade nem qualquer outro veneno mental. O que quer dizer que as emoções negativas podem surgir apenas de maneira "adventícia", dizem os textos, sob o efeito de circunstâncias e hábitos. E, sobretudo, que é possível se libertar delas. O sol pode estar escondido atrás das nuvens, mas mesmo assim ele continua brilhando.

Para voltar à pergunta de Alexandre, é um esforço vão querer vencer cada uma das nossas emoções negativas? Não seria mais simples deixar que elas se esgotassem sozinhas? A experiência mostra que, se nos acostumarmos a deixá-las livres, elas se comportam como uma infecção não tratada a tempo: tornam-se cada vez mais fortes e se enraízam na mente. Voltaremos a cair nelas assim que sua carga emocional alcançar um patamar crítico. Além do mais, esse patamar não para de diminuir. Ficamos cada vez mais rapidamente raivosos, ansiosos, etc. Seria uma solução efêmera que teria poucas chances de levar à paz interior. Porque, de duas, uma: ou as emoções negativas são inerentes à nossa mente, e nesse caso querer se livrar delas consiste em querer lutar contra algo que faz parte de si, o que logicamente resultará em um fracasso; ou então sua presença em nossa mente é fruto de causas e condições transitórias, e, assim, é possível se libertar delas.

O essencial, em um primeiro momento, é adquirir certa habilidade para reconhecer as emoções negativas, e então neutralizá-las com a ajuda do antídoto mais apropriado. Para conseguir isso, o budismo ensina vários métodos, nenhum em princípio superior aos demais, e cuja escolha depende das circunstâncias e das capacidades de cada pessoa. Alguns são diretos e evidentes, como o treinamento para a benevolência para combater a malevolência. Não se pode, ao mesmo tempo, querer o bem e o mal de alguém.

Alguns são mais sutis, como permanecer plenamente consciente das emoções sem se identificar com elas. Já falamos sobre isso. A plena consciência da ansiedade não é a ansiedade, porém simplesmente consciência. Estou longe de ser um bom meditador, mas com frequência tento aplicar esse método. Quando vou ao aeroporto no meio dos engarrafamentos, por exemplo, às vezes fico

O ódio não é um louco que me persegue com uma arma ou uma rocha que desliza montanha abaixo para me esmagar. Não passa de uma elaboração mental.

ansioso ao pensar na série de consequências que ocorreriam se eu perdesse o avião – perder o avião seguinte e a conferência prevista à minha chegada que havia sido agendada meses antes, etc. Se eu tentar relaxar na plena consciência desse estado, como se contemplasse uma torrente impetuosa correndo diante de mim, em um primeiro momento, tenho a impressão de que a ansiedade vai se fincar obstinadamente. Mas, se eu continuar a observá-la com o olhar da plena consciência, sua força enfraquece, ao mesmo tempo que o espaço da plena consciência se torna mais amplo. Chega um momento em que a ansiedade não é mais que um pálido reflexo do que era no começo, e acaba desaparecendo.

Existem vários outros métodos adaptados às necessidades e aptidões de cada pessoa. Posso, por exemplo, tentar ver o que é, *em si*, a emoção que me perturba. O ódio não é um louco que me persegue com uma arma ou uma rocha que desliza montanha abaixo para me esmagar. Posso ter a impressão de que é poderoso, mas não passa de uma elaboração mental. E, já que minha mente o elabora, ela também pode se libertar dele. Por que deixar que ele me domine de maneira tão intensa? Ainda mais que não há nada para dominar, tudo não passa de ar. Em termos budistas, diz-se que essa emoção é "vazia", "desprovida de existência própria". O reconhecimento dessa verdade em si é libertador. Isso não quer dizer que caímos então no niilismo, mas que passamos de um estado mental escravizado para um estado livre. Nos textos de meditação, às vezes se compara o estado livre à água, e a mente amarrada por construções mentais ao gelo. Basta aquecer o gelo para que ele se torne fluido. Meu mestre Dilgo Khyentse Rinpoche dizia:

> O gelo é apenas água solidificada, e a água, gelo derretido. É o mesmo com nossa percepção do mundo. Apegar-se à realidade das coisas e se deixar atormentar pela atração e pela repulsão consiste em bloquear o livre funcionamento da mente. Deixem derreter o gelo dos conceitos e vocês obterão a água viva da liberdade interior.

Christophe: As abordagens comportamentais e cognitivas são bastante parecidas com aquilo que você descreve: para nós, as emoções sempre têm uma causa, quer se trate de uma causa externa (um evento que nos satisfaz ou nos agride) ou de uma causa vinculada a estados biológicos (como o cansaço e a falta de sono), ou ainda de representações mentais (quando representamos mentalmente uma situação, podemos sentir vergonha em relação ao que fizemos, ou medo, tristeza, culpa, raiva...) Consideramos que as emoções são um modo de resposta pré-verbal às situações: em geral, aparecem antes mesmo que nossos pensamentos venham à mente, por exemplo, quando na raiva ou no medo nosso corpo se enrijece e reage antes mesmo que comecemos a mentalizar o que nos irrita ou inquieta. Na evolução das espécies, as emoções precedem sempre o surgimento da linguagem falada, e desse modo mantêm um tipo de primazia sobre a capacidade de conceituar, embora, no ser humano, elas sejam indissociáveis dos pensamentos, como uma carta de baralho ou uma moeda, em que é impossível separar cara e coroa. As emoções surgem em nossa mente ao mesmo tempo por meio de uma sensação corporal e por pensamentos ou por uma modificação da nossa visão do mundo. É lá que podem nos enganar uma primeira vez: podemos ter a impressão de que é o mundo em si que cria o problema, ao passo que é a nossa visão do mundo sob o domínio da emoção. E, em um terceiro tempo, existem as consequências das emoções. Todas as emoções causam o que chamamos de programas de tendência à ação. A raiva leva a ações agressivas ou violentas, a tristeza provoca o recolhimento, o medo leva à fuga, a vergonha leva à dissimulação, a se esconder, etc.

Então, o que fazer quando sofro? O que fazer quando me sinto sob o domínio de emoções negativas, destruidoras, dolorosas? Primeiro conselho de suma importância: não esperar o último momento. O trabalho de identificação e de regulação cotidiano, regular, paciente é sempre mais eficiente que a intervenção de emergência quando ocorre o incêndio.

Matthieu: É por isso que se compara com frequência o ponto de partida das emoções negativas com uma faísca que é fácil apagar, e os estados emocionais que deixamos se espalhar com incêndios de florestas difíceis de controlar.

Christophe: De fato, é muito mais fácil trabalhar as nossas pequenas irritações, nossas pequenas tristezas, nossas pequenas preocupações, nossas pequenas vergonhas do que as grandes manifestações das mesmas emoções. Nessa ótica, estimulo muito a auto-observação, isto é, aconselho a manter um diário para estabelecer um vínculo entre os eventos da vida, o impacto emocional que têm sobre nós e os pensamentos e comportamentos que provocam. Colocar palavras sobre as emoções, analisar o caminho que seguiram, sua causalidade e suas repercussões é muito mais complicado do que parece – em nossa mente, está claro –, mas quando passamos para a escrita percebemos que se fazer entender requer um esforço verdadeiro! Essa avaliação racional é uma primeira exigência. Faz parte da higiene de vida do equilíbrio interior.

O segundo tipo de trabalho é de ordem experimental: toda vez que a emoção surge, deve-se tentar parar e explorá-la em plena consciência. Quando digo em plena consciência, é obviamente no espaço dessa abordagem meditativa que chamamos de "plena consciência". De maneira simples, sem procurar modificá-la, controlá-la, fazê-la desaparecer ou orientá-la de tal ou tal maneira, mas apenas aceitá-la, observar do que é feita, de que estados corporais é constituída, que tipo de pensamentos gera, é exatamente o que fazem os pacientes aos quais ensinamos as abordagens meditativas da plena consciência. Esse é sem dúvida um bom mecanismo, e explica por que em todos os estudos se constata que a prática regular da plena consciência leva a uma melhor regulação emocional.

Ainda nesse segundo tipo de abordagem experimental, existem estratégias mais específicas para as emoções de medo ou vergonha patológicas que ocorrem em certas situações. Usam-se então exercícios destinados a "desgastar" a emoção. Para tanto, colocam-se os pacientes em situações em que vão sentir a emoção em um nível extremamente forte e desconfortável – por exemplo, fazendo-os cantar no metrô, onde são vistos por todas as pessoas, colocando-os de pé no meio de outros pacientes. Se o paciente estivesse em uma situação real, em sua verdadeira vida, ele tentaria interromper essa emoção com estratégias de fuga: deixaria o cômodo, sairia do metrô, ou, se fosse impossível fugir, tentaria pensar em outra coisa, abaixaria os olhos, para diminuir a intensidade do vínculo com a situação. Mas lá nós o incentivamos a não baixar os olhos, a permanecer na situação, a aceitar a emoção. É o que se chama "exposição", na terapia comportamental. Trata-se, no fundo, de desobedecer à emoção: "Apesar da presença do medo, eu fico aqui, nesta situação, respirando bem, deixando fluir meus pensamentos..." E, ao repetir regularmente essas experiências, o paciente vê que a intensidade da emoção diminui aos poucos, e que ele se liberta do poder desses excessos de emoções tóxicas.

Em seguida, há um terceiro tipo de estratégia, que utilizo cada vez mais agora que estou trabalhando com a psicologia positiva, e que deve se parecer com essa visão dos antídotos sobre a qual Matthieu fala com frequência. A ideia é a seguinte: quanto mais sinto, durante o dia, na vida, emoções positivas, afeto, admiração, compaixão, felicidade, bem-estar, alegria, elevação, menos haverá espaço para o surgimento, a expansão e o surto das emoções dolorosas, destruidoras e negativas.

Existe dependência de emoções dolorosas?

Alexandre: Se há algo na alma humana que me fascina e me assusta é essa capacidade que temos de nos fazer mal. Para que servem a culpa e as ruminações, senão para infernizar a vida? Um amigo ansioso me confiava sentir um vazio, até mesmo uma falta, quando seus medos o deixavam sossegar um pouco. De onde vem essa dependência? Na Epístola aos Romanos, São Paulo faz um diagnóstico muito perturbador: "Não faço o bem que quero, mas, o mal que não quero, esse eu faço". Nesse sentido, os filósofos gregos falavam de acrasia, ou incontinência, a famosa fraqueza da vontade. Nenhum argumento lógico parece ter força para contradizer certos hábitos: simplesmente adoro castanhas de caju, mas elas me dão aftas, e *mesmo assim* continuo a comê-las! Mil e um conflitos interiores fazem da nossa interioridade um campo de batalha. Aqui também, o primeiro passo consiste em olhar calmamente essas lutas sem querer resolver o problema imediatamente. A fraqueza da minha vontade me prega peças, e, em geral, isso me faz rir. Por motivos de saúde, precisei emagrecer. Assim, chamei um *coach*, que me aconselhou a fazer esporte. Acrescentou que o problema essencial estava na cozinha, e que eu precisava mudar meus hábitos alimentares. Ele mal havia saído de casa e eu já corria à geladeira para me entregar a um tipo de orgia: se tudo estava perdido, era melhor aproveitar de vez! Por que essa sabotagem quase imediata? No campo da felicidade, descubro as mesmas forças destruidoras. É como se minha mente, sofrendo de uma doença autoimune, chegasse a atingir sua própria integridade.

Matthieu: O fato de a mente se obstinar em perpetuar aquilo que a faz sofrer é um dos aspectos da ignorância. O mestre budista indiano Shantideva escreveu:

Ainda que desejemos escapar dele,
Nós nos lançamos ao sofrimento;
Aspiramos à felicidade, mas, por ignorância,
nós a destruímos como se ela fosse nossa inimiga.

Nosso problema é a dependência das causas do sofrimento. Como se constrói essa dependência? No começo, uma sensação agradável nos incita a procurar mais e mais o que a produziu. Mas, como está na

Quanto mais sinto emoções positivas, afeto, admiração, compaixão, felicidade, etc., menos haverá espaço para o surgimento, a expansão e o surto das emoções dolorosas, destruidoras e negativas.

natureza das sensações agradáveis se desgastarem à medida em que as sentimos, ela vai se tornando neutra e acaba até sendo desagradável. Todavia, continuamos a desejá-la. As neurociências mostraram que as conexões do cérebro associadas ao prazer não são as mesmas que as associadas ao desejo. Consequentemente, à custa de repetições, podemos reforçar a conexão vinculada ao desejo a ponto de querer aquilo que deixou de ser agradável e que até nos faz sofrer. *Grosso modo*, é a definição da dependência. Embora não queiramos sofrer, não podemos deixar de recair nas situações que nos fazem sofrer.

Quanto ao fato de, às vezes, gostarmos de escolher o que nos faz mal, Eckhart Tolle explica esse fenômeno por meio da seguinte imagem: quando o ego fracassa nos seus empreendimentos narcisistas, para continuar existindo, recorre a um plano B, construindo um "corpo de sofrimento", uma estratégia alternativa para reforçar sua identidade, dessa vez no registro da vitimização. Assim, o ego pode sobreviver alimentando-se de queixas e recriminações. E, mesmo que ninguém queira ouvir, contamos indefinidamente nossa triste história, tendo pena de nós mesmos. Nós nos empenhamos plenamente nesse corpo de sofrimento. "O corpo de sofrimento é um drogado de infelicidade", disse Tolle. Ele se alimenta de pensamentos negativos e melodramas internos, mas digere mal os pensamentos positivos. Mantém-se vivo ruminando constantemente o passado e antecipando com ansiedade o futuro. Não consegue viver no ar puro do momento presente, que está livre de elaborações mentais.

Christophe: Por que alguém chega a causar sofrimento a si mesmo? Essa pergunta diz respeito a muitas pessoas. Eu mesmo sou capaz de fazer coisas sabendo que vão fazer mal, como trabalhar demais, por exemplo! Por outro lado, não tenho certeza de que *gostamos* de sofrer. Acho que, de fato, chegamos efetivamente a nos fazer sofrer, a recomeçar de maneira absurda, a continuar mesmo sabendo que isso nos machuca. Mas isso não quer dizer que *gostemos* de sofrer! Um exemplo: antigamente, na psiquiatria, alguns dos nossos colegas tinham tendência a tratar facilmente as mulheres vítimas de violência doméstica como masoquistas. Eles confundiam duas coisas. Quando uma mulher diz: "Eu o amo, embora ele seja violento comigo", isso não significa: "Eu o amo porque ele bate em mim". O mesmo problema acontece com a violência que praticamos contra nós mesmos: não é obrigatoriamente algum tipo de masoquismo, mas muitas vezes não sabemos como fazer de outro modo, como um cachorro que se coça freneticamente até provocar feridas, porque a sensação de coceira é forte demais.

Matthieu: Nagarjuna, grande filósofo budista indiano do século II, escreveu que é bom se coçar ao sentir coceira, mas que a felicidade é ainda maior quando a coceira para! Concluía que, se é bom satisfazer os desejos, é infinitamente melhor libertar-se deles.

Christophe: Às vezes, fazemos coisas absurdas e dolorosas apenas por tédio: um estudo recente e surpreendente mostrou que, quando deixamos estudantes em uma sala durante dez ou quinze minutos e lhes damos a escolha de não fazerem nada ou de se aplicarem pequenos choques elétricos, um número importante (cerca de dois terços dos homens e um terço das mulheres) opta pela aplicação dos choques elétricos! É mais fácil imaginar que a nova geração, viciada em telas e música, tenha perdido o hábito da inação e da introspeção, do que pensar que tenha propensão ao masoquismo!

Idem com a comida: a maior parte do tempo, não comemos porque estamos com fome, mas porque temos vontade de comer, ou porque está na hora de ir à mesa. Confundimos um prazer com outro: estou mesmo com fome? Quero apenas sentar-me à mesa com meus amigos? Ou estou com vontade de comer porque o cheiro é gostoso? Temos aqui a falta de consciência, a ausência de nós mesmos. Trata-se, portanto, normalmente de sofrimentos infligidos a nós mesmos, de erros cometidos às vezes em sã consciência, mas no momento em que o fazemos não estamos suficientemente atentos ao que é mesmo necessário. É verdade que estarmos sempre atentos e sermos exigentes conosco mesmos pode parecer penoso ou desgastante, mas ao agir assim nem que seja um pouquinho, e depois um pouquinho mais, podemos diminuir os sofrimentos vinculados a esses comportamentos. Essa é uma dificuldade clássica das dependências: o fato de tomar drogas se resume claramente em fazer mal a si mesmo. Mas não há desejo de sofrimento: no começo, procura-se o prazer; no final, procura-se parar de sofrer por causa da abstinência.

Matthieu: Libertar-se da dependência é um verdadeiro desafio por três motivos. Primeiro, não basta aconselhar o dependente a encarar o objeto da sua dependência como repulsivo. Frequentemente, o dependente ou viciado já sente desgosto, mas não consegue se impedir de ainda desejar aquilo que lhe dá nojo. Em seguida, livrar-se de um vício requer um grande esforço de vontade. Mas um dos efeitos da dependência é enfraquecer a atividade das áreas do cérebro vinculadas à escolha. Por fim, para se libertar de uma dependência, é preciso treinar para dominar o desejo impulsivo ligado a ela. Porém, ocorre que o vício inibe a atividade do hipocampo, região do cérebro que, em tempo normal, permite traduzir qualquer treinamento em modificações funcionais e estruturais – o que é chamado de plasticidade neuronal. Esse triplo obstáculo faz com que seja particularmente difícil curar-se de um vício.

Alexandre: O caminho da felicidade exige uma minuciosa desaprendizagem. Na mística cristã, como na tradição zen, somos convidados a morrer para nós mesmos, a deixar tudo: nossas convicções, nossos hábitos, nossos desejos, nossas ilusões. Trata-se de se libertar, quase de se despir. Aliás, em japonês, o termo que designa *cuidar da salvação* significa também *despir-se*. E por que não começar imediatamente essa desobstrução interior? Quando o budismo insiste nos meios de existência justos, ele mostra que é impossível alcançar a felicidade se eu levar uma existência desenfreada, estressante e egoísta: como poderei chegar à paz se o dia todo obedecer apenas ao meu ego? Para se desapegar aos poucos de um cotidiano hostil à paz da alma, talvez seja preciso voltar a esta intuição aristotélica: "É forjando que se faz o forjador" – é a prática das virtudes que nos torna virtuosos. Isso requer uma conversão: se eu esperar estar confiante para realizar atos de confiança, corro o risco de deixar todo progresso para o dia de são nunca... Ao contrário, é desde agora que preciso agir de forma concreta.

Felizmente, nesse terreno, não estamos sozinhos, e às vezes basta nos inspirarmos no modo de vida daquelas e daqueles que nos precederam no caminho. Quem seria melhor para nos dar um novo estímulo para arrancar uma por uma as toxinas da mente? Por outro lado, nossa virtude murcha na companhia de pessoas maledicentes e malévolas. Se perdermos o dia todo plantando sementes ruins, não é de admirar que encontremos por todo lugar um matagal e espinhos...

Meditar é aprender a desarmar as bombas que chovem em nossa mente e deixar evaporar esses roteiros nos quais acreditamos firmemente. Quando a mente nos serve de bandeja o pior do pior, simplesmente olhar, sem fazer nada. Abster-me de reagir, às vezes, requer uma coragem quase desumana quando a tempestade mental está no auge. O que ajuda é constatar que o mau tempo que abala o ego pode ser de dez na escala Richter emocional sem que no entanto eu morra disso. Incansavelmente, sempre, a questão é deixar passar a emoção – que, se não a alimentarmos, se esgota sozinha. Essa longa ascese, reiterada mil vezes por dia, consiste em se deixar flutuar no meio das ondas para ver que elas não duram.

Quando a mente nos serve de bandeja o pior do pior, simplesmente olhar, sem fazer nada.

Os Padres do Deserto – ou seja, os antigos eremitas – costumavam dizer que quanto mais nos preocupamos conosco mais sofremos. E o desafio consiste precisamente em assumir esse paradoxo: ter grande cuidado consigo mesmo, respeitar seu próprio ritmo, e ao mesmo tempo se libertar desse pequeno eu que nos enlouquece. Desarraigar as emoções negativas é mais parecido com uma maratona do que com uma corrida de velocidade, daí o perigo de nos desgastarmos no caminho. Portanto, é urgente que comecemos a eliminar tudo aquilo que nos atravanca, que nos embaraça. Entre as emoções paralisadoras, a recusa e a revolta ainda têm vida longa. Uma freira zen um dia me falou realmente de cátedra: diagnosticada com um câncer incurável, essa jovem mulher de 40 anos me confiou que por muito tempo havia considerado a doença como um adversário. Durante meses, ela se levantava para ir à guerra e combater o inimigo, até o dia em que, graças à meditação, começou a enxergar o câncer como um amigo, um mensageiro, um libertador. Não é preciso passar por tamanha situação para se iniciar nessa mudança radical do olhar, nessa conversão. As pequenas preocupações são inúmeras ocasiões de progredir. Meditar, tentar entender, ir adiante, tudo bem... Mas nunca sem uma infinita paciência em relação às nossas fraquezas: às vezes, *precisamos* de uma pequena trégua na provação para abrir mão das armas.

Matthieu: Como eu já disse, a palavra tibetana que se traduz por "renúncia" de fato evoca a determinação de se libertar. Em certo momento, não aguentamos mais ser dependentes das causas do sofrimento. Quando um pássaro escapa da gaiola, ele se liberta. O fato de a gaiola ser de ferro ou de ouro não muda nada.

O mito da apatia emocional

Matthieu: Alguns imaginam que o fato de se libertar das emoções leva a um vazio interior que nos transforma em zumbis. Eles confundem vazio mental e liberdade da mente. A meta não é fazer desaparecer os pensamentos e as emoções, mas impedir que proliferem e nos escravizem. Os mestres e praticantes que alcançaram uma grande liberdade interior não se transformam em vegetais. Ao contrário, mostram mais qualidades que os outros. O dalai-lama, a meu ver, é um exemplo perfeito de coragem, alegria, benevolência e abertura aos outros. Ora, ele simplesmente se libertou dos estados mentais que alienam nossa mente. Ao eliminarmos do nosso espaço mental o ódio, o ressentimento, a avidez e outras emoções perturbadoras, damos lugar ao amor altruísta, à alegria e à paz interior.

Christophe: Vários estudos mostram que, quando meditadores experientes são expostos a situações feitas para ativar as emoções – fotos de crianças com malformações ou cenas tristes –, percebe-se que eles não ficam emocionalmente desgastados. Observa-se simplesmente uma difusão do impacto emocional em seu cérebro diferente do que ocorre com os não meditadores, principalmente com uma ativação menor em certas zonas do córtex pré-frontal, que são associadas, entre outros, aos processos ditos autorreferenciais (quando se foca ou se pensa em si mesmo). Em suma, a ativação emocional ocorre (meditar não nos torna insensíveis), a sensibilidade não é modificada, mas a reatividade cerebral não é a mesma (meditar permite se distanciar mais).

Matthieu: Fizemos estudos muito reveladores envolvendo ao mesmo tempo praticantes e não praticantes da meditação, mediante imagens por ressonância magnética (IRM), que permitiram ver quais são as áreas e conexões cerebrais que se ativam. Nesse caso, tratava-se de identificar que partes do cérebro ficam ativas quando um praticante começa a meditar sobre a atenção focalizada, sobre o amor altruísta, sobre a presença aberta, etc. Cada tipo de meditação tem uma "assinatura" diferente no cérebro. Ao poucos, à medida que treinamos, o cérebro muda, funcional e estruturalmente. A pessoa também muda, claro, já que é a meta da operação. Em um desses estudos, portanto, um grupo de meditadores experimentados e outro de iniciantes ouviram, alternadamente, o grito de uma mulher tomada pelo medo. Constatou-se então que os praticantes experientes ouviam os gritos de terror sem manifestar reações evasivas ou de desespero. Ao mesmo tempo, era possível ver que neles se ativava toda uma gama de emoções positivas, como a empatia, a benevolência, a compaixão, enquanto as pessoas do grupo de controle ou testemunha, ao ouvir os mesmos gritos, tentavam operar um tipo de anestesia mental. Esses praticantes reagiam de maneira parecida quando submetidos a uma dor. Percebiam sua intensidade pelo menos tanto, se não mais, quanto os sujeitos não treinados, mas manifestavam menos apreensão quando a intensidade da dor aumentava e se acalmavam mais rapidamente quando a dor parava.

Como cultivar a benevolência

Matthieu: Há no budismo uma noção fundamental que se encontra na psicologia positiva: a ausência de estados mentais negativos não gera necessariamente a presença de estados mentais positivos. Em outros termos, a alegria não é apenas a falta de tristeza, a benevolência, a ausência de malevolência, etc. Ao remediarmos simplesmente os estados negativos, chegamos a um estado neutro, mas não aos estados positivos, que contribuem para o sentimento de plenitude.

Christophe: Para completar o que você acaba de dizer, no contexto da terapia, quando tratamos a depressão de alguém, a ideia não é deixá-lo em um estado neutro, mas em um estado em que ele possa voltar a sentir emoções positivas. Essas emoções agradáveis vão lhe ser oferecidas pelos acasos da vida, pelos outros, mas, se não lhe ensinarmos a recebê-las melhor ou a construí-las por conta própria, o trabalho será insuficiente.

Toda vez que agimos com ternura, afeto, amor, modificamos um pouco o futuro da humanidade no bom sentido.

Matthieu: Na psicologia positiva, diz-se que a ausência de estado patológico não é obrigatoriamente um estado ótimo, mas apenas um estado "normal", enquanto o estado ótimo deve ser cultivado em si. Em outras palavras, o estado normal permite apenas funcionar normalmente, mas, para viver de maneira ótima ou atualizar plenamente nosso potencial, devemos cultivar outros valores, como a benevolência e a compaixão, e libertar a mente do domínio dos pensamentos perturbadores.

Christophe: Acredito em uma contaminação do amor, da benevolência, da ternura e da inteligência. Toda vez que agimos com ternura, afeto, amor, toda vez que esclarecemos alguém dando conselho, modificamos um pouco o futuro da humanidade no bom sentido. E toda vez que proferimos ofensas, que cometemos uma maldade e que repetimos esse comportamento, desperdiçamos o tempo dos progressos humanos. Portanto, é vital para todo mundo que cada um cultive o maior número possível de sentimentos e atos positivos.

Matthieu: Para cultivar a benevolência, é preciso começar por estar consciente de que, fundamentalmente, temos medo de sofrer e aspiramos à felicidade. Essa etapa é particularmente importante para aqueles que têm uma imagem negativa de si mesmos, ou que sofreram muito e acham que não são feitos para a felicidade. Esses devem antes de tudo aprender a ser tolerantes e benevolentes consigo mesmos.

Uma vez identificada essa aspiração à felicidade, é importante perceber que ela é comum a todos os seres. Nós nos sentimos mais próximos deles, damos valor às suas aspirações e prestamos atenção no seu destino.

Finalmente, é preciso treinar a benevolência. No começo, é mais fácil pensar em algum ente querido. Deixamos que um amor e uma benevolência incondicionais por ele nos invadam e permanecemos nesse estado por alguns instantes. Em seguida, estendemos essa benevolência a pessoas que conhecemos menos. Elas também querem ser felizes. Daí, vamos adiante. Envolvemos até em nossa benevolência aqueles que prejudicam a nós e a todo o mundo. Não desejamos que tenham êxito em suas ações prejudiciais, mas que se libertem do seu ódio, da sua avidez, ou da sua crueldade, ou ainda da sua indiferença, e que se preocupem com o bem alheio. Nós os olhamos como um médico olha seus pacientes mais doentes. No final, abraçamos a totalidade dos seres em um sentimento de amor sem limites.

A felicidade, a alegria

Christophe: Sendo eu mais um introvertido tranquilo, por muito tempo desconfiei da alegria, porque achava que ela podia nos levar longe demais, que era muito próxima da excitação e da euforia. A felicidade, por outro lado, me parecia uma emoção positiva tão agradável quanto, mas com duas vantagens em relação à alegria: em geral, não leva à agitação, e é discreta; sendo mais interiorizada, não pode ofender os outros. Desde então, revisei essa classificação e vejo mesmo que a alegria, por seu lado contagioso, espontâneo, quase animal, tem virtudes consideráveis para os outros: quando as pessoas que amamos estão alegres, ficamos prontos a nos deixar contaminar por elas.

Alexandre: Se eu *prezo* a alegria, é porque ela me parece bem mais simples, mais acessível que a felicidade. Tenho a impressão de que o imperativo "Sejam felizes a qualquer preço" deixa muita gente à beira da estrada. Mais humilde, a alegria me parece também mais próxima das nossas fraquezas, dos nossos limites: posso alcançá-la apesar de estar sofrendo de dores físicas ou de estar passando por um período de luto. Não há nada esmagador no fato de seguir seu chamado. Até mesmo quem passa por dificuldades o dia todo pode fazer essa experiência. Por que assimilar a alegria à exuberância, à superficialidade, quando é antes de tudo uma maneira de dizer "sim", um sim profundo e autêntico para a realidade como ela se apresenta? Felizmente, Espinosa nos lembra que a alegria é a passagem do homem de uma perfeição menor para outra maior. Toda vez que a vida conquista espaço, assim que progrido, a alegria dilata meu coração. Um passo a mais, e é o ego que explode. Em *Le huitième jour de la semaine* [O oitavo dia da semana], Christian Bobin evoca "uma alegria elementar do universo, que obscurecemos toda vez que pretendemos ser alguém ou saber algo".

Matthieu: Sinto que estamos de acordo sobre o fundo, mas que damos sentidos um pouco diferentes às palavras "alegria" e "felicidade". O budismo descreve uma felicidade profunda – "*sukha*", em sânscrito –, que impregna e subtende todas as nossas experiências, que são as alegrias e as penas, e que, ao mesmo tempo, é um estado de sabedoria livre dos venenos mentais e que percebe a verdadeira natureza das coisas. Ela está estreitamente vinculada à compreensão do funcionamento da mente. A alegria, *ananda*, é de certa forma a radiação de *sukha*. Ela preenche de felicidade o momento presente e, ao se tornar cada vez mais frequente, forma um *continuum* que poderíamos chamar de "alegria de viver".

Alguns psicólogos afirmaram que era impossível ser feliz na prisão, porque a felicidade que poderíamos sentir em tais condições era, a seu ver, injustificável. Ora, acontece que um americano, Fleet Maull, foi condenado a vários anos de reclusão em um caso de drogas. Por muito tempo viveu em uma cela sem janelas e superlotada, onde sempre havia barulho. Foi nessas circunstâncias extremamente penosas que ele começou a meditar várias horas por dia. No começo, achava isso muito difícil – dá para entender –, mas perseverou. Após oito anos, ficou absolutamente convencido da eficiência da prática espiritual, da força transformadora da compaixão e da ausência de realidade do ego.

Um dia, foi chamado para a cabeceira de outro prisioneiro que era seu amigo e estava morrendo, e durante cinco dias o assistiu em

> É preciso que aceitemos, de uma vez por todas, a ideia de que sentimos felicidade, alegria e amor de forma intermitente, e que isso é absolutamente normal.

sua agonia. Após esse acontecimento, sentiu, cada vez mais, uma liberdade e uma alegria imensas. Sua confiança interior o levara à experiência de algo indestrutível, independente das circunstâncias, embora sua situação mal fosse suportável. Acho que se tratava de *sukha*, que é uma maneira de ser e de perceber o mundo duradoura, em vez de uma alegria passageira.

Alexandre: Fico literalmente maravilhado com aquelas e aqueles que perseveram na alegria, apesar das dificuldades da vida. A miséria, a injustiça, a doença não têm a última palavra. Esse mistério, essa esperança vale todos os discursos possíveis. Conhecer uma verdadeira alegria é descobrir em tudo uma ocasião para se libertar, para crescer e talvez mesmo se regozijar. Essa disponibilidade interior, essa doação de si humilde e infinitamente profunda se situa muito além da pura sensação. Não é um "oba" ingênuo, mas uma adesão franca, serena, um "sim" discreto àquilo que é. Agrada-me que São Paulo faça da alegria um fruto do Espírito; o fato de ela permanecer acessível aos mais desfavorecidos me regozija e me consola profundamente. Sem fazer uma classificação das emoções – o que ainda seria uma forma de apego –, devemos viajar sem bagagem.

Matthieu: Cada um se expressa com palavras que têm sentido para si. Mas me parece que a alegria sobre a qual Alexandre fala corresponde àquilo que outros descrevem como uma liberdade interior que lhes permite enfrentar a adversidade.

Christophe: Fico simplesmente incomodado com a hierarquização – "a alegria é melhor que a felicidade" ou "a felicidade é melhor que a alegria". Todas as emoções positivas, alegria, felicidade, ocorrem quando nos sentimos em um vínculo harmonioso com o mundo, enquanto as emoções negativas sempre são marcadores de ruptura do vínculo entre o mundo e nós, sejam a raiva, a tristeza ou o medo. Minha convicção profunda é que, para os seres comuns que somos, exceto para alguns sábios, a alegria, a felicidade, o amor são obrigatoriamente estados instáveis que não podemos sentir de forma duradoura. É ilusório querer colocá-los dentro de caixas: é preciso aceitar de uma vez por todas a ideia de que sentimos a felicidade, a alegria, o amor de forma intermitente, e que isso é absolutamente normal. É por isso que devemos nos dedicar a fazê-los renascer regularmente em nossa vida. Precisamos de ambos: quando estou feliz, sinto que estou me reconciliando com meu passado e meu futuro; enquanto a alegria me firma vigorosamente no presente, dando-me toda a medida da graça que consiste em estar vivo neste momento.

Alexandre: A noção de impermanência cura muitos tormentos. E a ideia de sentir a felicidade de forma intermitente acalma profundamente. É renunciando a nos apegarmos a qualquer coisa que podemos progressivamente nos livrar das sensações de opressão, do mal-estar. Para quem sofre no cotidiano, é estimulante ver que nem a fraqueza nem o cansaço, a doença ou a deficiência, nem, em uma palavra, a imperfeição do mundo proíbem a alegria. O exercício consiste em ousar incansavelmente não se fixar em nada. Tudo é efêmero, até o mal-estar. E as palavras de Espinosa dizem o essencial e me servem de programa: "Agir bem e manter-se na alegria".

Matthieu: A felicidade enlatada é a ilusão de que podemos prorrogar indefinidamente um tipo de euforia perpétua, segundo a fórmula de Pascal Bruckner, vinculada às circunstâncias, enquanto, por natureza, esse tipo de felicidade só pode ser efêmero e frágil. Talvez pudéssemos dizer que a alegria tem mais a ver com a qualidade do momento presente, e a felicidade, *sukha*, com uma maneira de ser duradoura que corresponde, de certo modo, ao nosso ponto de equilíbrio interior. Um estado, como disse Bernanos, que "nada poderia alterar, como essas grandes águas calmas sob a tempestade".

NOSSOS CONSELHOS PARA UM BOM USO DAS EMOÇÕES

CONSELHOS PARA UM DESENVOLVIMENTO PROFUNDO

Matthieu

- Aguçar a atenção para tomar consciência das emoções negativas no momento exato em que surgem. É mais fácil apagar uma faísca do que um incêndio numa floresta.

- Aprender a conhecer melhor as emoções. Treinar para distinguir as que contribuem para o seu bem-estar e o bem-estar dos outros daquelas emoções que os prejudicam.

- Assim que as consequências nefastas das emoções negativas aparecerem claramente, familiarizar-se com seus antídotos, as emoções positivas.

- Cultivar as emoções positivas até que elas se unam a você.

DIANTE DAS EMOÇÕES

Christophe

- Devemos amá-las todas. Todas as nossas emoções são sinais das nossas necessidades. As emoções positivas nos dizem que nossas necessidades foram satisfeitas ou estão em vias de ser satisfeitas. As emoções negativas, que não foram satisfeitas. No que se refere às nossas necessidades fundamentais, é preciso ouvir e refletir para agir.

• Devemos cultivar as emoções agradáveis. Precisamos ter o cuidado de alimentá-las além dos nossos automatismos e hábitos. Vários estudos mostram que experimentar duas vezes mais sensações agradáveis do que sensações desagradáveis representa um equilíbrio ótimo e realista (nem sempre podemos estar bem-humorados).

• Não podemos desanimar. Uma das grandes tarefas da nossa vida é trabalhar o equilíbrio emocional. E teremos regularmente recaídas, seremos de novo vítimas de raivas absurdas, de angústias inadaptadas, de tristezas exageradas. É preciso integrar desde o início esse percurso caracterizado por descontroles. É por isso que detesto provérbios como "O lobo perde o pelo, mas não perde o vício", pois dizem que no fundo nunca conseguimos mudar. Estamos em aprendizagem, portanto devemos aceitar as "recaídas". Neste caminho não existem atalhos. Mas sempre acabamos chegando, se continuarmos caminhando...

PRATICAR, DEIXAR QUE PASSE, DESEMBARAÇAR-SE

Alexandre

• Deixar que passe. O zen nos convida a não considerar a emoção como uma adversária. A prática espiritual consiste então em não subir mais no trem das emoções perturbadoras, mas olhar os vagões passarem: "Olhe, esta é minha raiva", "Olhe, este é meu medo". Ousar não se fixar em nada permite atravessar as tempestades sem se machucar. Não é grave que a raiva, o medo ou a tristeza venham me visitar. Tomara que nunca se instalem no coração. Portanto, mil vezes por dia deixar que passem...

- Praticar. Aprender a nadar, a flutuar e ver passar suavemente as ondas requer tempo, muito tempo. É milímetro por milímetro que ocorre a paz. Daí a necessidade de praticar cotidianamente.

- Desobstruir o templo da nossa mente. Por muito tempo acreditei que a felicidade provinha da conquista. Hoje, acredito mais que se trata de nos desembaraçar. Em vez de acumular competências ou conhecimentos, tiremos aquilo que nos pesa: hábitos, reflexos, medos, avidez... A pepita da felicidade, a verdadeira alegria se encontra sob toneladas de lama. Portanto, vamos jogar fora o inútil e considerar os obstáculos da vida como meios hábeis para chegar lá.

4

A ARTE DA ESCUTA

Christophe: Escuta, presença, atenção. O que entendemos por essas noções, tão necessárias à nossa vida? Acho que poderíamos definir a escuta como uma presença sem palavras em face do outro, durante a qual toda a minha atenção, toda a minha consciência está voltada para o que diz o outro. É uma atitude complexa, em que se dá e se recebe.

As características de uma verdadeira escuta

Christophe: A escuta é uma abordagem de humildade, em que colocamos o outro antes de nós mesmos. Os grandes narcisistas não escutam bem, e nos momentos em que estamos ansiosos, eufóricos ou tomados por muitas preocupações autocentradas, não somos capazes de escutar com qualidade. Embora, às vezes, possamos fingir escutar!

Na escuta encontram-se três mecanismos fundamentais: o respeito pela palavra alheia, o deixar vir e a capacidade de se deixar tocar. Respeitar a palavra é primeiramente não julgar o que o outro diz enquanto o escutamos. É muito difícil! Automaticamente, tendemos

Na verdadeira escuta, não devemos preparar a resposta, mas somente escutar, deixando vir.

a formar um julgamento: apreciamos ou não, concordamos ou não, achamos que está certo ou errado. É difícil impedir que esse julgamento venha à mente, mas toda vez que o percebemos podemos nos dar conta e nos desapegar dele, para voltar da melhor maneira possível a uma verdadeira escuta.

O outro movimento da escuta, o deixar vir, foram meus pacientes que me ensinaram. Os muito tímidos e muito ansiosos têm tanto medo de não estar à altura do interlocutor que escutam mal porque preparam o que vão poder responder. Na verdadeira escuta, não devemos preparar a resposta, mas somente escutar, deixando vir. Às vezes, temos a impressão de que essa postura pode nos levar a "quebrar a cara", mas nossa resposta será tão mais profunda e adaptada que teremos abandonado totalmente a ideia de prepará-la.

Esse deixar vir é também a condição para uma escuta sincera e verdadeira, em que estamos prontos a nos deixar tocar, comover, sem julgamento, sem controle, sem desejo de dominar, sem nenhuma intenção, enfim.

Meu temperamento introvertido sempre fez com que, sem esforço ou mérito, eu gostasse mais de escutar do que de falar. Mesmo assim, vi, com tempo e trabalho, como consegui melhorar minha capacidade de escuta, principalmente pela prática da meditação, que me ensinou a estar presente sem preparar as respostas, a deixar vir totalmente e a me tornar inteiramente permeável e aberto às falas alheias. Na profissão de médico, isso nem sempre é tão evidente assim. Os estudos mostram que, em média, os médicos interrompem os pacientes após vinte ou trinta segundos: têm a tendência de procurar os sintomas, de encontrar rapidamente as respostas às suas perguntas, de controlar a troca de informações. Vários dos meus colegas, velhos clínicos gerais muito experientes, me dizem que quase todos os erros cometidos no tratamento dos pacientes são de falta de escuta: não puderam falar como queriam, não lhes fizeram perguntas suficientes, foram levados cedo demais para onde se achava que deviam ir. Acredita-se que tratar doenças consiste em fazer um diagnóstico, prescrever e aconselhar, dar remédios e conselhos, mais do que escutar. Um pouco como na profissão de pais, aliás: queremos dar conselhos aos nossos filhos, educá-los, consolá-los, consertá-los... e tendemos a não ouvi-los o suficiente, a não deixar que falem em momentos em que seria precioso fazê-lo.

Quanto à escuta no casal, existe um exercício nas terapias de casais, quando é muito difícil dar a palavra a um sem que o outro interrompa, que consiste em levantar os olhos para o teto, suspirar ou se agitar na cadeira, e dizer: "Você vai falar da sua maneira de ver a situação, e seu cônjuge vai se sentar do outro lado da sala, de costas, e apenas escutar. Não quero ouvi-lo. Ele simplesmente vai escutar com atenção durante cinco ou dez minutos, e depois vamos inverter os papéis". Pelos mesmos motivos, incentivo às vezes meus pacientes a escrever para seus cônjuges, quando encontram dificuldades para conversar entre si! Primeiro, porque na escrita em geral vamos ao essencial, estamos menos no impulso, e portanto menos na agressão, no ressentimento. E também porque o cônjuge vai ser obrigado a ler pacientemente, sem interromper e sem tentar se justificar: a leitura é como uma escuta sem possibilidade de resposta imediata. Ela aumenta um pouco as chances de as mensagens do outro serem ouvidas.

Matthieu: A escuta é uma doação que fazemos ao outro. Para escutar bem, é preciso não somente ser paciente com o outro, mas também estar sinceramente interessado nele. Em relação ao dalai-lama, além da benevolência que manifesta com todos, a qualidade que mais surpreende as pessoas que o encontram é sua maneira de escutar. Ele está total e imediatamente presente para quem fala, tanto em particular como em público, mesmo que se trate de um passante em um saguão de aeroporto.

Por falta de consideração para com o outro, imaginamos com frequência que sabemos aonde nosso interlocutor quer chegar e que já entendemos as causas e implicações do seu problema. Com condescendência, às vezes damos uma resposta antecipada, incompleta, em geral inadaptada. Mesmo que se trate de um conselho judicioso, impedimos que a pessoa diga tudo que tem em mente. É muito frustrante não poder ir até o final do pensamento.

Muitas pessoas se queixam de não serem ouvidas. Têm a impressão de que ninguém se interessa por elas. Os debates políticos em geral são exemplos perfeitos dessa indiferença. Os protagonistas começam por se interromper, e, como isso não é suficiente, acabam falando todos ao mesmo tempo, como se o fato de deixar o outro falar fosse um sinal de fraqueza, uma concessão inaceitável.

É melhor deixar o outro falar e então dedicar algum tempo para lhe mostrar calmamente se cometeu erros. A primeira etapa da escuta, portanto, deve consistir em mostrar que estamos sinceramente interessados no outro, que lhe damos uma atenção sem reservas. Isso ao mesmo tempo vai lhe mostrar que, caso ele peça algum conselho, faremos o melhor para remediar sua situação.

Alguns são quase incapazes de escutar os outros. Lembro-me de um oficial butanês com quem tive que lidar com frequência. Toda vez que eu lhe fazia uma pergunta, ele não esperava o fim da minha frase e respondia antecipadamente:

– Não, não, não!

Disso resultaram conversas cômicas, do tipo:

– O senhor acha que poderemos partir amanhã de manhã?

– Não, não, não... Estejam prontos às 9 horas!

Eu mesmo tendo a responder um pouco depressa, antecipando o que as pessoas vão dizer, e mesmo quando acerto não é uma boa maneira de conversar. Acabo me arrependendo com frequência, e devo me corrigir!

Christophe: Todos nós fazemos o que você descreve quando estamos perturbados, com pressa ou cansados. As pessoas vêm até nós, começam a falar, imaginamos de antemão como suas frases vão acabar, o que querem dizer, e passamos a dar respostas que podem ser pertinentes, mas sem termos realmente escutado. Entretanto, fizemos apenas metade do trabalho, porque, quando o outro fala, ele não apenas quer obter respostas, mas quer sentir a presença, a fraternidade e o afeto.

O que significa exatamente escutar sem julgar?

Matthieu: É essencial não julgar o outro enquanto pessoa. Isso não impede de julgar o que ele diz ou faz do ponto de vista do bem-estar ou do sofrimento que daí pode decorrer, nem de entender os motivos que o levaram a prejudicar a si mesmo e aos outros, se for o caso.

Podemos julgar os outros de duas maneiras: absoluta ou relativa. Julgar de maneira absoluta é decretar, por exemplo, que alguém é fundamentalmente mau, que não tem a menor empatia, que nunca vai parar de se queixar porque é sua maneira de ser e que não há razão para que isso mude. Esse tipo de julgamento, que supõe que os traços de caráter foram definitivamente gravados na pedra, é contestado pela experiência da meditação e pelas descobertas dos últimos vinte anos na área da plasticidade do cérebro (nosso cérebro muda à medida que estamos expostos a situações novas ou que seguimos um treinamento físico ou mental) e da epigenética (até mesmo nossos genes podem ser modificados). Esses estudos provaram que é possível mudar a maneira como administramos nossos pensamentos, humores e, por fim, traços de caráter.

O julgamento relativo não se aplica à situação atual, provisória, da pessoa que julgamos. Mesmo que alguém manifeste traços de caráter e comportamentos desagradáveis, considerarmos o papel que sua evolução pessoal e seu meio ambiente podem ter. Não julgamos a pessoa em si, mas seu estado de espírito no momento e os fatores que pesaram em sua conduta. Se alguém lhe der uma paulada, você não vai sentir raiva

> Se alguém lhe der uma paulada, você não vai sentir raiva do pau, porque sabe que atrás do pau há um indivíduo manipulado pelo ódio, que se origina na ignorância.

do pau, porque sabe que atrás do pau há um indivíduo. Continuando o raciocínio: esse indivíduo é manipulado pelo ódio, que por sua vez se origina da ignorância. Não evitamos o problema criado pelo comportamento da pessoa, mas deixamos a porta aberta para a compaixão pela pessoa vítima do ódio e da ignorância.

Christophe: Tenho a impressão de que existem situações em que o tempo de julgamento, o tempo do diagnóstico e o tempo de conselho precisam ser dissociados do tempo da escuta. Acho que, diante dos pacientes com os quais não estou obrigatoriamente de acordo como ser humano, estar na escuta, o mais longe possível do julgamento, tem um impacto muito importante sobre eles: se eu os estiver julgando ao mesmo tempo que escutando, mesmo que de leve, eles sentirão isso. E frequentemente noto que o simples fato de ser ouvido com benevolência ajuda as pessoas a ver o absurdo de certas posições suas. Quando a pessoa acaba de falar, peço que reforce: "Então, se eu entendi bem, em tal situação, você me diz que se comporta desse jeito?", e tenho a impressão de que, quando adio qualquer forma de julgamento, não somente escuto melhor, como também o trabalho de transformação já se inicia. Em determinado momento, claro, vou precisar reorganizar minhas ideias, e, aliás, às vezes reservo um tempo para fazer isso – algo que eu não fazia antes. Por exemplo, digo ao paciente: "Agora me deixe alguns minutos antes de responder, para que eu possa refletir no que você acaba de me dizer".

Matthieu: Entendo seu ponto de vista, mas aquilo a que eu me referia se aproxima mais do diagnóstico que um médico estabeleceria com benevolência, estando atento a todos os sintomas e avaliando o potencial de sofrimento em jogo, sem fazer nenhum julgamento moral. A compaixão que subtende essa atitude tem por única meta pôr fim a toda forma de sofrimento. Dito isso, é certamente muito reconfortante para um paciente pensar: "Essa pessoa me escuta e tenta sinceramente me entender".

Christophe: Sim, percebo que os pacientes entendem perfeitamente isso. Mas antes eu não ousava, porque achava que, como técnico, devia ter as respostas já prontas. Tenho a impressão de fazer um trabalho melhor quando consigo dissociar a escuta da análise, mesmo que seja artificial, mesmo que implicitamente o julgamento possa ainda existir. Aliás, é o que dizemos aos pacientes na plena consciência: você não pode se impedir de julgar, mas tenha consciência da presença dos julgamentos. E dedique quanto puder, incansavelmente, sua atenção à sua presença, à sua escuta, à sua respiração. O julgamento existe, assim como os pensamentos, mas não se retraia em relação a esse único julgamento, a esses únicos pensamentos.

O rosto da escuta

Christophe: Cerca de vinte anos atrás, eu trabalhava bastante com pacientes que sofriam de ansiedade, de fobias sociais. Eles se sentem muito pouco à vontade nos relacionamentos e logo detectam, às vezes erradamente, expressões de julgamento ou de rejeição no rosto do interlocutor. Eu me lembro do incômodo de alguns pacientes ao falarem comigo; minha maneira de escutá-los os perturbava: "Quando você me escuta, franze a testa, e tenho a impressão de que não concorda comigo", me diziam. De fato, eu sentia tanta empatia que a história deles era dolorosa para mim e eu ficava com o rosto crispado! Desde então, entendi que até mesmo a expressão do meu rosto devia manifestar benevolência. Progredi, e escuto com compaixão, sorrindo levemente, tentando traduzir no rosto algo que é da ordem da compaixão, e não uma simples empatia.

Esse quiproquó remete a uma história que Aaron Beck, o fundador da terapia cognitiva, me contou quando ainda era psicanalista. Ele escutava pacientemente, em silêncio, uma paciente que fazia associações livres. E, após certo tempo, percebeu que ela parecia muito contrariada. Quando lhe perguntou o que a incomodava, a paciente desabafou: "Faz uma hora que estou falando, e tenho a impressão de que você não presta a mínima atenção ao que digo!" Aaron Beck então comentou: "Mas por que não me disse?" A paciente respondeu: "Eu não pensava que isso entrasse no contexto das associações livres". Foi naquele momento que Aaron Beck percebeu que havia algo errado no sistema de análise. O que atormentava a paciente quando ele a escutava não era o fato de seu irmão ter roubado sua torta de framboesa quando ela tinha 5 anos, mas a ideia, claro que sem fundamento, de que seu terapeuta não a escutava. Ele deduziu que o mais importante era ensinar aos pacientes a administrar suas emoções, a tomar consciência das distorções que faziam da realidade e a começar a se libertar daquilo que os atormentava aqui e agora. Foi um dos motivos que o levou a abandonar a psicanálise para fundar uma escola de terapia dita "cognitiva", que desde então comprovou sua eficácia na área terapêutica.

Matthieu: Isso me lembra Paul Ekman, que distingue dois tipos de ressonância afetiva, convergente e divergente. Com a ressonância convergente, eu sofro quando você sofre, sinto raiva ao vê-lo com raiva. Se, por exemplo, sua mulher voltar para casa muito chateada porque seu patrão a tratou mal, você exclama, indignado: "Que grosso, como pôde tratar você dessa maneira!" Com a ressonância divergente, em vez de sentir a mesma emoção que sua mulher, você se distancia e, manifestando interesse, diz: "Sinto muito que tenha de lidar com alguém tão grosseiro. O que posso fazer por você? Quer uma xícara de chá ou prefere dar uma volta comigo?" Em ambos os casos, o outro aprecia que nos preocupemos com seus sentimentos.

> Aprender a escutar é também identificar os parasitas que deixam um chiado na linha.

Os parasitas da escuta

Alexandre: Bebo suas palavras avidamente, meus amigos... No fundo, chegamos ao mundo com dois ouvidos, mas sem manual de funcionamento para usá-los. Eu gostaria, por minha vez, de tentar propor alguns instrumentos para acrescentar à caixa de ferramentas. Escutar, como você disse, Christophe, é deixar vir, não julgar mais o outro *a priori*, para usar suas palavras, Matthieu. Não há nada pior que a lógica do boxeador que procura vencer seu adversário por nocaute. Como bem lembrou Epicuro: "Na busca comum da discussão, quem é vencido ganha mais, na medida em que aumenta seu saber". Simplesmente, posso desde já parar de antecipar sistematicamente as respostas do meu interlocutor e, sobretudo, abandonar essa desagradável tendência a falar no lugar dele...

Aprender a escuta é também identificar os parasitas que deixam um chiado na linha. Heidegger, mencionando a noção de *equívoco*, certamente me ajuda. Vezes demais, sem ouvir o outro totalmente, trago a história comigo, nas minhas categorias mentais. Lamentável reflexo que nos leva a comentários do tipo: "Isso me faz lembrar minha sogra", "Você me faz lembrar o meu primo", "Vivi a mesma coisa quando criança", etc. Assim, limito-me então a minhas próprias opiniões, sem deixar o outro realmente existir. Escutar é parar, ousar não ter mais respostas prontas, parar de soterrar o outro sob toneladas de rótulos. A noção de equívoco também me vacina contra o risco de banalizar o sofrimento.

Matthieu: Por que essa palavra, "equívoco"?

Alexandre: Porque, ao colar minha história sobre a do meu interlocutor, eu lhe nego o direito de ser diferente. Recuso que possa haver várias interpretações do real. Trago tudo para mim. Crio um tipo de equação forçada entre mim e o outro. Aprisiono-o em meus esquemas.

Sair disso é uma verdadeira ascese. Felizmente, podemos contar com mestres nessa área. Sócrates, por exemplo, vem para nos despertar quando nos trancamos em definições apressadas. Tantos mal-entendidos e enganos nos afastam do outro. E, também, aprender a caçar os preconceitos que nos assolam é um exercício dos mais urgentes.

Precisamos ainda acabar com a condescendência. Os educadores costumavam me martelar uns "Eu entendo você" que nem sempre soavam bem. Eu tinha a impressão de que contemplavam do alto do promontório uma criança se afogando. Esse olhar dominante, em vez de me consolar, acentuava minha solidão. Sim, frases do tipo "Conheço você como a palma da minha mão" ou "Entendo você" devem realmente ser manuseadas com extrema prudência. Não trancar o outro em nossas representações, saber sempre nos maravilhar diante da singularidade alheia representa um grande passo rumo à liberdade.

Escutar é acima de tudo se calar e ousar tomar certa distância diante dessa rádio interna, essa Mente FM que quer comentar tudo. O dia todo, ela julga, analisa, compara. Quanto mais lhe dou importância, menos estou disponível para o outro. Aqui, o exercício consiste em tomar consciência dos mil e um pensamentos que nos afastam do outro. Mesmo que não possamos desligar o rádio, basta já tomar consciência de que ele está zumbindo o tempo todo. Devemos reconhecer que, às vezes, estamos sendo tão invadidos por essas ondas que o outro quase não existe mais. Como escutar um pai que perdeu seu filho quando nós mesmos estamos paralisados diante da ideia de que um drama desses possa acontecer conosco?

O cansaço, o desânimo, a precipitação... Existem muitos elementos alterando a qualidade da nossa escuta. Sem verdadeiramente estar presente, fico então *ao lado* do meu interlocutor. Daí a necessidade de escutar o corpo, o espírito e a mente para ficar presente.

As palavras matam e curam. Lembro-me de ter um dia dado uma bronca em Augustin por causa de uma história banal de dever de casa. Suas palavras me surpreenderam: "Papai, quando você me deu bronca, imaginei que suas palavras fossem carinhos". Desde então, diante das zombarias, da crítica ou de uma má notícia, tento considerar as palavras que me ferem como simples sons, inofensivos em si. Por que lhes dar tanta força? Para que serve lhes atribuir o poder de destruir a alegria? O desafio consiste em deixar passar esses sons, esse vento.

Matthieu: Dilgo Khyentse Rinpoche dizia que, se dermos crédito demais a todas as palavras que ouvimos, nossa mente se parecerá com as ervas varridas conforme o sentido do vento, no cume dos desfiladeiros. Ele aconselhava também a não se deixar invadir pela vaidade ao receber elogios. É melhor pensar que são como palavras ouvidas em um sonho, ou que não somos nós que estamos sendo elogiados, mas as qualidades que os outros pensam ver em nós. Por outro lado, se recebermos críticas justificadas, é melhor aproveitar a ocasião e demonstrar humildade.

Alexandre: Portanto, manter um ouvido atento, benevolente, é identificar os parasitas: o cansaço, o estresse, o medo, a raiva... No fundo, trata-se de nos tornarmos interiormente disponíveis. Em geral, não sei lidar com alguém que me conta seu sofrimento. Impotente, respondo com banalidades, por não saber permanecer calado. E por que simplesmente não confessar: "Estou com você de coração, mas totalmente exausto, não sei o que lhe dizer"? Quando meu pai estava prestes a morrer, no hospital, adivinhei também o risco de preencher o vazio, de disfarçar o incômodo sob um jorro de palavras vazias. Inabilidade oriunda de uma inaptidão a ficar calado...

Christophe: Às vezes, quando visitamos no hospital alguém que está morrendo ou lutando contra a doença, falar de banalidades tranquiliza. As pessoas imaginam que quem trabalha com tratamentos paliativos fala da vida e da morte, mas, na maior parte do tempo, os

Quando visitamos no hospital alguém que está morrendo ou lutando contra a doença, falar de banalidades tranquiliza.

assuntos de conversa são banais: vemos televisão com os pacientes, comentamos o tempo, as visitas, o cardápio... É complicado para todo mundo tratar de assuntos graves e solenes nessas situações. Tenho muita admiração pelas pessoas que têm a coragem de visitar regularmente pacientes em tratamentos paliativos; não importa o que digam, sua presença em si já é uma dádiva extraordinária.

Matthieu: Já estive várias vezes ao lado de pessoas prestes a morrer, e sempre me pareceu que a melhor maneira de acompanhá-las era simplesmente estar presente, em silêncio, olhando-as com afeto e segurando-lhes a mão, sem ser invasivo. É preciso estar completamente disponível, com benevolência, mas sem compromissos.

Alexandre: "Completamente disponível e sem compromissos", que incrível arte de viver! O silêncio se aprende. E é preciso ter uma forte dose de coragem para não aproveitar a mais ínfima ocasião de rompê-lo. No começo, quando eu falava com meu pai espiritual por telefone, eu me surpreendia com seus longos silêncios, e acreditava sempre que a ligação havia caído. Então, eu me preocupava: "Você ainda está na linha?", e ele incansavelmente respondia: "Sim, estou ouvindo você!" A cada vez eu descobria a possibilidade de outra qualidade de ser, de uma disponibilidade interna imensa. Rezar é mergulhar totalmente no silêncio, calar-se e escutar. Mestre Eckhart me inicia nessa vida contemplativa. Antes, minha prece se resumia a uma longa lista de pedidos, eu preenchia o vazio. Agora, começo por abandonar as solicitações, ou, melhor, eu as amplio para que abracem a humanidade e todas as pessoas que sofrem. Rezar procede de uma disponibilidade de cada momento, desse despertar em que aprendemos a dizer sim àquilo que está por vir, sem rejeitar nada, sem se prender, nunca.

Lembro-me desse bom padre, que me confiava: "No silêncio, deixe Deus se ocupar de Deus. Seja apenas puro ouvido". São Bento diz, no início da sua regra: "Escuta, filho, os preceitos do Mestre, e inclina o ouvido do teu coração". Concretamente, a qualquer momento, posso descer ao mais profundo do meu ser para descobrir, sob o ruído da mente, o silêncio e a paz.

Ousar fazer silêncio

Alexandre: Talvez ousar ter uma vida contemplativa seja um ato eminentemente revolucionário. Às vezes, é verdadeiramente uma rebelião. No caminho não faltam obstáculos. De uns anos para cá, eu me comprometi junto ao meu pai espiritual a meditar uma hora por dia. E, para ser franco, é uma questão de vida ou morte. Sem esse tempo para ousar diminuir a velocidade e viver um pouco menos mecanicamente, eu teria afundado há muito. Quando estou com muitos compromissos, espero sempre encontrar um momento para alcançar minha meta: em um táxi, em uma parada de ônibus, em qualquer lugar... Mas onde se refugiar para se afastar um pouco do ruído? Parece que o silêncio dá medo, lembra o vazio, a morte, desperta os fantasmas, a ausência. Todavia, perder-se nele é entrar em uma plenitude que cura. Rezar, meditar é abandonar os papéis, os rótulos, para viver de silêncio em silêncio. Mas a prova é difícil. Para que a agitação se dissipe e a calma venha, é preciso atravessar muitos desertos.

Na sala de meditação, num dia de grande tempestade, senti que a calma ainda estava lá, no âmago mais profundo. Fora, a trovoada e a chuva tomavam conta do céu. De repente, tive consciência de que eu escutava a chuva em um lugar seco. Percebi realmente que nada, nada em absoluto pode abalar nossa mente. Desde então, quando a raiva ou o medo aparecem, revivo a lembrança e o gosto dessa experiência: posso ouvir a chuva em um local seco, deixar passar os temores e o mau humor.

Matthieu: Minha querida mãe me dizia com frequência: "O silêncio é a língua do futuro". Do meu eremitério no Nepal, vejo a cordilheira do Himalaia, que se estende à minha frente por mais de 200 quilômetros. O silêncio é tão perfeito que ouço a voz dos camponeses a mais de 1 quilômetro, a aproximação do ruído surdo da frente de chuva, cuja intensidade aumenta antes de chegar sobre mim. O silêncio externo abre as portas do silêncio interno. Então, é mais fácil fazer a experiência do frescor do momento presente, que nos aproxima da natureza última das coisas.

Lembro-me de uma manhã de outono em que eu estava sentado à beira do grande lago Manasarovar, a 4.600 metros de altitude, perto do monte Kailash. O céu estava de um azul intenso, e a luminosidade era quase ofuscante. O silêncio era perfeito. De repente, ouvi distintamente uns grasnidos, que reconheci como sendo de patos escarlates. Perscrutei os arredores sem poder localizar os patos e finalmente acabei por vê-los, flutuando tranquilamente a 200 metros da margem. Os grasnidos haviam se propagado sobre a superfície do lago, e eu os ouvira como se os animais estivessem ao meu lado. Percebi que a meditação ocorria tanto por fora quanto por dentro. Pensei em um episódio da vida do grande iogue Shabkar, que um dia esteve nas margens do mesmo lago, no começo do século XVIII, e que mais tarde escreveu: "Um dia, enquanto eu descansava à beira do lago, conheci uma liberdade isenta de qualquer objeto de concentração, um estado claro, amplo e aberto".

Na meditação, entre o momento em que cessaram os pensamentos passados e aquele em que surgem os próximos pensamentos, há um silêncio interno, uma ausência de palavrório mental, o frescor do momento presente. O ideal é deixar a mente descansar nesse estado de clareza interior e simplicidade. Com um grande domínio da meditação, podemos ficar em silêncio no meio dos engarrafamentos ou na multidão do metrô. Do contrário, é importante procurar antes as condições adequadas à meditação.

Na meditação, entre o momento em que cessaram os pensamentos passados e aquele em que surgem os próximos pensamentos, há um silêncio interno, uma ausência de palavrório mental, o frescor do momento presente.

Alexandre: Descansar nessa paz imensa é morrer da grande morte para renascer mais vivo, novo. Por muito tempo, acreditei que apenas os santos e sábios tinham direito a isso. Mas a ascese talvez seja muito mais simples do que parece. Cem vezes por dia, posso me exercitar em deixar morrer o pequeno eu, deixar um pouco de lado o mundo das ideias. O silêncio, como a natureza da nossa mente, não pode ser manchado. Podemos berrar, insultá-lo da pior forma, nada pode perturbá-lo. Do mesmo modo, no âmago mais profundo, permanece uma parte sempre indene, que nenhum golpe do destino pode estragar. Cada um de nós, por mais ferido que esteja, pode mudar, descer até essa alegria.

Matthieu: A natureza da mente, que também se chama "natureza de Buda", é o silêncio das emoções aflitivas, o silêncio da confusão mental. É como um espaço que as nuvens podem esconder do olhar, mas que permanece inalterado. Ou como o ouro que a lama pode cobrir inteiramente sem nunca manchá-lo. A natureza da mente é fundamentalmente pura e inalterável. A ignorância pode ocultá-la temporariamente, mas não pode desnaturá-la.

Alexandre: Gosto da imagem do ouro inalterável, do céu. Como *se estabelecer* nele quando tudo vai mal? E, primeiramente, onde encontrar a ousadia para fazer uma pequena dieta das palavras?

Ao chegar à Coreia do Sul, logo fui ambientado. Quando finalmente pude encontrar meu pai espiritual, querendo ardentemente lhe contar meus problemas, ele respondeu: "Alexandre, falar cansa. Fique calado. Rompa o silêncio somente se for vital". E pensar que eu tinha acabado de percorrer 10.000 quilômetros. Mas eu me lembrei da lição. O que eu procuro exportar *de fora* devo descobrir dentro do próprio silêncio. Desabafar não liberta, é em outro lugar que precisamos encontrar um verdadeiro consolo. Justamente, os místicos nos ensinam que cumprir a vontade de Deus é descer em direção à paz, parar de ser uma marionete no desgastante vaivém das emoções, e que o silêncio cura. Talvez a essência da prática seja progredir no caminho do sim e impedir qualquer comentário.

A tradição do zen fala de três formas de silêncio: a imobilidade do corpo, o eclipse da mente, isto é, a interrupção ou pelo menos a greve da Mente FM, e por fim o silêncio do coração, a paz inalterável. Todo dia, existem mil ocasiões de fazer pequenas correções para mergulhar nele: no elevador, na cama, no trem...

Rezar, meditar, quer dizer renunciar progressivamente a falar, a pensar o tempo todo. Em suma, a prática cotidiana revela o que polui o silêncio, o que nos impede de alcançar uma alegria real, de ir adiante bem-dispostos, livres e cheios de amor. Ir até o fim do silêncio é descobrir também em nós uma parte que escapa às feridas e permanece intacta apesar dos golpes do destino e da agitação.

Claro, fazer silêncio, ousar se calar e não fazer nada significa trazer de volta os fantasmas, as obsessões, os temores, os maus pensamentos... Tudo aquilo que reprimimos no íntimo e que apodrece sob a agitação do dia a dia. No fundo, trata-se verdadeiramente de se apaixonar pelo silêncio e de domá-lo. Um retiro pode logo se tornar uma tortura, se o fizermos apenas por dever, sendo forçados. Um dia, meu telefone celular tocou durante uma meditação sentada. Meu mestre me avisou: "Alexandre, se o telefone tocar de novo, você pode ir embora". Para mim, abandonar esse aparelho era como se um dos meus membros tivesse sido arrancado ou amputado. Quando deixei o telefone mudo, foi terrível, porque senti uma solidão extrema, quase um abandono. O padre percebeu meu desespero: "Alexandre, é possível estabelecer outro vínculo com os outros, mais interno, mais profundo". De fato, identificar minha escravidão me libertou de repente. Um passo a mais e podemos deixar as dependências para nos regozijar diante da existência e amar sem essas faltas. Contudo, quanto a mim, assim que eu saía do retiro, voltava de novo para o meu celular!

Na estrada, trata-se de nunca se desviar do essencial, dessa paz que abunda no coração de cada pessoa. Fazer a dieta das palavras também é saborear a alegria de comungar com os outros, longe de qualquer conversa. Falar é um ato sagrado, saudável. No fundo, devo aprender constantemente a escutar, a me calar e a falar sem excesso, sem exagero.

Assim que cheguei a Seul, desejei confessar todos os meus erros ao meu mestre. Eu precisava recomeçar em novas bases, deixar o passado ir embora. Lembro-me de ter colocado no papel minhas esquisitices, meus defeitos, meus pecados. O exercício foi libertador, mas eu tremia de tanto temer o julgamento do padre. Sua resposta veio, lacônica: "Li tudo". Essas duas palavras limparam imediatamente a placa de chumbo, a culpabilidade que eu arrastava havia anos. Percebi nela um chamado à liberdade, o sinal de um amor infinito. Nenhuma inflação verbal, nenhuma repreensão, nenhuma condenação. O zen abre o caminho – radical – do despojamento. O Evangelho me ensina também a me entregar, a me livrar da hipocrisia, das fofocas: "Que sua linguagem seja: 'Sim? Sim', 'Não? Não': o que dizemos a mais vem do Mau". Não que seja preciso abolir qualquer nuance, mas simplesmente crescer em verdade, longe da ênfase, da maledicência e da zombaria.

Aliás, o amor verdadeiro nos preserva do blá-blá-blá, do verniz, dispensa os papéis. Tolamente, por muito tempo avaliei o amor pela quantidade de "eu te amo" que recebia. Cálculo estúpido e vão... Hoje, preciso descer ao âmago mais profundo para me libertar de qualquer idolatria e amar sem por quê, sem firulas. O caminho do zen, o Evangelho, me conduzem. Com infinita paciência, deixar-se fecundar pelo silêncio é ver que tudo surge dele e tudo volta a ele, instante após instante.

Matthieu: No budismo tibetano, diz-se que um retiro feito em silêncio é dez vezes mais profícuo que um retiro em que se fala.

Christophe: Adoro os retiros silenciosos! Aliás, eles revelam exatamente o mesmo mecanismo utilizado para o jejum: percebemos que parar de falar, assim como parar de comer, não é difícil, embora às vezes, para os grandes falantes extrovertidos, haja certa dificuldade no começo. E, sobretudo, entendemos bem mais o que significa a palavra, a relação à palavra, às palavras inúteis, às palavras automáticas, às palavras erradas, às palavras apressadas. Ao sairmos de retiros em silêncio, adquirimos gosto para a verdadeira palavra. Assim como depois do jejum preferimos a verdadeira comida à *junk food*. Tomamos gosto pela palavra que se expressa somente se houver algo para dizer, e não somente pela conversa à toa, o preenchimento, a repetição.

Lembro-me da saída de um retiro silencioso com Jon Kabat-Zinn. Havíamos passado 48 horas sem falar, e Jon organizara a saída do silêncio de maneira muito tocante: em vez de nos dizer de repente "Bem, agora vocês podem voltar a falar...", ele recomendou que nós nos voltássemos para a pessoa ao nosso lado, conhecida ou não, colocássemos a boca perto do seu ouvido e durante cinco minutos disséssemos em voz baixa o que havia ocorrido para nós nessas 48 horas de silêncio. A pessoa devia ser pura escuta, sem comentário ou mímica. Era uma experiência forte – até eu mesmo, que não sou muito falante, cheguei a sentir falta da palavra –, e acima de tudo eu tinha o sentimento de uma escuta extraordinária. Quando foi a minha vez de escutar o outro, foi também incrível pensar: "Você não tem nada a dizer, nada a mostrar, nada a responder... apenas escutar". Eu tinha a impressão de estar em uma escuta mais forte, mais pura que aquela que eu tinha com meus pacientes, em que mostro no rosto benevolência ou incentivo. Era o despojamento total daquilo que pode ser a escuta, presença sem palavra, sem rosto, consciência totalmente virada para o outro e dedicada a ele.

Estar aqui, presente

Matthieu: No que diz respeito à qualidade da presença, volto sempre ao exemplo dos meus mestres espirituais. Quando cheguei a Darjeeling, em 2 de junho de 1967 (é uma das raras datas de que me lembro com precisão), eu não falava tibetano e mal falava inglês. No começo, só podia me sentar na presença daquele que ia se tornar meu principal mestre, Kangyur Rinpoche. Após duas semanas, seu filho primogênito chegou, e pude lhe fazer perguntas. Até então, a comunicação havia sido não verbal. Eu passava horas sentado em silêncio diante desse mestre, que vivia de forma muito simples, em um pequeno barraco de dois cômodos, com sua esposa e dois dos seus filhos. Toda vez que tento descrever a qualidade da sua presença me faltam palavras, como se eu tentasse captar o incaptável. Posso dizer, por exemplo, que ele demonstrava uma disponibilidade constante e uma bondade sem limite, que às vezes seu rosto se iluminava de alegria e outras vezes ele manifestava uma gravidade impressionante, mas tenho consciência de não ter dito o essencial.

Esse tipo de presença pode, às vezes, ser sentido por toda uma multidão. Durante as comemorações do quinquagésimo aniversário dos Direitos Humanos, em 1999, em Paris, a Anistia Internacional organizou um *show* de *rock* em Bercy, com Peter Gabriel e outros músicos, e pediu ao dalai-lama que fizesse uma aparição sem ser anunciado, o que ele aceitou de bom grado. Enquanto esperava nos bastidores, ele segurou a mão de um eletricista como se fosse um amigo de sempre. Então ouviu-se o anúncio: "E agora o convidado surpresa da noite, o décimo quarto dalai-lama do Tibete!" Quando ele subiu ao palco totalmente iluminado, entre duas canções de *rock*, 15.000 jovens se levantaram juntos e lhe fizeram uma formidável ovação, e ele foi o mais aplaudido da noite.

Ele avançou até a beira do palco e disse: "Olhem, não sei nada da música de vocês, mas vejo nos seus olhos essa luz, essa juventude, esse entusiasmo..." Então, ele pronunciou algumas palavras sobre os direitos humanos. A multidão fez "psiu" para poder ouvi-lo melhor. Era a primeira vez que eu assistia pessoalmente a um *show* de *rock*, mas suponho que não seja comum ouvir muitos "psiu". E então, quando o dalai-lama acabou de falar, todos se levantaram e aplaudiram com muito entusiasmo. Confesso que a emoção me levou às lágrimas. Nenhum desses jovens estava lá para ver o dalai-lama, entretanto um contato extraordinário se criou imediatamente entre eles. Suponho que eles sentiram no mesmo instante a autenticidade do que ele era e dizia. Esse fenômeno não pode ser provocado artificialmente, mesmo com a ajuda de especialistas em comunicação. É preciso haver uma verdadeira empatia, uma presença autêntica, uma palavra justa.

Christophe: No que diz respeito à presença para o outro, vivi uma experiência surpreendente durante seis meses, em um serviço que abrigava crianças autistas. Na época, elas estavam um pouco ao deus-dará; os educadores e os psicanalistas passavam muito tempo em reuniões de trabalho. Eu era um jovem interno, tinha acabado de sair da universidade, e, do mesmo modo que detestava as reuniões de trabalho, eu gostava de passar tempo com os autistas. Alguns eram casos graves, e era preciso domá-los: não sei se o que eu fazia era muito terapêutico, mas eu dava presença. Não havia nenhum objetivo de terapia, de aprendizagem ou qualquer outra coisa. Minha meta era apenas me sentar e domá-los, como pequenos animais selvagens, primeiro sentando-me devagar a 10 metros deles, então a 9 metros, etc., até poder participar dos seus rituais. E aí, de repente, eles pegavam minha mão e a colocavam no seu rosto, ou tocavam meu rosto lentamente. Era uma comunhão simples, mas extremamente intensa. E, pela presença, havia uma comunicação muito forte, aliás a única que podiam tolerar.

Quanto à presença de si, progredi muito graças à meditação. Antes, eu tinha um conhecimento de mim mesmo um pouco intelectual, errático, episódico, mas não uma verdadeira presença de mim. Mas, nas práticas meditativas, trabalha-se muito a presença de si: a presença do corpo, dos pensamentos, das emoções, do ser como um todo. E quanto mais essa presença de si for de boa qualidade, mais ela se torna um fator de progresso pessoal e um fator de capacidade de ajudar melhor os outros. Uma colega quebequense, Patricia Dobkin, fez pesquisas, a partir das avaliações dos pacientes, mostrando que os médicos que praticavam a meditação tinham uma qualidade maior de presença, que beneficiava todas as suas competências técnicas.

NOSSOS CONSELHOS EM MATÉRIA DE ESCUTA

TRÊS PRÁTICAS IMEDIATAS

Alexandre

• As curas de silêncio. Aplicar a si mesmo, durante o dia, curas de silêncio para deixar ir embora aquilo que atravanca o fundo do coração: deixar nascer, manifestar-se e desaparecer o que passa por nossa mente, dispensar as ideias fixas que nos tornam infelizes. Ousar fazer pequenos retiros para deixar a agitação e descer mais profundamente…

• Os parasitas da escuta. Identificar, quando conversa com alguém, tudo que parasita o verdadeiro encontro: a precipitação, o cansaço, os preconceitos, os mal-entendidos, o perigo do equívoco… A ascese consiste em prestar bastante atenção, totalmente.

• Manter-se disponível para os outros. Concretamente, pegar o telefone e ligar para alguém solitário ou que esteja passando por dificuldades. Escutá-lo, apoiá-lo sem obrigatoriamente querer martelar conselhos, mas apenas lhe dar a chance de ser perfeitamente quem ele é…

TRÊS CONSELHOS PARA UMA BOA ESCUTA

Christophe

• Progredimos muito mais escutando do que falando. O provérbio diz: "Você tem dois ouvidos e uma boca", o que quer dizer que deve escutar duas vezes mais do que falar. A palavra nos transforma porque nos obriga a precisar nossas ideias, mas a escuta é ainda mais poderosa, porque nos abre para outros universos além do nosso.

- Sempre lembrar que escutar é doar. Não somente dar respostas, mas também doar presença. "Escute primeiro e responda depois; não esqueça que se trata de duas coisas diferentes". Esse tempo de escuta prévia dá às nossas respostas mais autenticidade, peso e eficiência.

- É preciso se desfazer de parte de si para escutar bem. Desfazer-se dos seus medos, medo de não saber o que dizer, medo de não ter respostas para dar. Desfazer-se das suas certezas. Desfazer-se dos seus cansaços. Mas existem limites em termos de escuta: há momentos em que precisamos apenas estar a sós para nos renovarmos!

ESCUTAR COM BENEVOLÊNCIA E HUMILDADE

Matthieu

- Considerar a escuta como uma doação sem reserva para a pessoa que está à sua frente. Mesmo que ela seja malevolente, escutá-la com compaixão, sem complacência, mas com profundo desejo de encontrar um remédio para as causas do seu sofrimento.

- Não antecipar as palavras da pessoa pensando que já sabemos aonde ela quer chegar.

- Evitar toda atitude condescendente. Da mesma forma que colhemos a água no lugar mais baixo onde ela corre, é em posição de humildade que recebemos do outro aquilo que nos permite ajudá-lo.

5

O CORPO: FARDO OU ÍDOLO?

Alexandre: Para se entregar ao caminho espiritual da *melhor maneira*, não se deve esquecer o corpo, sob o risco de fracassar. Não somos máquinas nem almas desencarnadas, afinal de contas. Necessidades, pulsões, desejos, dores, prazeres, alegrias e penas, é preciso construir a vida com tudo isso. Como não estragar a saúde? Como evitar o estresse, as dependências e o esgotamento para ousar praticar uma arte de vida que devolve ao corpo sua verdadeira vocação: tornar-se um instrumento de paz, o veículo do Despertar? Quem se mostrar negligente em termos de higiene de vida mais cedo ou mais tarde vai quebrar a cara. Alternativamente, o corpo pode se tornar fardo, obstáculo, ídolo, carga. Como ousar manter um equilíbrio saudável no meio das paixões, das hesitações? E, sobretudo, como amar nosso corpo? Para se entregar a uma ascese, trata-se de habitá-la plenamente, de celebrar a vida nela.

Habitar o corpo

Alexandre: Sentir desprezo, desgosto pelo corpo, depreciá-lo, não leva a nada. É preciso desconfiar completamente do angelismo.

Pascal está certo ao relembrar que "o homem não é anjo nem animal, e a infelicidade exige que quem pretende se fazer de anjo se faça de besta". A meu ver, negar nossas necessidades, fingir ter resolvido, de uma vez por todas, o problema das pulsões, das contradições, leva-nos inevitavelmente ao fracasso. Abraçar uma vida espiritual com certeza não é fugir do corpo, mas, ao contrário, tentar encarnar, enraizar uma sabedoria no cotidiano. Como avançar na paz se estivermos exaustos, abatidos, se nos maltratarmos? E o que dizer do risco de se emparedar na mente? Separando-nos do corpo, dos seus ritmos, negligenciando as leis da própria natureza, corremos o risco de nos destruir. Um dia, o psiquiatra Christophe Massin, meu amigo, me deu uma preciosa ferramenta: "Identifique e evite quanto possível o sobre-esforço". Desde então, quando estou muito atarefado, assim que começo a gastar minhas forças, sua frase me acalma imediatamente. Finalmente, ouso diminuir um pouco o ritmo. Descansar exige toda uma arte. E não tenho certeza de que quem lutou a vida inteira saiba dar a si mesmo uma trégua, mesmo que curta.

Fazer bom uso dos prazeres também nem sempre é tão fácil. Às vezes, ao voltar para casa, meu olhar para nessas luzinhas vermelhas que assinalam as casas de prostitutas. Em Seul, existem muitas; que tristeza ver esse fenômeno se banalizar! Deploro que a sexualidade, esse presente da vida, degenere frequentemente e acabe por se tornar o lugar de uma opressiva alienação. Podemos apostar que o homem totalmente pacificado não viveria mais a carne como um tormento. Enquanto isso não acontece, sem fazer um discurso repressivo, parece-me útil desenhar uma arte de viver que considere as pulsões, os desejos. O que complica ainda mais o problema é que na sexualidade podem intervir ao mesmo tempo a psicologia, a biologia e as carências afetivas. Em resumo, tudo pode ter a ver.

Christophe: O corpo, como você evocou, é frequentemente ignorado ou maltratado, como se dispuséssemos de um corpo eterno, da mesma maneira que, por muito tempo, imaginou-se que a natureza iria resistir às nossas poluições e eternamente consertar nossas negligências

> Há momentos em que maltratamos nosso corpo, como podemos maltratar a natureza.

a seu respeito. Há momentos em que maltratamos nosso corpo, como podemos maltratar a natureza; por negligência, por inconsciência das suas necessidades, dos seus limites, da sua fragilidade. Fiquei surpreso durante uma viagem à Índia, na região de Benares, quando cruzamos *sadhus* que faziam sua toalete limpando-se cuidadosamente, e o guia me explicou que pertenciam a uma corrente religiosa em que se considerava o corpo como um templo que se devia honrar. Gosto muito da ideia de respeitar o corpo como um templo, de fazer dele o lugar de ritos sagrados: não é obrigatoriamente uma obsessão de si ou hipocondria, mas uma deferência em relação a uma entidade que a Natureza elaborou pacientemente e nos confiou por alguns anos.

É importante também evocar a sexualidade quando se fala do corpo. Você disse que a sexualidade conhece influências psicológicas, biológicas, mas acredito que também haja influências sociológicas muito fortes. É alucinante ver que a sociedade atual fez do sexo um objeto de mercadoria: vendem-se acessos a filmes pornôs, a encontros puramente sexuais, por "diversão", sem compromissos nem obrigações; a sexualidade foi dessacralizada, desespiritualizada, "desrelacionalizada". É indiretamente uma maneira de não respeitar o corpo, que não é apenas uma ferramenta, um veículo que dominamos para satisfazer nossos prazeres, mas uma entidade que nos encarna em parte – aliás, também como o corpo dos outros!

Alexandre: No caminho da aceitação do corpo, o encontro com Joachim me libertou de um enorme peso. Bastava meu olhar cruzar um carro funerário para que eu sentisse um incrível mal-estar. Mas a vida me curou um pouco, dando-me um amigo agente funerário.

Durante horas, eu o ouvi falar da sua profissão. Aos poucos nasceu, quase sem que eu percebesse, uma grande confiança. Então, dei um passo adiante, acompanhando-o por alguns dias no seu trabalho. Sua doçura, sua fé na vida me livraram de muitos tormentos. Na câmara frigorífica, eu o vi, com infinita ternura, cuidar de homens e mulheres, pais e mães. No começo, fiquei surpreso com o fato de ele não usar luvas para cuidar dos mortos. Suas palavras me converteram: "Essa mulher, uma hora atrás, estava nos braços do seu marido, dos seus filhos, dos seus netos. Por que devo usar luvas?" Joachim me revelou, onde eu menos esperava, a bondade da vida. De repente, olhei aquela boca desdentada, pensando nas palavras tenras que havia pronunciado. No meio dos caixões, entendi que o corpo era miraculoso. Saí do necrotério com uma esperança inesperada no coração. Finalmente, eu reconhecia que um corpo não era um fardo, que era o instrumento do Despertar, e que doravante a tarefa seria celebrar a vida nele.

Sempre o mesmo chamado se impõe: não há tempo a perder, é preciso praticar. Joachim me contou a história dessa garçonete que sofreu um infarto fulminante enquanto levava comida a um cliente. A precariedade da existência nunca deixou de me surpreender. Imagino essa moça se levantar de manhã e ir ao trabalho. Em momento nenhum, certamente, essa mulher pensou que ia morrer naquele dia. A vida é frágil. Cada instante é um presente que nos compete apreciar plenamente. Devemos apressar nossa conversão e nos tornar mais generosos!

O corpo me fez médico

Christophe: Como médico, tenho obviamente uma relação peculiar com o corpo, que está no centro da nossa profissão. O primeiro ano de estudos em medicina era muito teórico: claro, aprendíamos bioquímica, anatomia, mas não estávamos em contato com o "verdadeiro" corpo. Comecei realmente o curso de medicina quando penetrei na sala de dissecação, no segundo ano: na mesa de metal, havia um cadáver conservado no formol. Era bastante impressionante olhar aquele rosto e exercitar-se naquele corpo que pertencera a alguém. Éramos quatro estudantes para um cadáver. Após os exames de final de primeiro ano, esse segundo momento era uma "peneira" impiedosa: vários estudantes desmaiaram e foram estudar direito, entre os quais o melhor aluno da minha turma! É um imenso paradoxo, mas nada faz refletir mais sobre a vida que um cadáver. Acho que me tornei médico naqueles momentos, sem entender perfeitamente como, mas manipulando, dissecando, convivendo com esses cadáveres: além dos conhecimentos técnicos, isso me levava a inúmeras reflexões sobre a vida e a morte.

Outra coisa que me marcou bastante: fiz parte das últimas gerações de estudantes em que se sacrificavam cães, durante tutoriais de fisiologia, para nos mostrar, entre outros, os mecanismos da pressão arterial e da digestão. Os animais eram recolhidos pelo canil municipal e acabavam tristemente servindo de cobaias. Um dia, um pobre cachorro mal anestesiado acordou e começou a uivar de dor. Ficamos indignados e começamos a protestar. Fomos os primeiros a considerar que era preciso pôr um termo a essas experiências, que as aulas eram suficientes. Lembro-me ainda da cara do assistente de fisiologia, admirado por ver que não suportávamos os gritos do cachorro: ele estava no final da carreira, aquele era o seu cotidiano havia muitos anos, e acho que ele não se dava mais conta da situação.

Na medicina, o encontro com o corpo frequentemente é bastante violento. Eu me lembro do primeiro doente sob minha responsabilidade, quando era médico-residente, no terceiro ano; do serviço onde eu fazia o estágio, do grande sol de outono, do quarto, do rosto do paciente, um homem de 35 anos, fumante, cuja perna havia sido amputada por causa da doença de Buerger, uma arterite grave ligada ao tabaco. Descobri que, em nossa sociedade, todas essas realidades eram propositalmente escondidas. Nas sociedades tradicionais, as crianças veem mais corpos doentes e cadáveres. Nós, ocidentais, havíamos sido protegidos.

Na época em que comecei a estudar medicina, o organicismo estava triunfando, isto é, o corpo era considerado uma soma de órgãos vagamente em interação entre si. O princípio das "especialidades"

Nesse cuidado com o corpo, é preciso encontrar equilíbrio entre, de um lado, negação e desprezo, e, de outro, obsessão pelo corpo.

(cardiologia, dermatologia, nefrologia...) representa perfeitamente essa medicina de órgãos isolados, em vez de uma medicina holística, que trata o ser humano como um todo. Essa abordagem proporcionou grandes progressos, mas também mostra seus limites. Hoje, estamos voltando a pensar o corpo como uma entidade sutil, complicada e inteligente, em que todos os órgãos se influenciam e dialogam entre si, possuem capacidades de autorreparo e, às vezes, de autocura que precisam ser respeitadas. Volto a essa comparação entre corpo e natureza, já que hoje vemos a natureza como um conjunto inteligente que é preciso observar e respeitar, em vez de dominá-lo e maltratá-lo. É um todo em estreita interação: assim que agimos sobre um elemento, o resto sofre as consequências.

Segundo um processo análogo, quando passei a me dedicar à psiquiatria, o corpo não era assunto de interesse: os pacientes eram frequentemente considerados como puras mentes que se deitavam em divãs. A psicanálise dominante na época era uma disciplina intelectual fundada no conceito, no verbo. Mais tarde, ao trabalhar por minha conta com as emoções, sobre as quais fomos pouco informados na universidade, descobri que elas eram a ponte entre o corpo e a mente, enraizadas ao mesmo tempo em ambos. Hoje, quem trabalha no campo da psicologia finalmente entende que o corpo não é apenas uma ferramenta ou um conjunto de órgãos que deve ser mantido em silêncio para não ser incomodado por ele, mas uma porta de entrada para nossa mente, uma entidade complexa, inteligente, da qual precisamos cuidar por meio de diversas abordagens, como a meditação, a alimentação, o exercício físico, etc.

Nesse cuidado com o corpo, é preciso encontrar equilíbrio entre, de um lado, negação e desprezo, e, de outro, obsessão pelo corpo. Lá também, como muitos rapazes ocidentais, eu tinha um relativo desprezo por meu corpo. Lembro-me de ter fraturado o perônio praticando esqui. Eu tinha tanto trabalho que durante uma semana continuei andando sobre a fratura, convencendo-me de que era apenas uma torção. Mas doía tanto que acabei indo ao radiologista, no setor vizinho ao meu. O colega ficou observando as radiografias, admirando uma magnífica fratura, então se virou para mim com ar suspeitoso, perguntando-se como eu podia ter andado durante oito dias: "Qual é sua especialidade?" Respondi que eu era psiquiatra, e vi em seu rosto uma expressão ao mesmo tempo perplexa e aliviada: "Ah, você é psiquiatra, entendo..." Hoje, com a idade e a experiência, tento ser mais atento e respeitar meu corpo, de maneira a não ser obrigado a cuidar demais dele.

O movimento natural da morte do corpo ocorre após outro movimento natural, que é o envelhecimento. Pessoalmente, não fico abalado com as etapas cronológicas – ter 30, 40, 50 anos –, porém com as etapas da vida do meu corpo: quando comecei a perder cabelo, quando os pelos da barba ficaram brancos, quando comecei a não poder mais jogar rúgbi, a não poder mais praticar escalada em altas montanhas, quando senti as primeiras dores articulares permanentes... Esse envelhecimento do corpo me ensina o desapego, isto é, todas essas pequenas limitações me obrigam a aceitar o envelhecimento e me preparam para um dia deixar meu corpo. Aceitar envelhecer normalmente pode nos ajudar a ter menos medo da morte. Parece-me que o envelhecimento serve para isso, para que no final não lamentemos deixar nosso corpo. Voltaremos a falar sobre isso quando eu tiver 90 anos. Se eu chegar lá!

O corpo no budismo

Matthieu: No budismo, o corpo é descrito de formas diferentes conforme o nível dos ensinamentos e das práticas espirituais. Essa diversidade responde à das faculdades e disposições mentais de cada um, assim como a diversidade dos remédios responde à das doenças.

No budismo do chamado Pequeno Veículo, o corpo é sobretudo percebido como um objeto de apego, já que é por meio do corpo que nos apegamos às sensações agradáveis registradas pelos sentidos. Esses apegos logo se transformam em sede, em apreensão, e então em dependência. Para evitar tratar nosso corpo como ídolo e passar o tempo cuidando dele, e para não perceber o corpo alheio como um simples objeto de desejo, o Pequeno Veículo ensina várias meditações. Uma delas consiste em imaginar que abrimos um corpo e olhamos o que há sob sua pele macia e atrás do rosto agradável. Isso de certo modo lembra as sessões de dissecação que Christophe citou, embora a finalidade seja diferente. Representamos os órgãos, as veias, o sangue, os ossos, a carne, etc., e os extraímos mentalmente um a um para amontoá-los diante de nós. O objetivo, claro, é chegar à conclusão de que não há motivo para se apaixonar por esse monte de carne. Para tomar consciência da natureza efêmera do corpo, visualizamos também o esqueleto em que ele logo se transformará.

No Grande Veículo, o dos bodisatvas, considera-se o corpo humano como eminentemente precioso, já que permite alcançar o Despertar. Mas ele só será verdadeiramente precioso se aproveitarmos as vantagens que nos fornece. Então, é comparado a um navio que permite atravessar o oceano das existências condicionadas pelo sofrimento. Sem fazer do corpo um ídolo, nós o respeitamos como se respeita um barco. Seria absurdo desprezá-lo, não cuidar de sua manutenção ou submetê-lo a mortificações.

Por fim, no Veículo Adamantino, ou Vajrayana, identifica-se o corpo a uma divindade de sabedoria que simboliza as qualidades do Despertar: sabedoria, compaixão, atividade altruísta, etc. Como os *sadhus* indianos que você mencionou, Christophe, o Vajrayana às vezes considera também o corpo como uma mandala que sedia várias divindades que representam essas qualidades espirituais. Não se trata aqui de se construir um superego, pelo contrário. A divindade da sabedoria com a qual nos identificamos não tem mais substância que um arco-íris, é apenas um meio hábil cuja meta é reduzir nosso apego habitual a um ego e a uma forma física grosseira, e permitir que a natureza de Buda que está dentro de nós se manifeste.

Quanto à sexualidade, é a expressão normal de um desejo biológico, como a fome ou a sede. Ela desperta em nós emoções muito intensas, porque envolve todos os sentidos ao mesmo tempo. Para quem ainda não alcançou certo grau de liberdade interna, ela gera, como as demais experiências sensoriais muito fortes, fortes apegos que levam a mente ainda mais ao ciclo do sofrimento. Para quem domina a mente e conhece uma perfeita liberdade interna, essas sensações são vividas na simplicidade do momento presente, na felicidade da mente libertada de todo apego ou esperança. Tornam-se então meios de progresso espiritual.

Afinal, a mente é realmente a mestra do corpo e da palavra. Mesmo que o desejo esteja inscrito em nossa constituição física, ele não pode se expressar sem representação mental. Essa pode ser voluntária e se impor a nós, formar-se lentamente ou aparecer de repente, mas sempre precede o desejo, porque o objeto do desejo se reflete primeiramente em nossos pensamentos. A compreensão desse processo, aliada ao treinamento da mente, permite administrar o aparecimento do desejo de forma libertadora.

Do ponto de vista do budismo, o corpo tem obviamente uma influência sobre a mente, mas enquanto depositária de energias, de esquemas e tendências cuja origem primeira está na mente. Essas tendências, segundo o budismo, podem às vezes remeter a renascimentos muito distantes, o equivalente, no plano da consciência, da hereditariedade no plano físico. Na prática espiritual, podemos acessoriamente cuidar do corpo por meio de exercícios particulares, mas estes, em última instância, visam a transformar a mente.

O corpo e a meditação

Matthieu: Portanto, todas as práticas vinculadas ao corpo e à palavra são apenas meios acessórios de libertar a mente das emoções

Os textos dizem que, em um corpo bem ereto, os canais de energia sutil também ficam eretos, e isso favorece a clareza da mente.

conflitantes e da ignorância. Em relação à palavra, o termo sânscrito "*mantra*" quer dizer justamente "aquilo que protege a mente". O mantra a protege dos pensamentos errantes e dos estados mentais que perpetuam a confusão mental e o sofrimento. No que diz respeito ao corpo, é certo que a postura, por exemplo, influencia nossos estados mentais. Se meditarmos em uma postura relaxada demais, teremos grandes chances de dormitar. Ao contrário, uma postura tensa demais favorece a agitação mental. É preciso encontrar um meio equilibrado. Quem tem dificuldade para sentar com as pernas cruzadas pode meditar sentado em uma cadeira ou numa almofada elevada, ou até deitado, como Alexandre faz frequentemente, por causa das dores. É preciso evitar deixar o corpo se inclinar para a esquerda ou para a direita, para a frente ou para trás. Os textos dizem que, em um corpo bem ereto, os canais de energia sutil também ficam eretos, e isso favorece a clareza da mente.

Alexandre: Em seu magnífico livro *The Wise Heart: a Guide to the Universal Teachings of Buddhist Psychology* [O coração sábio: ensinamentos universais de psicologia budista], Jack Kornfield relata a história de um praticante que sofre de doença incurável. Já que os médicos haviam abandonado toda esperança, ele foi visitar seu mestre Taungpulu Sayadaw, certo de que havia chegado o momento de se preparar para morrer. A lição é luminosa. Longe da resignação e do desânimo, o santo homem o aconselha a fazer o que for possível para tentar se curar. Porque, mesmo que a doença se espalhe, trata-se de progredir sempre. E, com infinita ternura, ele o conforta: "Não morra ainda". Ainda! Ele está vivo, e essa vida, embora frágil e efêmera, oferece até o fim a possibilidade, mesmo que ínfima, de caminhar em direção ao Despertar. Gosto desse convite para viver até o fim. O corpo não é nem um fardo nem um empecilho. Em *Fédon*, Platão compara a carne a uma prisão, um túmulo. Sem idolatrá-lo, prefiro considerar o corpo como um veículo para fazer a viagem em direção à alegria, ao amor, ao Despertar e à união com Deus.

Christophe: Para seguir adiante em relação à importância do corpo, na área alimentar deve ficar muito claro: os problemas parecem nascer no corpo, predominar no corpo, e as soluções também estão no corpo. Por exemplo, regular os distúrbios de conduta alimentar, como a hiperfagia ou a bulimia, unicamente pela reflexão não pode dar certo: o poder da mente não é suficiente. E frequentemente se percebe que os pacientes com esse tipo de distúrbios não conhecem bem o próprio corpo: eles não fazem diferença entre a verdadeira fome e a simples vontade de comer – porque está na hora, porque estamos entediados ou estressados, porque vemos outras pessoas comendo, etc. As práticas de tipo meditativo, assim como outras práticas de observação, não somente são a primeira etapa da melhora, mas com frequência a passagem obrigatória para qualquer forma de trabalho sobre os impulsos.

Ao contrário, a *encarnação* de nossas intenções lhes dá uma força incrível, como descobri com as práticas meditativas. O exemplo que mais me comove é o das meditações de amor altruísta e das meditações centradas na compaixão, em que tomamos o tempo de acoplar a respiração às intenções de amor altruísta: notamos a maneira como esses sentimentos podem se instalar carnalmente em nós, em todas as partes do corpo. Aos poucos, entramos em um estado de compreensão, de clarificação, de apaziguamento, de força interna vinculada a essas intenções de amor altruísta. Grande parte de nós não conseguiria isso sem o apoio do corpo. É ele que faz a diferença entre reflexão e meditação.

O vínculo entre o corpo e a mente

Alexandre: A experiência da deficiência, instalada perpetuamente na minha carne, me traz bastantes dificuldades. Os médicos me tiram do sério quando, sem mesmo me examinar, decretam que a dor física vem do estresse. Esse tipo de interpretações apressadas e um tanto redutoras se aproxima dos maus-tratos, o que não impede, ao mesmo tempo, que eu constate a enorme importância da mente sobre a maneira de assumir a pena. Quando me sinto em paz, bem amparado, parece-me que o sofrimento físico é um pouco menos amargo. Trata-se de trabalhar ambos os planos: cuidar do corpo e acalmar a mente. É terrível dizer a alguém que sofre de mal crônico: "Você já passou por coisas piores", "Não é isso que vai matá-lo". É um pouco como se um homem com dez espinhos cravados no pé pisasse em uma farpa. Quem ousaria lhe dizer que uma a mais ou a menos não muda nada? Sobretudo, devemos ficar atentos à gota de água que pode fazer derramar o conteúdo. Saber identificar os limites de cada um para não cair no sobre-esforço.

Se negligenciarmos o corpo, mais cedo ou mais tarde, a conta será salgada. Basta ter dor de dentes ou sentir um grande cansaço para me mostrar a fragilidade da minha paciência, do meu amor. Daí a importância, pelo amor aos outros, de escutar e respeitar seu ritmo natural.

Quanto ao seu exercício, Matthieu, não tenho certeza de que, chegando ao paroxismo de desejo, imaginar as vísceras e os ossos da garota que me atrai consiga me acalmar.

Matthieu: Isso não se resolve em poucos segundos. É preciso se familiarizar com esse exercício até, espontaneamente, perguntar a si mesmo como é possível se apegar a tal ou tal corpo. É possível também seguir o exame até o nível dos átomos e pensar finalmente que não se pode sentir apego a partículas infinitesimais. Mas trata-se de um método entre outros. Considera-se mais eficiente e mais profundo treinar, por exemplo, administrar as emoções à medida que aparecem, do jeito que já mencionei.

Quando me sinto em paz, bem amparado, parece-me que o sofrimento físico é um pouco menos amargo. Trata-se de trabalhar ambos os planos: cuidar do corpo e acalmar o mental.

Quanto às relações entre o corpo e a mente, há cerca de trinta anos a comunidade científica considerava que era totalmente absurdo pensar que os eventos mentais tivessem uma grande influência sobre o corpo. A meditação era percebida como uma prática exótica trazida do Oriente por *hippies* que haviam fumado demais. As coisas mudaram desde então. Graças aos esforços de Jon Kabat-Zinn, a técnica de redução do estresse pela plena consciência (MBSR) agora é utilizada em centenas de hospitais no mundo todo. No plano da pesquisa, há vinte anos havia apenas cerca de dez publicações anuais sobre os efeitos da meditação, enquanto hoje são publicados por ano de quatrocentos a quinhentos trabalhos sobre o assunto em revistas científicas sérias.

Entendendo o efeito dos estados mentais sobre o corpo, compreende-se melhor o efeito placebo, um conceito que precisaria ser reavaliado. Frequentemente, as pessoas têm a impressão de que se trata de uma armadilha ou de um engodo. "Você está melhor? Ah! Sabia que não tinha nada naquelas pílulas que tomou?" Na realidade, o efeito placebo, que dá entre 15 e 40 por cento de resultados positivos conforme as doenças tratadas, mostra apenas a influência da mente sobre o corpo. Deveríamos parar de lhe dar uma conotação pejorativa. Quando dizemos a uma pessoa que se sente melhor após ter ingerido um pó qualquer que se trata de um efeito placebo, ela costuma ficar chateada e nos tratar como cientistas caretas. Mas o que há de mais nobre que os efeitos da mente sobre o corpo? Para demonstrar sua importância, não é necessário usar pequenas pílulas desprovidas de qualquer substância ativa. Por que não trabalhar diretamente sobre nossa mente para melhorar os efeitos que ela tem sobre nosso corpo? Parece-me mais direto e mais inteligente, embora as pessoas gostem de tomar uma mistura de genciana do Himalaia e pó de rubi. A meditação é o mais nobre dos placebos.

Além do mais, os trabalhos de Paul Ekman mostram que a relação entre o corpo e a mente funciona nos dois sentidos. Esse grande especialista das emoções e das expressões faciais descobriu que cerca de cinquenta músculos da face estão implicados nas diferentes expressões faciais vinculadas à alegria, à surpresa, ao medo, etc. Geralmente, quando sentimos uma emoção particular, um conjunto preciso de músculos é ativado. Mas isso funciona também no outro sentido. Paul pediu a um grupo de pessoas que ativassem progressivamente certos músculos do rosto – erguer as sobrancelhas, esbugalhar os olhos, abaixar o canto dos lábios, etc. – sem dizer a que emoções isso correspondia. Então, ele perguntou o que sentiam. O mais fascinante é que elas quase sempre experimentavam o sentimento normalmente associado aos músculos estimulados. Portanto, o simples fato de adotar uma expressão facial pode despertar um estado mental específico.

Para encerrar, eu gostaria de mencionar o conceito de "inscrição corporal da mente" proposto pelo neurocientista Francisco Varela, um dos fundadores do Mind and Life Institute, do qual faço parte. Ele explica que a consciência se manifesta plenamente quando associada a um corpo integrado a um meio ambiente físico e social. Um cérebro que permanecesse dentro de um vidro seria incapaz de conceber o mundo.

Christophe: Essas histórias de placebo são sempre surpreendentes. Você tem toda a razão ao destacar, Matthieu, essa tendência que consiste em associar o efeito placebo a uma armadilha ou um erro... enquanto se trata dos poderes da mente, simplesmente! Quando nossa mente se põe a serviço do nosso corpo, à escuta do nosso corpo, isso pode ter efeitos consideráveis. E existem inúmeros estudos a esse respeito. Relativamente às retroações entre o corpo e a mente, existem vários estudos sobre o sorriso, por exemplo, que mostram que ao sorrir

– sob condição de não ter motivos naquele momento para chorar, sob condição de que nossa vida seja "normal" – melhoramos levemente nosso humor. Pelas razões demonstradas por Paul Ekman, há uma harmonia total entre nosso corpo e nossa mente, que funciona em ambos os sentidos: um cérebro feliz vai provocar um rosto feliz, e, em retorno, um rosto sorridente facilita as emoções positivas. Existem trabalhos semelhantes sobre a postura: quando pedimos que preencham questionários sobre a autoestima ou a satisfação existencial, conforme forçamos as pessoas a se manterem retraídas ou eretas, os resultados mudam levemente. Respeitar nosso corpo faz bem à nossa mente.

NOSSOS CONSELHOS PARA VOCÊ CAMINHAR COM SEU CORPO

AS DUAS MENSAGENS QUE EU GOSTARIA DE TRANSMITIR
Christophe

- Devemos respeitar nosso corpo como respeitamos a natureza. Ele não nos pertence, não exclusivamente, não mais que a natureza. Somos inquilinos da terra do mesmo modo como somos inquilinos do nosso corpo. Nosso corpo será retomado, assim como a natureza sobreviverá a nós quando não estivermos mais aqui. Gosto desta frase de Nietzsche: "Tenho uma palavra a dizer aos que desprezam o corpo. Não lhes peço que mudem de opinião nem de doutrina, mas que se desfaçam do seu próprio corpo, o que os tornará mudos".

- Devemos aceitar e apreciar nosso envelhecimento, vê-lo como uma ajuda para não nos apegarmos ao corpo, como o meio de nos prepararmos para deixá-lo, sem pesar, suavemente, como algo que nos foi emprestado transitoriamente e que será reciclado para as futuras gerações.

CUIDAR DO CORPO SEM IDOLATRIA
Alexandre

- Seguir São Francisco de Sales, que aconselha: "Cuide do seu corpo para que sua alma se sinta bem nele", e considerar nosso corpo como uma criança aos nossos cuidados.

- Considerar o corpo como uma casa que nos foi emprestada. Somos os seus felizes inquilinos, e devemos mantê-la todos os dias. Posso dedicar alguns minutos durante o dia para fazer uma faxina nos cantos da casa e escutar os sinais que me avisam do desgaste: o cansaço, o estresse, o esgotamento... Em resumo, o que contraria a alegria.

PARA UM BOM USO DO CORPO

Matthieu

- Quando o corpo vai bem, respeitá-lo sem se apegar excessivamente a ele. Utilizá-lo como um suporte para progredir em direção ao conhecimento e à liberdade interior, ou como um instrumento para se desenvolver e contribuir para o bem dos outros.

- Quando o corpo vai mal, em vez de afundar no desespero, fazer desse mal uma ocasião para se transformar e crescer, ultrapassando o obstáculo da doença.

6

AS ORIGENS DO SOFRIMENTO

Christophe: Como seres humanos, somos todos peritos em sofrimento. Quer se trate de nós mesmos ou de entes queridos, já o conhecemos intimamente. Mas, como o médico costuma ser visto como aquele que procuramos para pedir que alivie ou interrompa os sofrimentos, serei o primeiro a falar sobre esse assunto.

Cartografia do sofrimento

Christophe: Para explicar o sofrimento aos meus pacientes e lhes mostrar como vamos trabalhar, tento estabelecer uma diferença – certamente redutora, porém pedagógica – entre a dor e o sofrimento.

A dor é a parte biológica, orgânica ou existencial do sofrimento: um dente com cárie provoca modificações biológicas que trazem uma sensação lancinante. Às vezes, a dor também se materializa por causa de algo que ocorreu: a perda de um filho, de um amigo, de um familiar. Finalmente, a dor é o real que nos fere. O sofrimento designa o impacto da dor sobre nossa mente, sobre nossa visão do mundo.

Podemos citar o exemplo dos acúfenos: esses zumbidos ou assobios no ouvido são uma forma de dor relativamente mínima (de fato, existem dificuldades bem piores), mas que pode provocar grandes sofrimentos, porque o impacto dessa pequena perturbação vai trazer obsessões, ocupar a mente e requerer, às vezes, ajuda psicológica. Não posso fazer desaparecer a dor dos meus pacientes apenas com palavras – às vezes, eles precisam de remédios, ou de tempo, como no caso do luto –, mas posso ajudá-los a entender seu sofrimento e a reduzi-lo com certas abordagens, como a psicoterapia ou a meditação.

A segunda maneira de entender o sofrimento consiste em definir seu oposto. O inverso do sofrimento poderia ser o gozo, mas quando sofremos não desejamos gozar, somente parar de sofrer. O oposto do sofrimento, portanto, é a paz, a tranquilidade, a serenidade, a possibilidade de esquecer e aproveitar a vida.

Chegamos então ao terceiro ponto: o que caracteriza o sofrimento é que ele nos afasta do mundo. Simone Weil falou muito apropriadamente do "grau de dor em que se perde o mundo". Ele nos isola, e, no fundo, o contrário de sofrer é reatar com o mundo, reencontrar um vínculo harmonioso e apaziguado com ele.

Alexandre: Entrei para a filosofia um pouco como se entra para uma ordem religiosa, precisamente para tentar achar um remédio para o sofrimento. Eu queria, a qualquer preço, acabar com ele e me salvar. Muito jovem, convivi com pessoas que, no meio das provações, sentiam uma imensa alegria de viver. Desejei, por minha vez, descobrir essa alegria, fazer o possível para alcançá-la. Eis o enigma da minha vida! Em relação ao sofrimento, é preciso diferenciar o mal vinculado à nossa condição humana – ao qual se escapa dificilmente ou até de forma alguma (a doença, a morte, um terremoto, a perda de entes queridos) – dos tormentos da alma. Aos inevitáveis golpes do destino vem se agregar todo um emaranhado emocional: as recusas, as frustrações, a insatisfação… A boa notícia é que todo esse emaranhado de conflitos não é algo sem remédio. Sendo assim, a verdadeira pergunta é: como atravessar esse oceano de sofrimentos sem afundar e sem trazer de volta ao barco todas essas preocupações inúteis que nos corroem e nos deixam exangues? Nesse ponto, a deficiência age como um potente revelador que me ensina como a pena é acentuada, exagerada ou até totalmente criada pela mente. Se eu olhasse objetivamente os fatos, fincaria os dois pés no chão sem seguir meus medos e minhas projeções, e sofreria muito menos. Ao atravessar uma multidão, quando não me detenho nos olhares que me encaram e me lembram que não sou exatamente como os outros, permaneço em uma alegria profunda. Mas, assim que começo a levar a sério todos esses olhos fixos em mim, fico perdido. Nesse sentido, minha filha de 4 anos me *cura*, já que ainda não colou toda a série de rótulos sobre o papai deficiente.

O diagnóstico apresentado pelo budismo e pelas místicas cristãs me alegra: se nos debatemos na infelicidade, é em última instância porque estamos como que exilados, e uma espessa camada de ilusões, desejos e medos veio cobrir nossa verdadeira natureza, no âmago mais profundo. Como o budismo, a psicologia positiva também traz uma mensagem propriamente revolucionária: nossos conflitos estão longe de ser uma fatalidade. Esse mal-estar pode ser suavizado, até mesmo evitado. Uma vez estabelecido o diagnóstico, podemos nos lançar alegremente a uma arte de vida e a uma ascese que fazem recuar progressivamente aquilo que nos atravanca, que pesa sobre a vida. Encontro também na leitura de Mestre Eckhart ou nos textos de Ângelo Silésio um audacioso convite a nos desprendermos desse pequeno eu que nos tiraniza, a esvaziar o templo da mente para que a alegria possa raiar ali. Gosto da noção de ascese, porque afasta qualquer ideia de resignação e permite que cada praticante avance, progrida. Ela autoriza uma imensa esperança, desenhando um caminho bem concreto para atingi-la.

A filosofia antiga evoca a imagem do ginasta, do soldado, em suma, daquele que treina todo dia para aperfeiçoar sua arte. "*Askein*" significa "exercitar-se", em grego, daí a palavra "ascese", na qual se vê com frequência e erroneamente a renúncia, a privação. Exercitar-se é se pôr a caminho, converter-se, familiarizar-se com a sabedoria. Como não ver nisso uma alegria, a do encarcerado que escapa da prisão, que se torna livre? Tudo então se torna ocasião de progresso, de libertação.

Muito concretamente, posso recorrer a tudo que for possível para aliviar o peso e me liberar. Por exemplo, a zombaria, o medo do que o outro vai dizer infernizaram minha vida, afastando-me de um "sim" alegre e real do jeito que ele se apresenta. Daí esse potente remédio que é a não fixação: toda vez que me limito a uma representação, a uma imagem que crio dentro de mim, estou sofrendo. Para tentar interromper esse mecanismo insano, seria preciso nunca se identificar com nada. No meio da zombaria, toda vez que eu levava a situação a ferro e fogo, mil vezes por dia eu voltava a esse exercício que limpa e vem nos extrair dos papéis, dos ferimentos e das esperanças.

Quem se lança em uma ascese corre o risco, mais cedo ou mais tarde, de se deparar com o voluntarismo: acreditar que tudo depende de nós, que a vontade e a razão estão no comando. Durante uma breve estadia em um serviço de tratamentos paliativos, descobri uma flagrante injustiça: justamente que a vontade não basta. Alguns pacientes, mesmo nutrindo um astral fabuloso, desenvolvendo uma energia considerável, não conseguiam vencer a doença. Outros tinham mais sorte. O desafio é fazer o elogio dos exercícios espirituais, dos seus efeitos consideráveis sobre nosso humor, nossa saúde e até mesmo nosso sistema imunitário, mantendo em mente que nem tudo depende de nós. Desconfio sempre dos *diktats*. Seria cair nos maus-tratos se banalizássemos o sofrimento e condenássemos aquele que não encontra uma saída. Eu me diverti muito, outro dia, no dentista, quando ele me avisou: "Por favor, não se mexa, ou vai ser um desastre". É um pouco como dizer a uma criança: "Você vai dormir, puxa vida!" Com minha deficiência, quanto mais tento controlar meus movimentos, mais o corpo se revolta, contraindo-se e fazendo o que quer. Mais uma vez, existe convite mais urgente para ousar se abandonar? Aliás, nessa maldita cadeira de dentista, ignorei as palavras do médico para me tranquilizar: "Pode se mexer quanto quiser, você não controla nada, nem tente relaxar". E então o milagre ocorreu. Fiquei perfeitamente estático. Do mesmo jeito, é perigoso querer sacudir uma pessoa que sofre dizendo "Acorde" e "Mexa-se", tão contraproducente quanto desumano.

Para aquele que no dia a dia carrega um sofrimento físico ou um mal-estar interior, a arte de viver é indispensável para evitar que os problemas ocupem o centro da vida. Primeiro, entendo, como Schopenhauer, que não basta que a dor cesse para eu mergulhar automaticamente na felicidade. Muitas vezes, eu daria tudo para me livrar de uma dor, e quando o sossego finalmente chega nem me sinto feliz. Como sou ingrato! De tanto olhar para o futuro, acabo esquecendo os mil e um presentes que estão aqui, ao alcance da mão... Portanto, o exercício consiste em praticar a gratidão do fundo do coração. Olhar esse sorriso único, apreciar esse prato, dar uma olhada para o céu. Em resumo, abrir-se àquilo que nos é dado. Assumir, dia após dia, uma ferida tem muito mais a ver com maratona do que com corrida de velocidade. E o esgotamento nunca deixa de estar à espreita. Daí uma extrema vigilância para não se tornar azedo e amargo.

O sofrimento exige que façamos todo o possível para que o mal não tenha a última palavra. A filósofa Simone Weil mostrou as cruéis engrenagens do sofrimento. Em *A gravidade e a graça*, ela confessa com desconcertante honestidade a brutalidade que a assolava durante violentas enxaquecas, chegando a fazê-la desejar, para se libertar, bater na testa de outras pessoas, exatamente onde a dor era insuportável. Isso mostra como o mal pode tornar alguém louco ou mau. Como então não descarregar sobre a primeira pessoa que aparece o excesso de sofrimentos, de fracassos? Essa esclarecedora lucidez me liberta. E a filósofa me ajuda a contornar as armadilhas, como o desejo de vingança, a tendência a apontar culpados e a espalhar ao meu redor a dor que não consigo mais assumir.

Um dia, com crise de otite, meu filho gritava tão alto que eu não sabia mais o que fazer. Impotente, fiquei surpreso ao identificar na minha irritação rastros de raiva contra ele. Eu havia trocado de alvo! É incrível como o sofrimento pode fazer com que percamos o controle. Meu amor por essa criança era tão grande que, desesperado, em pânico diante dos gritos que eu não sabia aliviar, acabei caindo neste reflexo estúpido: "Pare de gritar, isso me magoa demais!" Singular paradoxo: em vez de ficar completamente desarmado, de abraçar meu filho para consolá-lo com todo o meu coração, eu o criticava inconscientemente por me causar dor. Portanto, preciso fazer o possível para desarmar esses medos, esses mecanismos de defesa. Identificar as causas do sofrimento e deixar de prejudicar são atos eminentemente altruístas.

Matthieu: Para começar pelo mais simples, podemos dizer que o termo "sofrimento" envolve todos os estados mentais percebidos como indesejáveis. O sofrimento pode ter por ponto de partida uma dor física ou um estado de espírito como o desespero, o medo ou qualquer sentimento que gostaríamos que desaparecesse. Pode ser efêmero, como no caso de certas enxaquecas, ou durável, como no caso do desespero, da perda de sentido ou de mal-estar profundo.

Por que temos essa faculdade de sofrer? Do ponto de vista da evolução, a faculdade de sentir o sofrimento favorece a sobrevivência. A dor física é um sinal de alerta que nos informa que algo ameaça nossa integridade física. Aqueles que não têm sensibilidade à dor correm perigo de morte. Os leprosos, por exemplo, cujos membros se tornam insensíveis, continuam andando sobre os cotos, o que piora a degradação do corpo. Outros podem se queimar terrivelmente sem perceber. O sofrimento mental também é um sinal de alerta interno. Ele me avisa de que há algo que devo remediar para restabelecer meu equilíbrio mental.

O sofrimento se manifesta em vários níveis, que o budismo identificou claramente. Não se limita ao que parece ser desagradável: a dor física intensa ou um evento trágico que irrompe em nossa vida. Tem aspectos mais sutis, que não pertencem às sensações imediatas. Há, por exemplo, "o sofrimento vinculado à mudança", devido ao caráter impermanente daquilo que parece momentaneamente ser fonte de prazer ou felicidade. Se formos bonitos e saudáveis, e se tudo estiver indo bem, estaremos inconscientemente apegados à ideia de que essa situação vai perdurar, e esse apego é o ponto de partida de um processo de sofrimento inevitável, já que tudo muda o tempo todo, mesmo que não o percebamos. Um dos meus mestres espirituais expressava essa verdade de maneira mais brutal: "O que vocês chamam geralmente de felicidade, nós chamamos de sofrimento".

> Às vezes, temos confusamente a intuição de que nada nunca nos satisfaz, mesmo quando supostamente temos tudo para ser felizes.

O budismo também fala de outro tipo de sofrimento, ainda mais imperceptível, que é o da mudança. Às vezes, temos confusamente a intuição de que nada nunca nos satisfaz, mesmo quando supostamente temos tudo para ser felizes. É o sofrimento latente, vinculado à nossa percepção distorcida da realidade. Essa percepção errada, no budismo, é uma das definições da ignorância. Se pensarmos que as coisas duram e que são em si desejáveis ou indesejáveis, belas ou feias, benéficas ou nocivas, estamos em inadequação com a realidade, e a consequência só pode ser a insatisfação. Enquanto não dissiparmos a ignorância fundamental que gera esse precipício entre nossas percepções e a realidade, estaremos destinados ao sofrimento.

Segundo o budismo, o sofrimento tem pelo menos uma qualidade: suscita o desapego em relação à felicidade factícia e nos incita a nos liberar das causas profundas do mal-estar.

Os sofrimentos que provocamos em nós mesmos

Christophe: Você recordou algo fundamental, Matthieu. Do mesmo modo que uma dor é um sinal de alerta que nos leva rapidamente a modificar nosso comportamento e nosso meio ambiente, ou ainda a consultar um médico, o sofrimento nos informa que estamos indo contra o que constituiria nosso equilíbrio, nossa harmonia. Por exemplo, o ressentimento ou a raiva são dolorosos. E é uma boa notícia! Imagine uma raiva indolor ou um ódio frio e exultante – aliás, talvez seja um problema apresentado por certas pessoas autenticamente doentes. Que a inveja, o ciúme, o ódio, essas emoções ditas "negativas", sejam também emoções dolorosas é uma bênção, porque elas nos afastam do que temos que fazer para os outros, para nós mesmos. Nesse ponto, o budismo é claro, e seria preciso que nós nos inspirássemos mais nele na medicina e em nossa cultura em geral. Com frequência, gostaríamos de dizer aos pacientes: "Escute o sofrimento, respeite-o, ele está lhe trazendo um recado". Mas é algo difícil de aceitar, porque, quando sofremos, queremos em primeiro lugar que isso pare. Esse é o primeiro papel do médico. E, uma vez acalmada a dor, é possível olhar para dentro e convidar o paciente a entender o que ela significava.

O sofrimento pode nos ajudar a corrigir os erros de nossa visão do mundo? Escutando você, eu pensava em uma paciente de quem gosto bastante. É uma senhora já de certa idade e que sente uma angústia terrível de envelhecer. Ela é bonita, e simplesmente não quer envelhecer. Consequentemente, recorre bastante à cirurgia plástica para continuar a agradar e seduzir pelo físico. Ao vê-la na sala de espera, de longe, é uma mulher bonita, que atrai o olhar. Mas, de perto, é uma senhora idosa, embora mantenha uma bela aparência. Sua atitude lhe traz inúmeras fontes de sofrimento: primeiro, o sofrimento, todas as manhãs, de constatar que se lê a idade no seu rosto. Quando ela se interessa por alguém, as coisas se complicam: como permitir acesso à sua intimidade física, ser vista sem maquiagem, ao acordar, ou sob uma luz forte? Que sofrimento! E para ganhar o quê? Ao procurar evitar os tormentos do envelhecimento, ela sofre outros bem piores – a meu ver, pelo menos.

Faz três ou quatro anos que a acompanho, e comecei a lhe dizer gentilmente: "Você sabe, querer manter uma aparência jovem exige muitos esforços da sua parte, muitas preocupações. Não há outra maneira de agradar, de seduzir, de compartilhar sua intimidade? Outras coisas que pudesse fazer da sua vida e que lhe trouxessem também certo prazer?" É um pouco direto, não muito "psicoterapêutico", mas, considerando sua maneira de viver e sua relativa solidão, acredito ser o único a poder lhe dizer isso. Como ela gosta de mim, como sente que não a estou julgando e que tenho compaixão por ela, então me escuta educadamente. Mas é difícil mudar de direção. De fora, vejo nitidamente o erro da sua visão do mundo e das suas prioridades existenciais, e tento indiretamente, por pequenos truques, levá-la a modificar essa ilusão fundamental que provoca muito sofrimento. Não tenho a impressão de ajudá-la de maneira milagrosa, mas parece que, aos poucos, ela está evoluindo; por exemplo, ela sai com homens cada vez menos jovens, cada vez mais próximos da sua idade. Em suma, há momentos em que tenho o sentimento de que a ajuda que posso lhe dar não está somente na psicologia. Essa senhora faz com que eu, psiquiatra comportamental, sinta um pouco de dificuldade. E, sobretudo, há momentos em que receio sacudi-la demais. Se eu dissesse: "Você vê que isso não é mais da sua idade, essa obsessão pela juventude é uma alienação", obviamente seria catastrófico. Que exercícios você proporia, Matthieu, como monge budista?

Matthieu: Devemos sempre tentar remediar os sofrimentos imediatos, mas, se não agirmos nas causas profundas, eles vão ressurgir fatalmente. É como tomar um comprimido de aspirina quando a dor é causada por uma doença mais séria. Isso só serve para disfarçar o problema. Somos frequentemente enganados pela ideia de que, se fôssemos bonitos, ricos, famosos e poderosos, seríamos automaticamente felizes, enquanto de fato essas situações trazem tantas chances de ser feliz quanto ganhar na loteria. Já existem bastantes sofrimentos inevitáveis e imprevisíveis na existência, sem contar o sofrimento inútil de lamentar não ter mais 20 anos quando temos 80. Talvez você pudesse dizer à sua paciente: "Você gostaria de ser feliz e de sofrer o menos possível, e tem razão. Mas, para tornar isso possível e sobretudo duradouro, não há outro meio senão olhar sinceramente para si e fazer o inventário daquilo que contribui *realmente* para o bem-estar e daquilo que causa o sofrimento".

Christophe: É verdade, mas eu a entendo. Vivemos em uma sociedade em que se valoriza, antes de tudo, a mulher jovem e bonita. A meu ver, essa paciente tem muitas circunstâncias atenuantes: e, a partir do momento em que as mulheres de mais de 50 anos que vemos na mídia são cheias de *botox*, lipoaspiradas e repaginadas, todos nós sofremos dos mesmos *diktats*. Porém, ela cria um verdadeiro problema pedagógico para mim: como fazê-la entender que recusar a idade hoje é sua maior fonte de sofrimento? Sei que, enquanto não tiver admitido e entendido isso, ela continuará sendo infeliz. Talvez a terapia não consiga ajudá-la. Talvez seja preciso um choque, uma mudança terrível em sua vida, ou que ela pare tudo e entre em um mosteiro!

Matthieu: Felizmente, existem outros meios de entrar em um mosteiro!

Christophe: Em resumo, diante de situações como essa, avanço sempre em zigue-zague. Escuto você, bebo suas palavras e vejo mesmo a que ponto essa sabedoria budista, toda essa psicologia, seriam imensamente preciosas para essa senhora, mas em que dosagem devo transmiti-las?...

Matthieu: Sem lhe falar sobre filosofia ou budismo, você poderia ajudar sua paciente a identificar outras fontes de bem-estar, como passear na floresta ou à beira de um lago, ou qualquer outra alegria simples que lhe trouxesse uma paz interna e lhe permitisse se distanciar um pouco da sua obsessão pela aparência.

Christophe: Com certeza, e tento regularmente fazê-la apreciar a qualidade desse tipo de troca.

Alexandre: Gosto dessa noção de "circunstâncias atenuantes". A paciente que se recusa a envelhecer e teme a morte mostra certa tendência a valorizar excessivamente o sucesso, uma saúde esplêndida e o hiperdesempenho. Portanto, quando a máquina começa a empacar, todos os medos voltam à tona, ainda mais se tivermos progressivamente afastado as tradições religiosas e feito da morte um tabu. Sim, temos circunstâncias atenuantes, pois não é pouco tentar escapar desse bombardeio midiático que nos leva a crer que a felicidade é um objeto de consumo. Existe uma única emergência, a de praticar, de se pôr a caminho e de se perguntar, desde já, com que parece a verdadeira alegria. Sem idealizar o passado, é preciso ver o que hoje nos é oferecido como modelos de uma vida bem-sucedida. Se nossa visão da felicidade é estreita, talvez seja porque está condicionada pela moda, pela publicidade, que nos afastam da felicidade verdadeira proposta principalmente pelas tradições espirituais. São tantas as fantasias que nos arrancam da realidade que, por mais dura que ela seja, acabam nos curando. Paradoxalmente, acredito que seja o contato com a realidade que salva. O mundo é extremamente duro, trágico de certo modo, mas assim que fugimos dele, que nos refugiamos na ilusão, estamos fadados, mais cedo ou mais tarde, a uma dolorosa aterrizagem.

Entre as causas do nosso mal-estar, há essa necessidade, assim que saímos de casa, de pôr um traje e desempenhar um papel para não desagradar, para não decepcionar. Ousar buscar uma abordagem mais contemplativa é tentar alcançar um nível mais profundo, escutar a bússola interna e abandonar as mil e uma influências que me provocam. Quando, desde manhã, acho o mundo triste, posso já me exercitar a discernir aquilo que minha mente projeta sobre a realidade. Na tradição inaciana, há uma distinção entre a *consolação* e a *desolação*. Antes de acusar quem quer que seja, trata-se de identificar todos os pensamentos que impedem que eu viva plenamente. Se eu atravessar um período de grandes turbulências em plena desolação, acabarei vendo o mal por toda parte e serei incapaz de encontrar a mínima ocasião de me alegrar. Ao contrário, se eu viver um período de consolação, tudo vai dar certo. O exercício é dar-nos conta de que o mundo é independente dos nossos humores. A ascese consiste em purificar o olhar para apreciá-lo do jeito que ele se dá.

Matthieu: No budismo, diz-se, às vezes, que o mundo inteiro parece surgir como inimigo. Obviamente, é apenas o resultado das nossas construções mentais.

Ver que a esmagadora maioria das minhas representações não passa de vento me ajuda a me tirar do sofrimento e me acalma imediatamente.

Alexandre: É incrível a quantidade de ilusões que alimento sobre mim mesmo! Sobre esse assunto, um mestre zen me alertou carinhosamente: "Noventa e nove por cento dos seus pensamentos são uma ilusão total". Ver que a esmagadora maioria das minhas representações não passa de vento, de névoa, me ajuda a me tirar do sofrimento e me acalma imediatamente. Assim que uma angústia se apresenta, para minha infelicidade, acredito firmemente que é real. Mas ela não passa de uma ilusão, um fantasma sem consistência. Deixar a mente produzir à vontade os pensamentos se torna quase uma brincadeira. Sem levá-los muito a sério, é possível se divertir, com certo distanciamento, ao vê-los nascer e desaparecer. Com frequência, diante de uma obsessão que perdura, digo a mim mesmo que não passa de um pensamento entre os milhares que vão atravessar a minha mente hoje.

Matthieu: Infelizmente, é muito fácil nos identificarmos com os pensamentos, quando nos esquecemos de observá-los no espaço livre da plena consciência.

Alexandre: A busca interior nos libera também da opinião alheia para nos aproximar do puro amor. O que me fascina nos mestres espirituais, além da bondade infinita, é que eles são absolutamente livres daquilo que os outros pensam deles. Enquanto, no meu caso, posso ser governado o dia todo por um desejo de agradar, ou pelo menos de não decepcionar. O exemplo deles reforça meu desejo de me dedicar realmente à prática, afastando os argumentos falaciosos do tipo: "Estou sem tempo". Ao tomar consciência das horas desperdiçadas diante do

Facebook, acho que eu talvez fosse um santo se tivesse me dedicado de corpo e alma à ascese o tempo todo. Hoje, escapar da tela da televisão e das solicitações da publicidade se torna um desafio. Naqueles que nos precedem no caminho, adivinho também uma imensa determinação: para eles, nada deve ter primazia sobre a vida espiritual. Finalmente, domino poucas coisas nesta vida, mas dedicar vinte minutos por dia para meditar, rezar, arrancar as raízes do sofrimento ainda está dentro do possível. Por que a vida espiritual se tornou quase um luxo, embora não haja nada mais essencial no mundo?

Matthieu: Um dos meus mestres dizia: "Em suma, você trabalha oito horas e dorme oito horas. Portanto, ainda lhe sobram oito horas. Você deve dedicar algumas à diversão, à higiene, às tarefas cotidianas, mas, se me disser que não tem vinte minutos para a meditação, vou achar difícil acreditar".

Descascar o mal-estar: as causas do sofrimento

Alexandre: Sempre quis fazer uma pergunta a um psiquiatra: de onde vem o mal que nós nos infligimos? Por que nós nos obstinamos na culpabilidade e na ruminação? Por que essa tortura íntima? De onde vem essa capacidade de se infligir sofrimento enquanto a vida em si já é tão dura?

Christophe: Eu me pergunto mais vezes "como" do que "por quê" – como ajudar as pessoas a sair do sofrimento? A resposta ao por quê, infelizmente, nem sempre é seguida por melhoras dos sintomas.

As ruminações costumam ser um falso caminho que seguimos quando estamos obcecados pelo "por quê". De fato, nem sempre há uma resposta óbvia ou tranquilizante ao "por quê". Enquanto o "como" nos empurra para a ação, o "por quê" pode nos levar a girar em círculos: acreditamos estar refletindo nos problemas e nas soluções, mas de fato estamos ruminando. Somos como uma serpente devorando a própria cauda. Não vemos que, de tanto remoer e procurar remédio para situações que não têm solução imediata ou acessível, aumentamos nosso sofrimento.

E também há quem se faça sofrer para se punir, porque em determinado momento se sentiu impotente para resolver um problema, e então começa a se machucar, a se criticar, a se violentar.

Matthieu: Para o budismo, isso também diz respeito à confusão que toma conta da nossa mente por causa da ignorância. Somos ignorantes não porque não possuímos conhecimentos enciclopédicos das coisas, mas porque não sabemos diferenciar o que cria mais sofrimento daquilo que permite se livrar dele. Poderíamos dizer também que a ignorância é um tipo de dependência cujas causas recriamos permanentemente. Como se colocássemos o tempo todo a mão no fogo, embora não quiséssemos ser queimados.

Recentemente, eu caminhava de manhã cedo com um amigo em uma praia quase deserta, perto de Los Angeles, e vimos ao longe um homem caminhando. Quando ele chegou ao nosso lado, nós nos cumprimentamos e, certamente curioso diante da minha roupa de monge, começamos a conversar. Ele tinha cerca de 60 anos. Logo, ele me disse: "Meu problema são as mulheres. Penso nelas o tempo todo. Você tem algum conselho para isso?" Tentei fazer o melhor possível para lhe dar algumas sugestões. Mostrando o oceano tão vasto e o céu imaculado que se abriam diante de nós, eu lhe disse: "Olhe essa imensidão tão límpida, tão luminosa e tão simples. Se deixar seu olhar e sua mente se fundirem nela, você não tem a impressão de estar bem longe da sua obsessão?" Ele me olhou com ar um pouco inquieto e exclamou: "Mas não há mulheres no céu!" Claramente, ele não queria se distanciar das causas do seu tormento.

Quem não quiser aceitar o fato de envelhecer perpetua uma ilusão de que, mais cedo ou mais tarde, vai desmoronar, sofrendo inutilmente por causa disso. Quando Buda ensina a primeira das "quatro nobres verdades", a verdade do sofrimento, sua meta não é mergulhar seus ouvintes em uma visão pessimista da vida, mas fazer com que tomem consciência do próprio mal-estar. Em seguida, como bom médico, ele explica as causas desse mal-estar. É a segunda nobre verdade, a das causas do sofrimento, isto é, a ignorância e os venenos mentais. Então, ele mostra que entender as causas não serve de nada se não tentarmos nos livrar dele. Se essa tarefa fosse impossível, seria melhor, como diz o dalai-lama, "tomar uma boa cerveja, ir à praia e, sobretudo, não pensar mais no sofrimento". Porém, como todas as coisas, as causas do sofrimento são impermanentes, o que quer dizer que podemos nos livrar delas. A terceira nobre verdade enfatiza o fato de o sofrimento não ser irremediável. Não é devido ao acaso, nem a uma vontade divina, mas provém de um erro fundamental. Ora, o erro não é real em si, mas é apenas a ausência de verdade. Basta tomar consciência da verdade para que o erro, por profundo que seja, desapareça, assim como basta acender uma luz para dissipar as trevas de uma gruta, mesmo que esta esteja mergulhada na obscuridade há milhões de anos. Se é possível remediar as causas do sofrimento, a etapa seguinte consiste em implementar os meios para conseguir isso. É o objeto da quarta nobre verdade, que descreve o caminho que leva da ignorância ao conhecimento, da escravidão à liberdade, do sofrimento à felicidade.

Fazendo um paralelo, quando escrevi *Felicidade – a prática do bem-estar*, uma amiga me disse que eu era a última pessoa que podia escrever um livro sobre o assunto, porque eu nunca conhecera grandes sofrimentos. É verdade, passei no máximo alguns anos no ambiente um pouco rude de um eremitério de montanha, sem água canalizada, sem eletricidade nem aquecedor, mas, retrospectivamente, esses anos contam entre os mais felizes da minha vida. Eu vivia ao lado do meu mestre espiritual, dedicando-me à meditação. Portanto, não conheci grandes sofrimentos, e não posso lhes oferecer um testemunho tão contundente e edificante como o de Alexandre. Mesmo assim, sei como todo mundo o que o sofrimento quer dizer, e fui testemunha de imensas dores. Minha humilde contribuição à nossa conversa sobre o sofrimento consiste em examiná-lo à luz dos seres que descobriram suas causas profundas e que se libertaram delas. Compara-se com frequência Buda a um médico. O médico, mesmo com boa saúde, pode diagnosticar a doença que atinge seus pacientes, entender a intensidade dos sofrimentos, refletir sobre o tratamento mais apropriado e aplicá-lo com dedicação e compaixão.

O olhar do outro pode nos curar ou nos matar

Alexandre: A primeira vez que saí do instituto na companhia de uma amiga, encontramos um rapaz que lhe disse: "Ah, você esqueceu a trela!" Outra vez, dei uma volta de bicicleta com um amigo também deficiente. Quando passamos, os vizinhos ficaram preocupados e acabaram chamando a polícia, que nos trouxe diretamente de volta ao instituto. É melhor dizer que a problemática do olhar alheio é um grande canteiro de obra da minha vida, e que logo entendi que ele pode ao mesmo tempo matar e curar.

O peso da opinião alheia às vezes se infiltra onde não o esperamos. Com uma deficiência ou outra forma de insuficiência, talvez sejamos levados a querer compensar demais, e para obter algum reconhecimento precisamos ultrapassar nossas capacidades, sair a qualquer preço do anonimato ou até impressionar. Essa engrenagem nos precipita em uma busca desenfreada de valorização que logo cria um sofrimento suplementar: a dependência, a necessidade de aprovação, reconhecimento e consolo.

Como permanecer vigilante, atento a esse mecanismo, sem cair sempre em certos papéis nem instrumentalizar o outro? Para ousar ter um verdadeiro encontro, é preciso abandonar a carapaça e todas as nossas proteções. Aliás, no instituto, aprendi que, por um simples "como vai?", podíamos realmente ter interesse no outro, tentar entendê-lo, ouvi-lo com benevolência. Hoje, que depreciamos essa pergunta para fazer dela um tipo de saudação, um reflexo educado, eu não me esqueço de que o essencial é se aproximar do outro, criar pontes e amar. Desde então, gosto de usar um "como vai?" ou um "está feliz com sua vida?" para construir uma relação que vai diretamente ao essencial, além das máscaras e dos papéis.

Christophe: Dizer a si mesmo "Se zombarem de mim e eu conseguir não me identificar com minha imagem, então não vou sofrer" me parece uma missão bem difícil, até impossível! Porque esse sofrimento é da ordem da rejeição, do desamor, da falta de benevolência, e por isso não é subjetivo, mas biológico: é uma violência ser rejeitado, como um tapa na cara. Se alguém me esbofetear, não posso dizer: "Estou dominando a situação, não é grave, não estou sofrendo". Há a dor física da bofetada, como, acredito, também há uma dor física da exclusão. Somos seres sociais, e tanto o desamor como a rejeição nos ferem no corpo, antes mesmo de afetarem nossa mente, abalando a imagem que temos de nós mesmos.

Ao contrário, a operação que você realiza depois, seus esforços para não afundar no sofrimento vinculado à rejeição, é de fato um trabalho extraordinário em relação ao egoísmo, à estupidez ou à incompreensão de alguns diante da deficiência. Mas me parece que você não pode negar a existência dessa dor, ainda que, por sua inteligência, sua prática, sua grandeza e aquilo que pode trazer ao leitor, você evite ficar atolado no pântano do sofrimento.

Alexandre: Quando passamos por graves dificuldades, é grande a tentação de nos blindarmos e nos protegermos atrás de uma carapaça. Sim, a zombaria sempre vai me atingir, e seria mentir ou me enganar pretender que estou acima disso. Ser espiritual, do mesmo modo que se enfeitar para parecer bonito, não leva a nada, senão a muitas mentiras e sofrimentos. É preciso ter muita coragem para renunciar a adotar uma postura definitiva diante daquilo que nos fere e aceitar ser vulnerável. Um dia, não sei qual crítica postada no Facebook fez com que eu corresse depressa até meu pai espiritual para obter algum consolo. Sua resposta me curou: "Se fundar sua identidade em fofocas, rumores e opiniões alheias, você nunca vai parar de sofrer!" Mas como diminuir essa alienação, essa hipersensibilidade aos comentários e críticas? Os olhos dos meus filhos, da minha mulher e dos meus amigos me libertam e me ajudam a dar menos importância às zombarias, a todos esses mal-entendidos provocados por certas situações. Assim, quando no metrô ouço risadinhas ao meu redor, fecho os olhos e me impregno do olhar benevolente dos meus próximos para pulverizar esse pequeno aperto no coração, que, se não digerido, pode fazer muitos estragos a longo prazo.

O papel das projeções não deixa de me surpreender. Às vezes, tudo acontece como se cada um vivesse em seu mundo e não no mundo. Com frequência, fico admirado quando, após uma conferência, alguém vem me confiar: "Adorei quando você disse tal coisa". Já ocorreu várias vezes de ser o exato oposto daquilo que eu quis compartilhar. No começo, eu lutava contra os mal-entendidos, tentava corrigir os erros antes de perceber que cada um entende conforme sua vivência, suas convicções, seu percurso. Nosso trabalho já consiste em nos afastarmos um pouco, em deixarmos de lado todos os pressupostos para deixar o real ser o que ele é.

Mil vezes por dia penso nas palavras do meu pai espiritual. Desde o momento em que pego o metrô, ainda que eu queira ter paz, sempre há algo para atrapalhar. São várias bofetadas, uma após outra, mas, precisamente, tudo pode se tornar um chamado à prática, uma ocasião para me descentrar e me lembrar de que não sou o que os outros percebem de mim. Mais um passo e posso me alegrar por ser ridicularizado...

Matthieu: Para encontrar a paz interior, não podemos depender da opinião dos outros e da imagem que eles têm de nós, errada ou verdadeira. Meu segundo mestre, Dilgo Khyentse Rinpoche, dizia com frequência que qualquer palavra, agradável, desagradável ou hostil, é como um eco. Se gritarmos insultos ou elogios diante de um penhasco, poderemos nos sentir feridos ou lisonjeados quando o eco voltar aos nossos ouvidos? Alguns pronunciam palavras suaves com más intenções, outros deixam escapar palavras desagradáveis com boa intenção. Podemos receber elogios de manhã e ser insultados à noite. Se sempre acreditarmos nessas palavras, ficaremos perturbados o tempo todo.

Identificar o que ouvimos com ecos não quer dizer cair na indiferença, tornar-se um vegetal. Isso quer dizer deixar de oferecer o ego como alvo dos elogios e dos sarcasmos. O dalai-lama diz com frequência:

A verdadeira natureza da mente é comparável ao céu, que não é afetado pela poeira que jogamos nele.

"Quando alguns me tratam como um deus vivo, é um absurdo, e, quando outros me tratam como um lobo ou demônio disfarçado de monge, também é um absurdo". Isso significa que ele não se identifica nem com um deus vivo nem com um demônio, nem com nenhuma outra representação do ego. Ele sabe que no fundo de si mesmo reside uma paz interna firmemente estabelecida na compreensão da natureza da sua mente. Essa paz é indiferente às críticas e aos elogios, que só podem afetar o ego. Ora, é justamente com esse ego que ele não se identifica.

É obvio que a identificação com um eu imaginário que seria a própria essência do nosso ser está no cerne dos nossos problemas. A verdadeira natureza da mente é comparável ao céu, que não é afetado pela poeira que jogamos nele. Claro, é muito mais fácil dizer isso do que vivê-lo no dia a dia, mas uma coisa é certa: quanto mais vamos nessa direção, menos ficamos vulneráveis às palavras e ao olhar alheios.

Christophe: Ouvindo-o, Matthieu, me parece que no dia a dia essa é uma atitude quase sobre-humana! Imagino que não deva haver mais de vinte pessoas capazes disso no mundo.

Alexandre: Se for preciso, eu me impregno da atitude de Cristo, registrada no Evangelho de Mateus, que, para mim, está ainda longe de ser natural, uma vez que o coração pode se retesar em uma lógica de vingança, de cálculo: "Se alguém te bater na face direita, oferece-lhe também a outra". Esse exemplo não deixa de me inspirar. O que há de mais duro, talvez, neste mundo, é conciliar uma infinita ternura com a firmeza. Concretamente, como posso reagir às zombarias? Por que a opinião alheia se torna uma das maiores preocupações da existência? Por que me agarro a esse pequeno eu e me tranco nele? Progressivamente, posso me desprender desses mil e um apegos que me deixam acreditar que sou um conjunto de reações, emoções e opiniões. Certamente, um poderoso mecanismo quer que eu me identifique com o meu corpo e com meus pensamentos, sobretudo quando estou sofrendo. Mas por que não apostar contra esse instinto e o identificar em todo lugar em que ele alastra sua desolação? E nunca esquecer as palavras de Marco Aurélio: "Nascemos uns para os outros".

Matthieu: Não é tão sobre-humano quanto parece. Tudo depende do grau de desenvolvimento interior e de visão das coisas. Se alguém dá muita importância à própria imagem e não deixa de se preocupar com o que os outros pensam, será particularmente sensível ao que dizem dele. Mas aquele que, sem ser perfeito, se acostuma a considerar essas palavras como semelhantes a ilusões, ecos ou réplicas de atores em uma peça de teatro, entenderá que não há motivo nenhum para sofrer, mesmo que se sinta momentaneamente afetado, por hábito.

Se, como no caso frequente mencionado por Alexandre, os outros são insensíveis ou duros conosco, podemos em primeiro lugar ficar tristes, porém depois encontramos certo reconforto ao entender que a atitude desprezível dos outros não pode afetar absolutamente nosso ser profundo. Devemos sentir também compaixão por aqueles que querem nos prejudicar, porque estão sob o domínio da ignorância e da estupidez. Porque, ao prejudicarem os outros, acabam prejudicando a si mesmos.

Reagir dessa maneira não é demonstrar fraqueza, mas força e liberdade interna. Isso não quer dizer que devamos aceitar que pisem em nossos pés o tempo todo, mas reagir com determinação, dignidade e compaixão, sem nos deixarmos desestabilizar. Para responder a Christophe, talvez não haja mais de vinte pessoas que tenham alcançado um grau de desenvolvimento suficiente para reagir de maneira tão perfeita, mas qualquer um pode cultivar a mesma visão do mundo que eles e integrá-la gradativamente ao seu ser, até que um dia ela se torne uma segunda natureza.

Christophe: Porém, isso me parece tão difícil! Tento acompanhar meus pacientes e eu mesmo caminhar para isso, mas acho que um enorme progresso já é realizado quando aceitamos que as zombarias ou a injustiça existem e são dolorosas. Somos animais sociais: quando um ser humano é objeto de maldade, zombaria, violências físicas ou morais, é normal que sofra, não se trata de um erro em sua visão do mundo. Se alguém quebrar meu dedão com um martelo, minha dor será normal. Por outro lado, o verdadeiro trabalho consiste em impedir que essa dor se espalhe pela pessoa como um todo, e então conter as generalizações e contaminações sobre nossa visão do mundo, dos outros e de nós mesmos. É preciso evitar pensar: "Todos os seres humanos são um lixo", ou: "Sou um fracassado". Somos capazes de limitar a dor vinculada a essas violências, para que ela não tome conta de todo o nosso ser e não nos afaste do mundo. Mas somos ainda mais capazes disso se, por um lado, tivermos efetuado esse trabalho psicológico que vocês dois descrevem tão bem, que vocês encarnam e do qual citam exemplos particularmente bem-sucedidos, como o dalai-lama, e que, por outro lado, sintamos amor e compaixão, tanto por nós quanto pelos outros.

Matthieu: Desculpe-me por insistir, mas a experiência mostra, em particular naqueles que praticam um pouco de meditação, que, mesmo sem ter atingido um domínio perfeito, é mais fácil do que parece deixar de se identificar sempre com seu ego. Se é normal sofrer zombarias e injustiça como se sofre de um mal físico, também é normal procurar meios de não reagir mais a esses comportamentos e se imunizar contra eles, do mesmo jeito que se aplica uma vacina contra uma doença. Isso não quer dizer que nos tornamos robôs desumanizados ou que não percebemos mais o aspecto malevolente ou abusivo das zombarias e da injustiça, mas não sofremos de forma tão desproporcionada quanto antes. Ganhamos certa liberdade interior. Nosso espírito se torna grande o suficiente para acolher as circunstâncias ruins sem que elas nos abalem. Um punhado de sal jogado em um copo de água torna o líquido intragável, mas se jogado em um grande lago não altera o gosto da água.

Um punhado de sal jogado em um copo de água torna o líquido intragável, mas se jogado em um grande lago não altera o gosto da água.

Podemos sair do mal-estar?

Matthieu: Para sair do mal-estar, é indispensável procurar honestamente suas causas, entender quais são os atos, as palavras e os pensamentos que o provocam. Se penso ter "tudo para ser feliz" e não sou, é porque errei em relação às causas da felicidade e do sofrimento.

Acredito que também seja preciso diferenciar o sofrimento do mal-estar. Nossos sofrimentos são provocados por inúmeras causas sobre as quais com frequência não temos nenhum poder. Nascer com deficiência, ficar doente, perder um ente querido, viver em um país em guerra ou ser vítima de catástrofe natural, tudo isso escapa à nossa vontade. O mal-estar, por sua vez, não está fundamentalmente vinculado às condições externas. Ele depende da maneira como nossa mente funciona. Uma mudança, mesmo ínfima, em nossa maneira de administrar nossos pensamentos e interpretar as circunstâncias externas pode transformar consideravelmente nossa qualidade de vida.

Frequentemente, considera-se como felicidade o que não passa de um sofrimento disfarçado. Essa disfunção da mente impede que identifiquemos as causas do sofrimento para remediá-lo. Não sermos mais esmagados pelos obstáculos que permeiam a vida não quer dizer que esses obstáculos não nos afetam mais, mas que não podem mais obstruir nossa paz interna, ou, pelo menos, nosso progresso em direção a essa paz.

No caminho, é essencial nunca perder a coragem. Enfrento problemas como qualquer pessoa. Um dos nossos projetos humanitários fracassa, alguém se comporta de maneira maldosa no campo, percebo que não fui tão amável quanto poderia ter sido. Por algumas horas isso me afeta, e eu me censuro. Mas sei que isso não vai durar porque, graças aos ensinamentos dos meus mestres, disponho das ferramentas e dos recursos internos que me permitirão superar esses obstáculos para reencontrar meu equilíbrio interno, minha determinação em melhorar minha alegria de viver.

Alexandre: Que magnífica esperança tomar consciência de que o sofrimento mental é apenas uma disfunção, porque existe algo pior que a completa ausência de horizonte! É um pouco como se sofrêssemos em nossa carne: sentimos uma dor terrível, e após um monte de exames e radiografias o médico chega e anuncia: "Não há nada a fazer". Ao mal se junta então a culpabilidade: "Eu *não deveria* estar mal". Por que não começar a ver que a infelicidade, o *samsara* que nos mergulha em uma insatisfação crônica, não passa de um tipo de distúrbio interno?

Um dia, eu esperava de um mestre zen um conselho que me libertasse imediatamente. Ele se limitou a me responder: "Alexandre, não se esqueça de que é no caos e na confusão que se esconde a alegria, que é no cerne do *samsara* que brilha o *nirvana*". Portanto, é possível encontrar a felicidade até mesmo no cerne das nossas feridas e dos nossos distúrbios psicológicos. Quem disse que deveríamos ser perfeitos para alcançar uma autêntica alegria de viver? Na superfície podem se erguer ondas de 14 metros de altura, mas no âmago mais profundo reina a calma. Cada um, não importa as circunstâncias externas, pode efetuar essa mudança interna. O caminho é acessível a todos: deficientes, ricos, pobres, doentes, excluídos... Isso é verdadeiramente revolucionário.

Matthieu: Como você disse, existem mesmo dois níveis de experiência que com frequência são comparados à profundeza tranquila do oceano e às ondas que agitam a superfície. Mesmo que haja uma violenta tempestade acima, embaixo o oceano permanece calmo. Aquele que só vê a superfície e ignora a paz profunda da mente fica desemparado quando as ondas da adversidade o sacodem.

Os remédios contra o sofrimento e algumas armadilhas

Christophe: Alexandre falava do amor dos seus filhos. Não podemos esperar conter o sofrimento se não houver amor ao nosso redor. Tenho com frequência pacientes cuja solidão é um grande problema. Eles enfrentariam muito mais facilmente as dificuldades se estivessem cercados por entes queridos, para evitar, toda vez que estão submetidos a grandes sofrimentos, cair no desespero, no niilismo, na hostilidade contra o gênero humano. Tudo é válido, mesmo a mais ínfima migalha de afeto! Um médico pode dar amor aos seus pacientes, os vizinhos podem dar amor às pessoas que moram ao seu lado, os desconhecidos na rua podem dar amor com um sorriso. Alexandre, às vezes você foi objeto de zombaria, mas também houve pessoas que vieram consolá-lo de algum modo, com um olhar gentil. Como na canção de Brassens,* *L'Auvergnat* ("É sua essa canção, você foi o estranho que, sem rodeios, com ar infeliz me sorriu, quando os policiais me pegaram"). Todas essas pequenas coisas não apagam a dor, mas nos ajudam a não cair em um incêndio total do nosso ser ou em uma demolição do nosso vínculo com o mundo.

Matthieu: Dar e receber amor reduz a envergadura do ego, fazendo com que sejamos menos vulneráveis. Será porque "eu" se torna "nós", que há um tipo de abertura, que estamos menos focalizados em nosso "eu"? Uma criança fazendo birra pode chegar a bater na mãe, mas não é a mesma coisa que se fosse um desconhecido ou um colega

* Georges Brassens (1921-1981) foi um compositor, cantor e poeta francês de grande popularidade. (N. do T.)

de escritório que o fizesse. A mãe, em seu amor pelo filho, recebe os tapas de forma diferente. O fato de o amor reduzir a barreira entre eu e o outro faz com que o alvo dos golpes, o ego, esteja muito menos presente. E, quanto mais o alvo do ego estiver transparente, mais as flechas vão atravessar sem afetá-lo. Ao contrário, quanto mais o ego for percebido como algo real e sólido, mais as flechas vão atingi-lo com força. É por isso que o amor e a compaixão são remédios supremos para os sofrimentos causados pelo ego.

Quanto ao desejo de escapar do círculo vicioso do sofrimento, mais uma vez, a palavra tibetana em geral traduzida por "renúncia" significa "determinação para sair disso", para se libertar do sofrimento em que a ignorância nos mergulhou. É apenas na presença dessa determinação que o processo de libertação pode realmente ocorrer.

Alexandre: Aqui, mais uma vez, não se trata de um voluntarismo desenfreado ou de um ego inflexível que atribuiria a si plenos poderes. A determinação não tem nada a ver com esse rigor. Mais flexível, ela se adapta perfeitamente ao real, acompanhando a todo momento o curso da vida.

Matthieu: É uma reação refletida, associada a uma grande determinação. Pensamos: "Essa situação é insatisfatória, basta, chega, já sofri demais, vou fazer o possível para me livrar disso, não importa quanto tempo ou quanto esforço seja preciso".

Christophe: E isso também se aplica ao desânimo consigo mesmo? Todas essas pessoas deprimidas, desesperadas por não conseguirem retomar as rédeas da própria vida – será que a solução está do lado do suplemento de autocompaixão? Como você vê isso?

Matthieu: As duas formas de compaixão, a compaixão por si e a compaixão pelos outros, devem vir juntas. A compaixão por si mesmo permite que aqueles que se odeiam descubram que, no fundo de si mesmos, preferem não sofrer e devem portanto ser mais benevolentes, menos desdenhosos ou intransigentes consigo mesmos. Ao treinarem também para sentir compaixão pelos outros, eles os incluem em suas preocupações cotidianas e deixam de focalizar apenas a si mesmos. Essas duas formas de compaixão praticadas em conjunto são inseparáveis da compreensão da interdependência de todos os seres, e do fato de que não somos os únicos a sofrer e querer ser felizes. Saímos do egocentrismo e da divisão do mundo entre o que está "do meu lado" e o que está "em frente".

Alexandre: Para nos lançarmos no caminho espiritual, devemos inevitavelmente nos debruçar sobre esta questão sensível: podemos dominar a mente? Temos algum poder sobre esse fluxo de pensamentos que nos atravessam o dia todo? Um dia, no meio de uma crise de angústia, consultei um médico para lhe comunicar um estado de ansiedade generalizado. Quando eu lhe informei que tinha medo de tudo, ele respondeu: "Você não deve". Pedir a um ansioso que não se preocupe é o mesmo que não pedir coisa alguma – o que não melhora nada, pelo contrário. A tentação do voluntarismo sempre nos ronda, como se fosse suficiente querer sair dessa situação para conseguir. O desafio é descobrir e praticar o exercício: deixar passar. Sonho com um médico que me convide para o treinamento da mente, que transmita ferramentas concretas para nos ajudar a atravessar os tormentos.

Matthieu: A palavra que traduzimos por "meditar" de fato quer dizer "cultivar" ou "acostumar-se". No caso que você menciona, trata-se de adquirir aos poucos a capacidade de administrar seus pensamentos e suas emoções. Com o hábito, conseguimos identificar as emoções perturbadoras assim que surgem. É como treinar para reconhecer um trombadinha. Após certo tempo, mesmo que ele se misture à multidão, não teremos dificuldade para identificá-lo, e ele não poderá roubar nossa carteira. A meditação enquanto hábito permite também enfrentar as emoções antes que elas se tornem fortes demais. No começo, pode parecer difícil e um tanto artificial. Mas, com o treino, esse processo se torna natural e de fácil utilização.

Aceitar não é se resignar

Christophe: É terrivelmente difícil dizer a pessoas que sofreram a vida toda que no sofrimento existe luz, e que "onde cresce o perigo também cresce aquilo que salva", como diz Hölderlin. Quando comecei a falar de aceitação aos pacientes, isso os deixava loucos: eles tinham a impressão de terem sofrido o suficiente desde o nascimento. Logo mudei de método. E, pessoalmente, ainda estou no nível de eterno iniciante, sempre reaprendendo a aceitar o sofrimento, a hospedá-lo, a lhe deixar um lugar em minha vida. Como transformar essa sabedoria, essas experiências ou esses dados que se apoiam na ciência que conhecemos em ferramentas reconfortantes, estimulantes e utilizáveis por aqueles que vão ler nosso livro? Temos certeza de que essas coisas são importantes, mas não temos certeza de que nossos leitores vão poder recebê-las, no estado preciso em que estarão diante destas linhas.

Matthieu: Notei que se confunde frequentemente aceitação ou adaptação com resignação. Recentemente, durante uma conversa com universitários americanos, expliquei que o treinamento da mente por meio da meditação permitia modificar nossa percepção das situações dolorosas e nos ajudava a adquirir as faculdades necessárias para enfrentar melhor os altos e baixos da existência. Eles me responderam categoricamente que era perigoso preconizar tamanha adaptação ao sofrimento. Para eles, isso equivalia a dizer às pessoas que sofrem que têm que se acostumar à sua condição – aos escravos, às mulheres violentadas, àqueles que apodrecem injustamente nas prisões e aos outros oprimidos –, que o que têm de melhor a fazer é meditar para aprender a se satisfazer com o destino, em vez de pleitear justiça e o fim da opressão.

Essa reação se baseia em um mal-entendido. Adquirir a capacidade de enfrentar com coragem e serenidade as circunstâncias dolorosas não significa em absoluto se resignar, mas consiste em se dotar de um trunfo precioso para sofrer menos. Assim, evitamos simplesmente acrescentar o desespero ou a exasperação a outros males em virtude dos quais já estamos sofrendo. Evitamos sofrer em dobro.

Claro, não podemos dizer ao paciente: "Aconselho que aceite seu sofrimento, e agora deixo você se virar". Devemos lhe dizer que vamos recorrer a todos os meios possíveis para acabar com essa situação, mas que será muito útil se, do seu lado, ele tiver uma atitude diferente em relação a isso.

Christophe: Mas, concretamente, quais foram os momentos da nossa vida em que tivemos que consolar alguém ou consolar a nós mesmos? Quais foram os sofrimentos que tivemos de enfrentar? Como reagimos naquele momento?

Dar conselhos a alguém que sofre é um exercício extremamente perigoso: podemos irritar, incomodar, desesperar as pessoas ao proferir de bom grado palavras sobre a maneira de enfrentar o sofrimento. É preciso revestir isso de muito afeto, ternura, precaução, e esperar um bom momento – parece-me, aliás, que para podermos trabalhar no sofrimento é preciso que nós mesmos não soframos demais. No meio da tormenta, a pessoa abalada só tem uma vontade: não sofrer mais. E ela não está muito receptiva a mensagens pedagógicas, quer apenas alívio: remédios, afeto, amor, distração. Portanto, faço uso de ardis para abordar essas questões de sofrimento com meus pacientes e meus próximos.

Matthieu: Como terapeuta, você pode dar alguns exemplos?

Christophe: Fiquei muito comovido com uma experiência recente, durante um colóquio sobre o sofrimento em um mosteiro zen. Devia haver 150 pessoas na sala, e um senhor arrasado se levanta para contar que seu filho é esquizofrênico, delira com frequência, quebra tudo na casa e, nesse momento, está hospitalizado. Ele não sabe o que fazer e pede conselhos. Eu me sinto bastante chateado porque, em casos complicados e pesados como esse, precisaríamos de várias horas para entender, e de uma vida para acompanhar. Mas negar-se e esquivar-se dizendo "é complicado demais para que eu me limite a algumas palavras ou para aconselhar" é uma solução fácil demais, uma fuga.

Um dos mestres zen presentes lhe diz então algo que acho justo, conceitualmente, porém humanamente duro: ele fala de impermanência e aceitação, se bem me lembro. Vejo no rosto do homem que isso não o consola, e penso: "O que eu poderia fazer para ajudá-lo, em poucas palavras e pouco tempo?" Começo a falar sem saber, e me pego dizendo algo como: "Veja bem, você se sente impotente para ajudá-lo, faz anos que não consegue, então aceite essa impotência sem renunciar a estar presente ao lado dele, mostrando que o ama, mesmo que não possa ajudá-lo, e aceitando-o do fundo do coração. Porque, por enquanto, nada mais parece possível". É uma atitude que adotamos com frequência na medicina: primeiro, aceitar ser impotente para ajudar como gostaríamos de fazê-lo. O pai deseja legitimamente que seu filho sofra menos, mas, enquanto não aceitar que não pode fazer nada, vai sofrer em dobro: está afetado pela situação do filho e se inflige outra dose de sofrimento ao não aceitar sua impotência. Depois, estar o mais presente possível. Em seguida, eu disse a esse pai condoído: "Não importa o que fizer, toda vez que estiver ao lado do seu filho, quer falando com ele, quer tentando estabelecer um vínculo com ele, essa presença será importante para ele, de uma maneira que talvez você e eu não possamos medir". Tive a impressão de que essas palavras o acalmaram, e no final do dia ele veio falar comigo para me agradecer. Não sei o que aconteceu com ele: é complicado, às vezes fazemos bem para as pessoas naquele momento, mas e no decorrer do tempo? Será que aquelas palavras finalmente lhe abriram um caminho e diminuíram seu tormento de forma duradoura?

Alexandre: Eu gostaria de ter um terapeuta tão benevolente e justo, porque existem dois perigos: apostar tudo na vontade, ou, ao contrário, abdicar e pedir demissão. O voluntarismo, ao nos atribuir plenos poderes, ignora nossos limites. É o famoso problema da fraqueza de vontade tratado por muitos filósofos e da dificuldade de mudar no dia a dia, como se pesadas forças de inércia nos impedissem de progredir, como se houvesse um termostato dentro de nós que, apesar dos novos ventos, mantivesse nossos velhos hábitos, um *status quo*

Existem dois perigos: apostar tudo na vontade, ou, ao contrário, abdicar e pedir demissão.

que nos faz mal. Mesmo sabendo que é nocivo, repito o mesmo comportamento! A resignação não é melhor, porque abaixar os braços é uma forma de se maltratar. Nada é pior, quando sofremos, do que nos sentirmos paralisados. Quando consulto um médico, fico mais tranquilo se eu sair do consultório com uma solução, mesmo mínima: um conselho, uma ferramenta, um exercício. Durante a vida toda subsiste a possibilidade do progresso. Até mesmo no leito de morte, podemos nos libertar e nos transformar interiormente. A prática da meditação permanece acessível, não importa quais sejam nossas dificuldades. Com frequência, quando a medicina já não podia fazer mais nada, encontrei nas práticas espirituais uma maneira de abrir o horizonte.

Para seguir adiante, por que não imitar Buda, que, como um médico, apresenta um diagnóstico? Foi um mal-estar que primeiramente me levou à sabedoria. Se eu examinar meu percurso, devo confessar que, no começo, não pratiquei a meditação por motivos altruístas, mas por causa de uma insatisfação radical e de uma incapacidade de viver o momento presente. Paradoxalmente, acredito ter mais facilidades para enfrentar os golpes do destino do que para assumir as pequenas preocupações cotidianas e apreciar a felicidade quando ela se apresenta. É quase trágico, mas me parece muito mais fácil aceitar a deficiência porque não tenho escolha, não há remédio. Se eu vislumbrasse a mais ínfima esperança de cura, iria bater em todas as portas, lançando SOS para todo lugar. Há um lado tranquilizador, quase calmante, em pensar que é inútil me mexer. Em contrapartida, quando adivinho que poderia melhorar as coisas, corro para todo lado. É preciso ter muito discernimento, e Epicteto me empresta uma fabulosa ferramenta mostrando que todo dia devo distinguir entre o que depende de mim e o que não depende. Falando em Epicteto, ele se apresentava como um "escravo em vias de libertação". Por minha vez, posso me perguntar: do que sou escravo? Quais são as doenças da minha alma? Muito cedo, a deficiência me colocou no terreno da luta, do feliz combate. Mas, se ele é importante para progredir sempre, ter os olhos fixos no futuro, à frente, também me fragilizou consideravelmente.

Recentemente, um dos meus amigos se suicidou, embora estivesse um pouco melhor. Ele era um antigo toxicômano, e alguns meses após ter-se liberado dessa dependência escolheu deixar este mundo. Após ter lutado tanto, talvez tenha sido duro perceber que a vida e a rotina não estão à altura das nossas esperanças. E quantos esforços são necessários para conseguir sobreviver... Em suma, reafirmo que é preciso ficar extremamente atento, que a fragilidade nem sempre está onde acreditamos, e que até mesmo os bons momentos exigem ascese e arte de viver.

No caminho, meus filhos me dão uma grande ajuda e me transmitem bastante confiança. Quando passeio por um bairro muito povoado de Seul, basta olhar minha filha para desaprender o medo. Céleste não pensa: "Papai é deficiente, vamos morrer no meio de todos esses carros!" O budismo e a psicologia positiva autorizam também uma esperança: todos nós temos a possibilidade de desprogramar o medo, a desconfiança, o sentimento de insegurança. A cada dia, devemos nos renovar e reiterar essa lenta desaprendizagem. Não deixo de me interrogar sobre a tenacidade dos nossos defeitos e a dificuldade de abandonar definitivamente os venenos da mente.

Matthieu: Para voltar ao exemplo que você deu, Christophe, ele me lembra esses encontros públicos em que se faz esse tipo de pergunta ao dalai-lama. Alguns chegam com um sofrimento que não tem solução óbvia, como esse pai cujo filho é esquizofrênico. Eles esperam que alguém que meditou durante sessenta anos e é uma grande figura moral e espiritual lhes dê conselhos muitos específicos e novos. Mas, frequentemente, o dalai-lama começa por responder: "*I don't know* (não sei)", e então permanece silencioso, como que absorto. Poderíamos pensar: "É estranho, então ele nunca pensou na doença, no luto, na deficiência, na eutanásia, no aborto e nos outros problemas sobre os quais as pessoas lhe fazem perguntas". De fato, quando diz "Não sei", ele quer dizer que não há resposta pronta. Após alguns instantes, ele acrescenta: "Cada situação humana é diferente. Sem conhecer os pormenores da sua, como eu poderia lhe dar um conselho apropriado?" Ele não tenta fazer acreditar que existe uma receita milagrosa para que seu filho não seja mais deficiente ou doente. Por outro lado, há uma frase que ele diz com frequência: "Uma coisa é certa: em todos os casos, mostrar-se presente com amor e benevolência só pode fazer bem à pessoa que queremos desesperadamente ajudar".

Em geral, os benefícios dessa presença são subestimados.

Christophe: Incentivando as pessoas a renunciar ao desejo de serem eficientes e a optar por um modo de presença amável, podemos modificar o olhar delas. Finalmente, tudo aquilo que o pai do jovem esquizofrênico tentava, com um sentimento de impotência (levá-lo a um novo médico, incentivá-lo a sair de casa em vez de ficar deitado e fumando, etc.), eu sugeria que ele continuasse a fazer aceitando o fato de que isso talvez não ajudasse seu filho a se curar, mas somente o mantivesse no espírito de amor. Eu esperava que isso o ajudasse a pensar: "Bom, quando ele está deitado e fumando, é meu trabalho de pai lembrar-lhe que seria melhor que ele saísse". O importante é não fazer isso com angústia, desespero ou irritação, ou repetindo para si mesmo: "Se ele não me escutar, vai ficar ainda mais louco". Apenas pensar: "Neste momento, é isso que posso fazer, funcione ou não". Com esse tipo de conselhos, não incitamos obrigatoriamente as pessoas a fazer coisas diferentes daquilo que faziam antes, mas queremos levá-las a agir com um espírito diferente: sem a obsessão de ser ouvido, sem procurar resultados imediatos.

Matthieu: Não se deve subestimar o alcance dessa atitude. Podemos ter a impressão de que não passa de um acessório insignificante. Colocamos um pequeno toque de benevolência, e será bem melhor, como um pedaço de fita adesiva em um pote quebrado. Mas, no fundo, a qualidade boa ou ruim da nossa existência é determinada a cada momento pela qualidade da nossa relação com os outros e o mundo. E, se essa relação estiver no registro da benevolência, isso faz uma enorme diferença para quem a vive.

Christophe: Sim, e penso que há um efeito libertador da aceitação; ela abre o horizonte da benevolência. Quando o pai tenta cuidar do filho nesse estado de desespero ("meu Deus, que horror!"), a benevolência está presente, porém ofuscada pelo desejo de mudança, pela obsessão de não ter feito o suficiente, pelo sentimento de culpa. Se ele pensar "Certo, ele sofre de esquizofrenia, sou o pai dele, devo fazer o que puder, estar presente e amá-lo da melhor forma possível", isso permite que a benevolência, que já estava presente, emerja e acalme o pai. Talvez isso também permita que aos poucos ele ajude melhor seu filho.

Matthieu: Não se trata de se resignar, mas simplesmente de aceitar que, por enquanto pelo menos, não há nada que possamos fazer. Essa aceitação, em vez de ofuscar o horizonte como ocorre na resignação, permite acrescentar algo positivo. Um escritor canadense, Rémi Tremblay, acaba de publicar um livro muito tocante intitulado *La chaise rouge devant le fleuve* [A cadeira vermelha diante do rio], no qual fala do filho, que não consegue se livrar dos tóxicos. Ele explica que por muito tempo tentou colocar seu sofrimento "debaixo do tapete", enquanto estava preso no círculo vicioso da esperança, da espera e da decepção. Ninguém gostaria jamais de ver os filhos sofrerem, mas, segundo o que diz, ele aprendeu a acolher seu sofrimento sem alimentá-lo ou fugir dele, sem ignorá-lo ou tentar fazer qualquer coisa a respeito. Agora, ele consegue mais facilmente permanecer presente, escutar seu filho, e fala da presença como de uma "postura de amor". Ser mais presente para o filho o convida a ser mais amante e mais tranquilo, portanto mais capaz de discernimento e de uma ação adequada.

Em outras palavras, a aceitação de uma situação que não se pode mudar, ou que vai levar tempo para mudar, deixa a porta aberta à possibilidade de acrescentar a dimensão libertadora do amor.

Christophe: E, mais que acrescentar, trata-se também de liberar a possibilidade de amar. A benevolência estava lá, mas não podia se expressar porque não havia aceitação. E frequentemente a aceitação faz a faxina: paramos de lutar contra as coisas em relação às quais somos impotentes, e de repente tudo o que carregávamos de bom finalmente pode se expressar.

Nossas práticas da aceitação no cotidiano

Alexandre: A aceitação pode dar medo se for entendida como uma exigência absoluta. Aceitar a vida toda na totalidade é impossível. Nesse ponto, eu me refiro à prática muito eficiente dos Alcoólicos Anônimos: para uma pessoa dependente, dizer "paro de beber para sempre" tem algo de esmagador, de insuperável. E, consequentemente, para superar isso, nada melhor do que se servir de um copo de vinho... O exercício consiste então em se comprometer, hora após hora, a não beber mais. Posso aplicar esse princípio às grandes obras da minha vida. Assim, em vez de querer resolver de uma vez por todas os tormentos da minha alma, posso concentrar meus esforços, instante após instante. O mesmo vale para nossos outros pequenos defeitos; o guloso pode pensar: "Esta tarde, não vou tocar nesse bolo".

Matthieu: Gosto bastante das palavras de um lorde inglês ao seu filho: "Cuide dos minutos, e as horas cuidarão de si sozinhas".

Alexandre: A aceitação é uma parte importante da vida espiritual. Portanto, é melhor nos prepararmos muito bem, estarmos disponíveis para esse "sim" alegre à vida. Por que sempre associar a aceitação a um esforço ou à resignação? Espinosa escreveu em sua *Ética* que não é a renúncia que leva à beatitude, mas, ao contrário, é a beatitude que conduz ao desapego. O filósofo holandês me faz entender que é preciso ter um mínimo de paz interior para se libertar e aceitar o real. Assim, a ascese, paradoxalmente, é a primeira a nos fazer bem, a identificar o que nos alegra verdadeiramente e o que nos permite avançar. A alegria, e não a irritação, é que leva à aceitação. E o primeiro passo é ver que não aceito que mil e uma recusas permaneçam em meu coração. Trata-se de dizer sim a tudo, até às minhas resistências. Desde já, aceitar que eu não aceito...

Nada se opõe mais à aceitação que a resignação, o fatalismo. E há inúmeros mal-entendidos a esse respeito. Em *Ecce homo*, Nietzsche diz que a grandeza do homem reside no *amor fati* (literalmente, "o amor do destino"), em não querer nada senão aquilo que é, e, melhor ainda, amar o que acontece.

Matthieu: Não há nada mais contraproducente do que dizer que o presente poderia ter sido diferente daquilo que é. É preciso aceitá-lo com lucidez e força, o que não impede em absoluto de construir o futuro.

Alexandre: É preciso lembrar também que, sozinho, sem uma rede de amigos, sem família, seria ainda mais difícil dizer sim aos nossos tormentos. Quando estou muito mal, ligo para um amigo que está sofrendo. Escuto-o e tento me dedicar somente a ele. Esse pequeno exercício me descentraliza de mim mesmo, tirando-me por um momento do marasmo. No final da conversa, estou quase sempre regenerado. Mais prosaicamente, diante de uma impressora quebrada ou após perder o trem, em vez de sentir raiva e me perder em "ah, se eu tivesse", eu me pergunto imediatamente que medidas posso tomar para limitar os estragos. Aceitar não é abaixar os braços, mas, ao contrário, apoiar-me sobre o que é, sobre o que não posso mudar, para seguir adiante. Se minha casa pegar fogo, o que posso fazer de melhor? Dispersar-me na preocupação, dar bronca em quem se esqueceu de fechar o gás, ou procurar um balde imediatamente?

Christophe: Alexandre, você dizia que, quando está mal, liga para alguém, não para se queixar ou se reconfortar, mas para criar um vínculo. Isso me fez refletir naquilo que faço quando estou muito mal. Quanto pior estou, mais preciso ficar só: preciso absolutamente parar tudo e descer até o sofrimento. Nesse sentido, a meditação para mim foi algo revolucionário e salvador: levar o tempo necessário para explorar por que estou sofrendo, o que acontece no meu corpo, os pensamentos que isso gera, os impulsos, as vontades, as projeções para as quais estou sendo levado, olhar tudo isso à luz da plena consciência. Aceitar o sofrimento é primeiramente observar as ramificações e o poder que ele está exercendo sobre mim, e em seguida ver o que vou fazer. Devo caminhar pela floresta? Ligar para um amigo? Escrever? Cuidar de alguém, como você dizia? Em todos os casos, preciso estar sozinho para me achar, para conduzir esse trabalho de discernimento.

Tento transmitir essa atitude aos meus pacientes com as práticas de plena consciência. Quando transformamos a noção de aceitação em prática de aceitação e trabalhamos primeiro em sofrimentos bem menores, mostramos ao paciente como aceitar minúsculas contrariedades, sofrimentos minúsculos: "Eu queria sair e está chovendo", "Eu queria fazer uma boa refeição com amigos e estou doente". É nossa obsessão, em psicoterapia comportamental: quem quer ensinar a alguém como esquiar não começa logo pela pista preta e em um dia de mau tempo. Se quisermos trabalhar a aceitação com alguém, vamos procurar com ele, no seu cotidiano, coisas que ele poderá aceitar com facilidade. É fácil e também salvador. Por exemplo, no dia em que aceitamos que nosso filho ou nossa filha não entende as explicações que lhe demos para resolver o exercício de matemática, chegamos a pensar: "O.K., é uma situação normal; respire e aceite isso para ver como lidar com suas dificuldades, em vez de ficar irritado, de querer ir contra, de querer que essas dificuldades não existam, de considerá-las anormais". Se chegarmos a pensar isso, a respirar, a sorrir, em vez de nos irritar, então esse passo para o lado abre uma infinidade de mudanças possíveis. E aos poucos vamos para outros exercícios. Porque se trata de verdadeiros exercícios de adaptação, para transmitir essa noção pedagogicamente, pela experiência.

Alexandre: Por que fazer da aceitação uma prática completamente desencarnada, um conceito distante? Ela abre terreno para uma alegria ímpar, e a tradição do zen, assim como os grandes místicos cristãos, abre caminho para alcançá-la. Paradoxalmente, o caminho é muito concreto. Em vez de nos perdermos nas teorias, realizar atos aos poucos nos liberta. E, sem parar, dizer sim àquilo que é. De novo, quando a casa está pegando fogo, pôr a mão na massa, pegar correndo um balde de água para sair disso são e salvo. Dissertar sobre a aceitação sem fazer nada é como olhar para um prédio em chamas e pregar enquanto as pessoas estão morrendo.

A aceitação procede do amor incondicional. É preciso ter muita liberdade interior para parar de querer transformar o outro conforme sua vontade, ditar sua conduta, moldar suas opiniões. Sempre subsiste a tentação de querer tomar o poder, mesmo inconscientemente. Nesse sentido, o casamento se aproxima do vínculo que também podemos nutrir com um pai espiritual, um vínculo desprovido de qualquer intenção de cálculo e de vingança. Uma das experiências que mais cura é amar o outro e ser amado por ele sem ter que prestar contas de quem somos no íntimo. Durante muitos anos, acordei de manhã com um "estou farto!" Examinando as causas do meu cansaço, entendi que a pressão social tinha muito a ver: o medo de decepcionar pode acabar esmagando. Libertar-se, livrar-se disso é substituir esse desejo por um puro amor, por um amor gratuito.

Matthieu, você me deu um fabuloso exemplo durante uma conferência. Quando uma pessoa se perdeu em uma pergunta que não acabava mais, você simplesmente lhe respondeu: "Sem querer interromper de forma alguma, acho que vamos concluir aqui". A lição foi magistral! Enquanto eu tentava escutar penosamente, entendi que havia uma atitude mais justa, mais livre. O desejo de não decepcionar nos faz perder o rumo, e é preciso muito mais coragem para agir de forma justa. No fundo, eu não tinha pensado nas milhares de pessoas que, como eu, queriam que aquilo acabasse. Em nossa sociedade, é preciso ser realmente livre para não se deixar minar pelo desejo de agradar sem cair na indiferença.

Matthieu: Pessoalmente, quando não estou me sentindo bem, em geral é porque alguém, fora os meus mestres espirituais, me disse palavras duras, justificadas ou não. Em ambos os casos, preciso de um momento de silêncio solitário. Se essas críticas forem justificadas, mesmo que em parte, esse silêncio permite que eu vá ao fundo de mim, que tome lucidamente a medida das minhas imperfeições e deseje sinceramente me livrar delas. Se essas críticas forem injustas, também vou ao fundo de mim mesmo, mas para reconhecer o que não muda e está inacessível à injustiça e à opinião alheia, isto é, a presença no meu coração dos meus mestres benevolentes e a natureza luminosa da minha mente, tranquila e imutável.

Perseverar após a tormenta

Matthieu: Quando nos depararmos com um grande sofrimento, podemos perder a coragem e afundar no desespero. Mas, se conseguirmos superar esse obstáculo, podemos fazer do sofrimento uma fonte de realização. Aliás, muitas pessoas não dizem mesmo: "Essa tragédia, ou essa doença, me fez crescer"? O sofrimento nunca é desejável em si, mas, uma vez presente, é melhor mobilizarmos todos os nossos recursos e tirar proveito de todos os vínculos com os outros para fazermos desse sofrimento um meio de transformação. É um pouco como quando caímos na água e, em vez de afundar, usamos a água como apoio para nadar e voltar à margem: trata-se de se servir do próprio sofrimento para encontrar a força de enfrentá-lo. Uma vez adquirida essa resiliência, nossos futuros confrontos com as provações não serão mais os mesmos.

Após ter encontrado meu mestre Kangyur Rinpoche, em 1967, no ano seguinte passei por algumas mudanças em minha vida afetiva. Percebi então que, se olhasse para o mais profundo de mim, além da atmosfera de tristeza que dominava meus pensamentos, eu encontrava um espaço de paz inalterável e luminoso, no qual me sentia em perfeita comunhão com meu mestre. Essa experiência foi uma grande abertura para mim. Ela me deu um sentimento de confiança tão grande que pensei: não importa que obstáculos eu encontre daqui em diante, sempre poderei voltar a esse espaço de paz interior.

Christophe: Essa noção é fundamental. Gosto de falar de "pós-guerra", uma noção que você desenvolve em um dos seus livros, Alex, *La construction de soi* [A construção de si]. Quem escapou ao sofrimento ou atravessou provações pode se preparar para enfrentar os sofrimentos e as provações seguintes (que sempre existem na vida): permanecemos em guerra. Ou então podemos gastar o tempo a saborear a trégua e olhar nossa existência de outra maneira, construindo com ela uma relação diferente: é o pós-guerra, que prepara a paz verdadeira. Nem amnésia nem despreocupação: apenas a consciência de que a adversidade nos ensinou a saborear melhor a não adversidade.

Matthieu: Após ter encontrado essa nova força interior, sabemos doravante que temos a capacidade de cair em pé. Temos também uma liberdade interna maior, que nos torna menos vulneráveis à adversidade.

Christophe: Uma vez que superamos a adversidade ou o sofrimento, em vez de querer esquecê-lo, o interessante é avaliar o que ocorreu. Por exemplo, quando prescrevo antidepressivos ou ansiolíticos aos meus pacientes, e eles se sentem melhor, toda vez insisto para que passemos várias sessões trabalhando em: o que aconteceu? Pergunto: como está agora com o remédio? Por que não é igual a antes? Como você vê o mundo? O que mudou, o mundo ou você? O que podemos pensar disso? A psicologia positiva dá também esse recado: toda vez que mobilizamos forças, energias para enfrentar a adversidade, esse é um fenômeno formidável que devemos tentar entender melhor. Em nosso trabalho, não podemos apenas analisar o sofrimento, mas também a maneira como conseguimos responder a ele, e então superá-lo para nos alimentarmos dele.

Matthieu: Pensamos frequentemente na resiliência – conceito que se tornou popular na França graças a Boris Cyrulnik, em particular – a propósito das pessoas, muitas vezes das crianças, que se reerguem mais facilmente que os outros após terem passado por sérias provações. No Festival da Ciência de Nova York, participei de um debate sobre a resiliência. Tentei enfatizar um ponto importante: a resiliência não é somente uma capacidade que adquirimos (ou não) por força das circunstâncias, quando nos confrontamos com situações cruéis e dolorosas, mas pode ser cultivada voluntariamente por um treinamento da mente, do mesmo modo, aliás, que outras características interiores. Podemos incluir nisso a faculdade da qual falei, de encontrar em nós, em nossa própria vivência, um lugar de paz e liberdade ao qual possamos voltar a qualquer momento e no qual podemos deixar descansar a mente, mesmo em meio a circunstâncias difíceis. No budismo, falamos também em vestir a armadura da paciência, entendendo essa palavra no sentido de resiliência e fortaleza. O amor e a compaixão são dois outros fatores importantes nessa força de espírito: quanto mais nossa mente se preenche de benevolência, menos nossos pensamentos andam em círculos, obcecados por nossas próprias preocupações. No fundo, a resiliência é o sentimento de estar mais bem equipado para enfrentar novas provações. Um pouco como um bom cavaleiro ou um campeão de *bicicross* ao avaliar que, mesmo que o terreno fique muito acidentado, vai conseguir manter o equilíbrio e ultrapassar os obstáculos.

Alexandre: Gosto muito do conceito de resiliência, que derrubou muitos preconceitos e inaugurou um caminho de cura para milhares de pessoas. Entretanto, isso não deve se tornar um imperativo! Sempre existe o perigo de classificar as pessoas: por um lado os super-heróis, os resilientes, aqueles que superam as provações diante das dificuldades, e, do outro lado, os *losers*, os perdedores. A vida não é tão simples. No caminho, todos nós podemos capitular a qualquer momento, nos levantar de novo e progredir. A cura nunca é definitiva. Para sairmos disso, também precisamos de recursos, de um ambiente mais ou menos

> A resiliência não é só uma capacidade que adquirimos (ou não) por força das circunstâncias, quando nos confrontamos com situações cruéis e dolorosas. Ela pode ser cultivada.

clemente e de um pouco de sorte. Com frequência, surgem provações que nos fragilizam, e a resiliência consiste precisamente em agir com os meios de que dispomos e sempre seguir adiante.

Matthieu: Não é em um dia de tempestade que se aprende a nadar ou navegar, mas quando o tempo está bom, nas condições que permitem não submergir por força da dificuldade da tarefa. Se toda vez que estivermos no meio de uma tempestade naufragarmos e formos incapazes de enfrentar os desafios da existência, é em parte porque não treinamos quando as coisas estavam indo bem.

De qualquer modo, a verdadeira plenitude só pode se manifestar se nos libertamos da obscuridade mental e das emoções conflituosas e percebemos o mundo como ele é, sem véus nem distorções. E, para tanto, é preciso começar aprendendo a conhecer o jeito como funciona nossa mente.

Precisamos nos libertar também das fixações geradas por nosso modo de pensar egocêntrico, que nos leva a querer que o mundo seja ou funcione conforme nossos desejos. O mundo não é um catálogo de venda *online* onde podemos encomendar qualquer coisa que queiramos. E, mesmo que todos os nossos caprichos momentâneos fossem atendidos, isso não levaria a uma satisfação profunda, porém ao surgimento de novos desejos, se não à indiferença e ao cansaço.

Quer queiramos vencer o sofrimento ou alcançar um sentimento de plenitude durável, a procura da alegria egoísta está fadada ao fracasso. Qualquer satisfação egoísta só pode ser efêmera, como um castelo construído no inverno sobre um lago gelado.

O deixar vir em relação às nossas fixações egocêntricas, portanto, deve ser acompanhado de uma abertura maior aos outros, com a tomada de consciência de que nossa felicidade ou infelicidade depende dos outros. O amor altruísta, fundado na compreensão da interdependência de todos os seres, permite estabelecer relações harmoniosas com quem está ao nosso redor. Ao sofrermos, se entendermos que inúmeros seres também estão mergulhados no sofrimento, sentiremos compaixão por eles, nossos sofrimentos pessoais serão substituídos em uma perspectiva bem mais ampla, e isso nós dará coragem.

Essa mudança de atitude e o treinamento da mente que deve acompanhá-la e apoiá-la podem parecer difíceis demais. Entretanto, como escreveu Shantideva, grande mestre budista do século VII, "não há nenhuma grande tarefa tão difícil que não possa ser decomposta em pequenas tarefas fáceis". Assim, é passo a passo, momento após momento, pensamento após pensamento, emoção após emoção, na alegria e na dor, que devemos continuar essa transformação gradativa.

NOSSOS CONSELHOS EM TEMPOS DE PROVAÇÃO

AVISO DE TEMPESTADE

Alexandre

- Praticar no cotidiano: não esperar estar em pleno mar para aprender a nadar. Quando tudo está indo mal, começar a praticar um caminho espiritual é como querer marcar um pênalti durante a Copa do Mundo de Futebol sem ter treinado antes.

- Realizar ações: no meio do sofrimento, o que me ajuda é realizar ações. Não há nada pior que o imobilismo. Hoje, tornou-se um reflexo: "O que posso fazer aqui e agora para me sentir um pouco melhor?" E, sobretudo, nunca se fechar sobre si mesmo. Sem os outros, sem minha família no bem, eu não daria passo algum adiante no caminho da aceitação.

- Não reagir de forma excessiva: Santo Inácio de Loyola convida, em caso de desolação, quando tudo vai mal, a não reagir de forma excessiva, mas permanecer fiel ao cotidiano, ter um dia bom. No meio da tormenta, é perigoso querer mudar tudo. E é preciso ter muita coragem para não se debater no meio das ondas e deixar passar a tempestade.

A INVENÇÃO DOS SAPATOS

Matthieu

• Não podemos querer mudar o ambiente a qualquer preço. Shantideva escreveu: "Como encontrar couro suficiente para cobrir toda a Terra? Com o couro de uma simples sola, alcançamos o mesmo resultado". Se percebermos o mundo inteiro como um inimigo, querer transformá-lo para que não nos prejudique mais será uma tarefa sem fim. É infinitamente mais simples mudar nossa percepção das coisas!

ALGUNS RECADOS FUNDAMENTAIS E NEM SEMPRE MUITO AGRADÁVEIS

Christophe

• Primeiro recado: Vejo o sofrimento como a violência no mundo; todos nós desejamos que desapareça, mas sabemos que não vai ser tão cedo. Em vez de nos afligir e nos revoltar, precisamos dizer: "O.K., está aí, o que posso fazer no meu nível, e depois ao meu redor? O que posso incentivar com meus próprios comportamentos ou por minhas ações, por meus dons?"

• Segundo recado: "Permaneça vinculado com o mundo, na alegria e na tristeza; esse vínculo será sua salvação". O sofrimento nos afasta do mundo, privando-nos daquilo que mais precisaríamos, o vínculo com o mundo, a capacidade de amar, de nos nutrir de tudo que existe ao nosso redor, porque ficamos focados no sofrimento, na ideia de que não há solução. O treinamento mais precioso, quando não estamos sofrendo tanto, é cultivar essa relação com o mundo e com os outros.

- Terceiro recado: "Quando o sofrimento está presente, pare, aceite-o, explore-o, dê-lhe todo o espaço possível para observar por onde ele quer levá-lo". O que mais prezo em Jon Kabat-Zinn é a distinção entre resposta e reação: quando sofremos, há a *reação* impulsiva que vem da nossa história, das pressões sociais – é o piloto automático, que às vezes nos leva a tropeços. E então há a *resposta*, adaptada e inteligente, que considera o presente e o contexto. Mas, para *responder*, é preciso ter explorado, aceitado sentir o que ocorria em nosso corpo e em nossa mente.

7

A COERÊNCIA: UMA QUESTÃO DE FIDELIDADE

Christophe: Como viver de acordo com nossas aspirações? Podemos dizer uma coisa e fazer outra, como se as exigências se aplicassem aos outros e não a nós mesmos? Aqueles que se engajam publicamente em nome de valores seguem o que professam no fundo do coração e em seus atos? A coerência é um assunto muito importante para mim e sobre o qual Alexandre e eu falamos com frequência. Ficamos incomodados todas as vezes que constatamos divergências entre as palavras e o comportamento privado de certas pessoas. Quando vemos um deputado francês atacar a fraude fiscal, incentivar a retidão administrativa e não pagar seus próprios impostos, estamos obviamente diante de uma verdadeira incoerência. Não se trata de fazer uma caça às bruxas e de exigir que todas as personalidades públicas sejam perfeitas. Mas sim que pelo menos a palavra e a atitude externas sejam coerentes com o comportamento privado. E, se não for o caso, ou confessar sua imperfeição, ou calar-se e parar de dar lições; em ambos os casos, voltar ao trabalho sobre si!

Seres humanos em alta-fidelidade

Christophe: Por que a coerência tem tanto valor para nós? Sem dúvida existem várias explicações. A primeira pista de reflexão que me vem à mente é a da diferença entre um "mestre" e um professor: um professor pode ensinar certos conhecimentos e estar bastante distante da perfeição em relação àquilo que ensina, enquanto se espera de um mestre que ele seja exemplar na palavra e no comportamento. Parece-me que podemos falar em coerência quando há um equilíbrio entre diferentes elementos de uma mesma entidade: a coerência de um raciocínio, a coerência de uma pessoa, a coerência de uma atitude existencial. Para nós três, aqui reunidos, o desafio é a coerência com nossos valores e ideais. E por que é tão difícil, para muitos de nós, permanecer coerentes com nossos ideais, valores e engajamentos? Mal posso esperar para ouvir suas respostas!

A fidelidade é outra forma de constância em relação a nossos engajamentos. Trata-se de resistir a todas as tentações, a todas as facilidades, a todas as covardias, a todos os abandonos que podem nos afastar dos nossos ideais. Um pouco como os aparelhos chamados de *hi-fi*, porque restituem um som de alta-fidelidade, penso que todos gostaríamos de ser "seres humanos de alta-fidelidade", capazes de seguir o caminho dos nossos ideais. Claro, não existe somente a questão da coerência ou da fidelidade aos ideais, mas também a da escolha dos ideais.

Matthieu: A fidelidade a si mesmo é uma noção sobre a qual Michel Terestchenko falou muito no livro *Un si fragile vernis d'humanité* [Um verniz tão frágil de humanidade]: alguns sacrificam essa fidelidade, renegam seus princípios morais fundamentais fazendo aos poucos concessões, e acabam presos em um encadeamento irreversível que os leva ao oposto daquilo que queriam ser. Dessa maneira é que o simples policial Franz Stangl aos poucos se tornou chefe do Campo de Concentração de Treblinka e foi considerado responsável pela morte de 900.000 judeus. Quando tentava recusar uma nova promoção na hierarquia nazista, era ameaçado, ele e sua família, e a cada vez dava um passo a mais rumo à ignomínia. Durante as setenta horas de entrevista que concedeu à jornalista Gitta Sereny em 1971, confessou que deveria ter se suicidado em 1938, a primeira vez que foi obrigado a fazer algo que reprovava. Michel Terestchenko cita, por outro lado, a fidelidade do pastor Trocmé e da sua mulher, que haviam decidido nunca desobedecer aos seus princípios morais, e abertamente declararam que protegiam famílias judias, não importava o preço a pagar. Conseguiram salvar 3.500 pessoas.

Obviamente, precisamos saber a que queremos permanecer fiéis. É possível falar em coerência a respeito de alguém convencido de que é preciso eliminar uma raça "impura"? Se ele passar à ação, será fiel à sua visão aberrante do mundo, mas infiel à sua natureza profunda, o que o budismo chama de "natureza de Buda", que está presente em cada um de nós, livre do ódio, do desejo e dos outros estados mentais negativos que obscurecem a mente.

Quando me perguntam quais são as qualidades principais do dalai-lama, uma das primeiras respostas que me vêm à mente é que ele é exatamente o mesmo no âmbito privado e no público. Comporta-se da mesma maneira com um chefe de Estado ou com as pessoas que limpam seu quarto de hotel. Antes de tudo, vê neles seres humanos, dando-lhes a mesma atenção e o mesmo valor. Durante a comemoração do quinquagésimo aniversário do Dia Internacional dos Direitos Humanos, para a qual Robert Badinter* o convidou, vários encontros haviam sido organizados com personalidades oficiais. Uma noite, na volta de uma conferência, uma policial da escolta caiu da moto. Assim que chegou ao hotel, o dalai-lama se informou sobre seu estado de saúde. Soube que ela sofrera contusões no braço. O dalai-lama, que precisava pegar um avião na manhã seguinte, pediu para revê-la antes de ir embora. Ela chegou às 7h30 com o braço enfaixado. Ele lhe deu um livro e a abraçou. Parecia estar mais preocupado com ela do que com as personalidades importantes que havia encontrado.

---

* Advogado e político francês, ministro da Justiça (1981-1986), presidente do Conselho Constitucional (1986-1995). Lutou pela abolição da pena de morte na França. (N. do T.)

Um dia, deixou o presidente Mitterrand surpreso na escadaria do Palácio do Eliseu ao ir apertar a mão de um membro da Guarda Republicana que estava a 20 metros deles. É uma maneira de dizer que somos todos iguais. Ele repete com frequência: "Se me olharem como o dalai-lama, vocês criam uma separação entre nós. Antes de tudo sou um ser humano, e vocês são seres humanos. No segundo grau, sou tibetano, no terceiro, sou monge, e, no quarto, sou o dalai-lama. Portanto, vamos permanecer no nível da nossa humanidade comum!"

Fazer o jogo social ou dizer toda a verdade?

Alexandre: É preciso ter um alto grau de audácia para chegar lá. Nem tenho certeza de conseguir passar metade do dia sem carregar um rosário de piedosas mentiras. E quem pode se vangloriar de ter descascado inteiramente o verniz social e se mostrar despido? É incrível como incansavelmente, ao longo do dia, temos tendência a interpretar um papel para nos proteger, para não decepcionar e responder às expectativas... A longo prazo, esse jogo social pode desgastar, minar. Se o dia todo fizermos o que for possível para mostrar a melhor aparência, como não acabarmos completamente esgotados? Sendo assim, existirá mais belo convite à liberdade do que imitar o dalai-lama e os sábios das diferentes tradições para nos tornarmos aquilo que somos verdadeiramente? Por onde começar? Talvez ousando ser um pouco mais verdadeiros, rejeitando desde já a mentira. Estou sempre propenso a adiar essa temível etapa, prévia a qualquer vida espiritual... Por exemplo, mal posso confessar, mas acredito nunca ter sido 100 por cento deficiente. Sempre tento corrigir, fazer esforços para esconder quem eu sou realmente. Como viver a aceitação se eu me disfarço o tempo todo? Tirar a máscara, parar de se comportar como um camaleão, é uma conversão radical. Por que não começar por identificar quando fujo da sinceridade, quando, por medo do julgamento alheio, eu me traio totalmente? Por que não rir disso e, sem nos fixar em lugar nenhum, arrancar as máscaras uma por uma? Acima de tudo, é o amor incondicional que me vacina contra esse simulacro. Com meus próximos, não preciso me disfarçar nem fazer poses. Sentir-se profundamente amado cura. Todo dia, portanto, sou levado a viver muito mais simplesmente, a parar de existir somente sob o olhar do outro para amar sem fazer cálculos.

Amar gratuitamente, sem razão, não significa obrigatoriamente dizer amém a tudo. Posso perdoar um criminoso sem, para tanto, legitimar atos horríveis. Ninguém se reduz aos seus atos, nem o assassino nem o malvado. O amor incondicional não impede que se afirme alto e bom som que há gestos inaceitáveis, pelo contrário... E não é libertário abandonar a lógica do toma lá, dá cá?

Para deixar as máscaras caírem, encontrei meu mestre: uma das minhas amigas, uma moça que sofre de autismo, compartilha com o dalai-lama essa força quase sobre-humana: ela nunca mente. E é bastante perturbador ver que, em nossa sociedade, essa liberdade pareceria quase uma tara. Como reagir se, por exemplo, convidados a um restaurante, achamos a comida intragável? Aquele que dissesse a verdade, nada mais que a verdade, passaria por louco. Mas o hipócrita que o dia todo esconde o fundo dos seus pensamentos não é, de fato, o verdadeiro doente? Muitas vezes me pego dizendo mentiras insignificantes: não consegui dormir, mas me pego dizendo que está tudo bem, que estou ótimo. Mesmo sem querer depreciar uma benéfica forma de educação, chego a me perguntar se não estou apenas pactuando com essa atitude. Desde já posso também fazer o voto de mentir um pouco menos.

No caminho da vida espiritual, detecto outro perigo: querer brincar de super-herói, pretender ter superado as feridas. Talvez não seja inútil recordar as palavras de Nietzsche: "É preciso ter o caos em si para dar à luz uma estrela cintilante". Sem permanecer na contradição, é bom ver que nossas feridas também podem se tornar um importante lugar de fecundidade. O desafio lançado por Nietzsche certamente libera: não olhar mais as feridas do passado com desdém e se exercitar para encontrar a cada instante uma chance de progredir.

Tentar um pouco de coerência também é fazer uma faxina, abandonar os preconceitos como quem se desfaz de roupas muito gastas.

No caminho da vida espiritual, detecto outro perigo: querer brincar de super-herói, pretender ter superado as feridas.

E que tal começarmos encurralando a saudade que nos amarra a erros cem vezes cometidos? Apegar-se ao passado, fazer de alguma coisa provisória algo absoluto, reaviva o mal-estar. Aqui na Terra tudo é efêmero, impermanente, até o ensinamento de Buda, como dizem os textos, essa jangada que nos leva à outra margem. A vida é crivada de etapas. No caminho, devemos abandonar muitos reflexos, preconceitos e essas ideias purgativas que nos sustentam por algum tempo, mas acabam infernizando a existência. Antes de dormir, às vezes examino as opiniões a que estou amarrado. Para que carregar toda essa tralha? Sem me desfazer de tudo, desde já posso ver que a maioria dos meus pensamentos procede de uma ilusão.

Aliás, ao frequentar os mestres, o que mais me surpreendeu é que nunca identifiquei neles o menor desejo de agradar. Do coração deles irradiam uma profunda adequação ao real e um amor incondicional por cada pessoa. Ao mesmo tempo, as feridas podem nos transformar em mendigos ávidos por afeto, prestes a tudo para serem consolados. Se não é pela violência que se mata o ego, mas pela ternura, então devemos acolher sem severidade nossos paradoxos. Trata-se de uma etapa que nos aproxima da coerência, essa fidelidade àquilo que há de mais profundo em nós. E, em vez de a cada instante apontar para o mais ínfimo passo em falso do outro, podemos nos alimentar do amor incondicional.

E agora, sem mais tardar, devemos nos livrar dos acessórios inúteis, daquilo que nos impede de progredir na alegria, na paz e no amor! E, já que estava falando de roupas gastas, por que não tentamos nos despir um pouco espiritualmente? Porém, muitas vezes, em vez de abandonarmos os papéis e ousarmos viver nus, despimos o outro com o olhar... Nesse caminho, o dalai-lama é um modelo, pois ele permanece, como diz Matthieu, fiel a si mesmo onde estiver, seja com um chefe de Estado ou com uma faxineira. Devemos nos apressar em imitá-lo.

Matthieu: Ser verdadeiro não é necessariamente dizer sempre a verdade, sobretudo se isso provocar sofrimento, mas é não mentir para esconder seus erros e defeitos ou, pior, para enganar alguém por malícia. A fidelidade a si mesmo exige manter-se conforme a sua própria ética e a natureza profunda sobre a qual falei antes, mas isso não significa que seja preciso seguir a qualquer custo uma regra ou um dogma imutável. É necessário considerar também as consequências felizes ou infelizes que a fidelidade aos nossos princípios pode ter sobre os outros. Se eu me apressar a avisar alguém que sua mulher ou seu marido o trai, ou que as pessoas dizem que ele é o último dos imbecis, talvez eu esteja dizendo a verdade, mas traio meu ideal de benevolência, e consequentemente minha natureza profunda.

Alexandre, você diz que raramente pode ser 100 por cento deficiente, porque sempre tem consciência da vontade de corrigir algo para ser visto de outra forma. A deficiência é uma realidade insuperável, porém não define a sua verdadeira natureza. No âmago de si mesmo, você não é deficiente, do mesmo modo que o dalai-lama não é o dalai-lama, ou que um belo Apolo não é um belo Apolo. Em primeiro lugar, o dalai-lama é um ser humano, e em um nível mais profundo ele tem, assim como você e eu, a natureza de Buda.

Voltando à coerência, posso dizer que, no caso do meu mestre Dilgo Khyentse Rinpoche, essa era uma qualidade que se verificava nos mínimos detalhes da sua vida. Sou incapaz de ver quais eram a profundeza da sua sabedoria e o tamanho da sua compaixão, mas durante os treze anos que passei com ele, quase noite e dia, já que eu dormia no quarto dele para ajudá-lo devido à sua idade avançada, nunca observei em seu comportamento coisa alguma que se diferenciasse daquilo que ensinava. Nunca vi um gesto nem ouvi uma só palavra que evocasse, de perto ou de longe, a malevolência. Ele podia ser severo com seus discípulos, porque poupar o ego não os teria ajudado a progredir, mas com todas as pessoas que vinham visitá-lo, desde reis ou ministros do Butão ou do Nepal até simples fazendeiros, ele era extremamente gentil e totalmente disponível. Diante de tamanha coerência, acabei sentindo uma confiança inabalável.

Os charlatães que se comportam segundo o princípio "façam o que eu digo, mas não façam o que eu faço" provocam muitos danos ao desmotivar quem procura modelos de vida. Isso é visível em várias seitas: o guia se apresenta como modelo de virtude, enquanto no âmbito privado seus comportamentos traem o ideal que ele ensina. Infelizmente, isso ocorre também com frequência na política.

Christophe: Essas mentiras e fingimentos, principalmente por parte de personalidades públicas, a meu ver levantam um problema muito grave, porque como espécie social os seres humanos têm uma necessidade absoluta de modelos confiáveis e críveis. Uma das mais poderosas ferramentas de transformação pessoal, além das mensagens e dos valores que recebemos por meio do ensinamento, é o valor da exemplaridade, que em psicologia chamamos de "aprendizagem por imitação de modelos". Não se trata de se transformar em um Torquemada da retidão pessoal, mas de estabelecer lucidamente a diferença entre o que é da ordem da imperfeição – sem ser uma traição da palavra ou dos compromissos públicos – e o que pertence à duplicidade ou ao fingimento.

Matthieu: A falta de coerência está vinculada com frequência ao sentimento exacerbado da própria importância. Aquele que quer a qualquer custo aparentar uma imagem favorável ou enganadora de si mesmo tem dificuldade em admitir suas falhas e se mostrar como realmente é. Tende a trapacear quando suas palavras e seus atos não estão à altura da aparência que ele quer dar.

Essa atitude distorce nossas relações com os outros. Impede também todo progresso interno. No budismo, diz-se que o mestre mais benevolente é aquele que coloca o dedo em nossos defeitos escondidos, permitindo assim que corrijamos nossas incoerências.

Os embates da intolerância

Christophe: Vislumbro outro problema nesse assunto. Tenho amigos muito coerentes em relação aos seus valores que têm engajamentos políticos, confessionais, entre outros, que respeito totalmente, mas que são intransigentes e afirmam às vezes suas convicções de forma violenta. E percebo no fundo que essa coerência os trava nas suas opiniões. Até onde a fidelidade a valores pode ser uma luz que nos guia para o melhor, e em que momento ela vai nos impedir de mudar e de nos abrirmos? Então, Matthieu, você vai me dizer que é preciso escolher a dedo seus engajamentos, e não errar nas estrelas às quais atrelamos nossa carruagem...

Matthieu: Há uma diferença entre, por um lado, a fidelidade aos nossos valores e a sua aplicação, considerando as circunstâncias e o efeito do nosso comportamento sobre os outros, e, por outro lado, uma intransigência dogmática que não consideraria a situação. É por isso que, com frequência, o dalai-lama não responde imediatamente às perguntas de ordem ética a respeito das quais poderíamos acreditar que ele tem uma opinião bem clara. Ele passa o tempo a se perguntar o que, em função das circunstâncias, lhe parece mais justo e menos suscetível de gerar sofrimento. Francisco Varela falava em "ética encarnada", uma ética que considera sempre o contexto peculiar de cada situação humana. É o contrário da ética do "dever" do tipo kantiano, na qual princípios absolutos devem se aplicar a todas as situações.

Encarnar uma ética

Christophe: Para voltar à questão das pequenas mentiras que Alexandre levantava, podemos dizer a alguém que preparou um jantar para nós: "Lamento, mas, realmente, não está bom"? E, se não mentirmos, o que podemos dizer? Na psicologia positiva, incentivamos o paciente a desviar o outro assunto, a não responder à pergunta: "Estava bom?" É melhor dizer: "Passei um ótimo momento em sua companhia" – pelo menos, se for o caso –, ou: "Obrigado, fiquei muito feliz em poder compartilhar essa refeição com você". Talvez seja hipócrita, mas é também uma maneira de manter parte da sinceridade sem ferir o outro.

Em relação à prática da coerência que podemos fixar como nossa meta, faço uso de uma ampla variedade de exercícios no que diz respeito aos convites: costumo receber convites para conferências, jantares, eventos, e gostaria de poder me distrair, mas, no meu íntimo, não tenho vontade de aceitar porque estou cansado, porque não faz parte das minhas prioridades existenciais. Ser fiel aos meus valores não quer dizer ferir aqueles que me solicitam, mas também não é ferir a mim mesmo. Como dizer isso? A mentira é a solução mais simples, e já recorri a ela com frequência: "Ah, lamento, já tenho outro compromisso". Mas, cada vez mais, respondo: "Lamento, preciso descansar"; ou: "Se eu tivesse mais tempo iria com prazer, mas não vou poder", etc. E, quando respondo por escrito, em geral formulo as coisas da seguinte maneira: "Desejo ser coerente com o que escrevo. Incentivo todo mundo a se cuidar, a se respeitar, a se ouvir. Devo fazer o mesmo, e portanto não posso aceitar seu convite. Gosto muito de você, é muito simpático, é uma bela causa, mas não posso". E às vezes, nos dias em que estou inspirado, sigo o modelo de Jules Renard, que escrevia em seu diário: "O homem verdadeiramente livre é aquele que pode recusar um convite para jantar sem dar uma desculpa". Então, respondo simplesmente, sem me justificar: "Muito obrigado pelo convite, mas não posso aceitar".

Matthieu: A benevolência traz uma solução simples aos problemas de coerência. Se a refeição estiver ruim, será que devemos dizer a verdade a qualquer custo? É mais importante soltar uma pequena mentira ou dizer a verdade e ferir alguém? A mentira e o roubo são geralmente atos nocivos, e, *a priori*, repreensíveis, mas podemos mentir também para salvar a vida de uma pessoa perseguida por um matador, ou apossar-nos das reservas alimentares de um potentado egoísta para poupar a morte de pessoas ameaçadas de fome. Aqui, estamos sugerindo o oposto de Kant, segundo quem não podemos, por exemplo, mentir de forma alguma, mesmo para salvar alguém, porque, ao nos autorizarmos a mentir, destruímos a credibilidade de qualquer palavra em geral, o que constitui uma injustiça contra a humanidade inteira.

Voltamos à noção de ética contextual, encarnada, isto é, fundada na benevolência. Como dizia o filósofo canadense Charles Taylor, "a ética não é somente o que é bom fazer, mas o que é bom ser". Quem é bom vai espontaneamente reagir de maneira benevolente. Seu comportamento poderá ter diversas formas, mas do ponto de vista da benevolência será sempre coerente. É apenas de um ponto de vista dogmático que pode parecer incoerente. Obviamente, podemos agir de forma inábil, não ter discernimento, ser incapazes de prever todas as consequências dos nossos atos, mas, do ponto de vista do altruísmo, teremos agido da melhor forma para fazer o maior bem possível em uma determinada situação.

NOSSOS CONSELHOS DE COERÊNCIA

VIVER A COERÊNCIA (ATÉ MESMO NAS PEQUENAS COISAS) E EVITAR FAZER MAL

Christophe

• É mais eficiente esforçar-se por encarnar seus próprios valores do que limitar-se a falar sobre eles e recomendá-los.

• Um exemplo de prática importante que tento aplicar: fazer o possível para não falar mal das pessoas; e, se mesmo assim eu o fizer, esforçar-me para não dizer o que eu não ousaria dizer na frente delas.

• Os ideais e a preocupação com a coerência não devem se transformar em autotirania: a exigência também deve ser acompanhada de benevolência para conosco mesmos, de tolerância em relação aos nossos erros e imperfeições. Devemos nos apresentar como pessoas que fazem esforços para progredir, e não como modelos que alcançaram sua meta.

EVITAR A TIRANIA EM RELAÇÃO A SI MESMO E A INTOLERÂNCIA COM OS OUTROS

Matthieu

• Não se agarrar a dogmas invariáveis. Sendo as situações humanas sempre complexas, ser rígido demais pode levar a reações incoerentes com a realidade e criar mais sofrimento do que felicidade.

- Dar primazia à benevolência. Isso simplifica o problema da coerência, porque a benevolência se torna o único critério ao qual nossos pensamentos, nossas palavras e nossos atos devem responder.

TENTAR VIVER ALÉM DOS PAPÉIS
Alexandre

- Viver a partir do íntimo e mandar passear o eu social, o desejo de agradar e a sede de sucesso a qualquer preço. Que mal-entendido nos faz associar a intimidade àquilo que é vergonhoso e deve ser escondido? No âmago mais profundo, já não há ego nem máscara. E nos juntamos à humanidade inteira.

- Cercar-se de amigos espirituais: um verdadeiro companheiro de estrada não foge quando o céu escurece. Ele também não se incomoda de dizer a verdade. Seu desejo último é nos apoiar e nos ajudar a ir adiante quando a guerra assola nosso coração.

- Caminhar para a boa saúde é também integrar nossas contradições e, de qualquer modo, parar de considerá-las inimigas: quem diz que precisava estar 100 por cento equilibrado para sentir alegria? Existem mil e uma maneiras de viver a saúde e a paz. Nem a deficiência nem os tormentos falam por último.

8

ALTRUÍSMO: TODO MUNDO SAI GANHANDO

Alexandre: Como torcer o pescoço das caricaturas que distorcem o altruísmo? Digamos sem rodeios, é preciso muita coragem para se opor à ladeira que nos leva quase irresistivelmente para o egoísmo! E o coração que com todas as suas forças se compromete com o próximo é tudo, menos leviano e covarde. O individualismo desenfreado conduz à infelicidade... não há quem duvide disso, e, ao mesmo tempo, é muito difícil passar longe dele. E se começássemos a nutrir um autêntico gosto pelo outro e tentássemos, sem condescendência, nos interessar verdadeiramente por ele? A meu ver, as grandes obras de uma vida se resumem em poucas palavras: cuide muito bem da sua alma, do seu corpo e do outro.

Primeiramente, ver que todos nós estamos a bordo do mesmo barco, daí o extremo perigo de agir uns contra os outros... Por que raios considerar o outro como um adversário, um concorrente, e esquecer que todos os homens, todas as mulheres são membros de uma mesma equipe aspirando à felicidade? Para Aristóteles, é praticando a virtude que nos tornamos virtuosos. A generosidade, a caridade, o verdadeiro amor pelo próximo se exercitam no cotidiano, simplesmente: saber cumprimentar a vizinha do mesmo andar, consolar uma criança, encontrar sem piedade um mendigo e, em todas as ocasiões, abster-se de prejulgar.

A alegria de praticar o altruísmo

Alexandre: Dostoiévski conta com humor que é mais fácil amar a humanidade inteira do que suportar o seu vizinho. Mas é no concreto que o amor se encarna. A verdadeira bondade abraça toda a humanidade. Sempre há o risco de exagerar a atenção que se dá ao infeliz que passa por uma terrível provação e esquecer aquele que há anos vive com uma doença crônica. Como se o ímpeto do nosso coração se gastasse ao contato do real... Não devemos esperar as catástrofes ou os golpes do destino para nos comover. Podemos nos aproximar do outro agora mesmo. Quem disse que era necessário esperar que as grandes infelicidades surjam ao nosso redor para despertar nossa compaixão? O ato mais banal pode ser marcado por uma imensa generosidade: a maneira de cumprimentar, de responder ao telefone, a atenção que damos aos outros... Tudo se torna exercício espiritual. Na hora de vestir as calças de manhã, podemos simplesmente nos perguntar a quem dedicar o dia.

Matthieu: Ao falarmos de altruísmo, compaixão, solidariedade, bons sentimentos em geral, encontramos de fato todos os tipos de preconceitos. Será que o altruísmo não é para os fracos, aqueles que tendem a se sacrificar tolamente, que não sabem se impor? A realidade, por mais dura que seja, não é feita de egos triunfantes, de paixões devoradoras, de raivas destruidoras? Alguns pensam que o altruísmo não passa de um dever inculcado pela família ou pela Igreja: precisaríamos ser bons porque foi o que nos disseram, porque faz parte dos ensinamentos das Escrituras Sagradas. Outros pensam que não podemos ser

> **Os pequenos atos repetidos cotidianamente me ajudam muito mais do que as inúmeras resoluções nunca postas em prática.**

verdadeiramente altruístas porque isso vai nos custar muito, implica alguns sacrifícios dolorosos. O fato de encontrar alegria no altruísmo é visto como suspeito.

Alexandre: Os pequenos atos repetidos cotidianamente me ajudam muito mais do que as inúmeras resoluções nunca postas em prática. O Evangelho nos mostra que não há maior amor que doar a vida aos outros. Como posso responder a esse chamado dia após dia sem obrigatoriamente morrer como mártir? Os novos cínicos me irritam quando comparam o altruísmo à ingenuidade. Sua vida, Matthieu, me convence do contrário. E o que dizer dos grandes santos que dedicaram toda a sua existência aos outros? Não é o egoísmo que leva à felicidade, mas esse engajamento, essa generosidade vivida na alegria e na liberdade.

A psicologia positiva é caracterizada por um certo desprezo, como se os desabusados, os indiferentes, aqueles que justificam a infelicidade tivessem obrigatoriamente razão. O fato de acreditar na força da generosidade não faz de nós doces sonhadores. Ao contrário, os progressos sociais, a luta contra a injustiça sempre foram levados por corações ardentes prestes a erradicar o mal. Não tenho certeza de que a indiferença do cínico traga alguma vantagem...

Nos transportes públicos, costumo dizer aos meus filhos: "Tentem identificar quem parece mais emburrado e pensem no que podem fazer por ele". O exercício pode parecer estranho, mas existe algo mais simples do que sorrir, segurar uma porta, ceder seu assento a um idoso, nunca se entregar à raiva?

Christophe, obrigado por lembrar que há uma ladeira quase irresistível que nos puxa em direção ao egoísmo. Se relaxarmos, é o começo do fim... Justamente, todos esses pequenos atos permitem reverter essa tendência, redirecionar o rumo, milímetro por milímetro, à generosidade.

No instituto, alguns educadores me convidavam para a autonomia, a independência, mas, ao vê-los tão distantes, eu não encontrava a coragem para me lançar no caminho do progresso. Ao contrário, as pessoas que mais me aproximaram da alegria também são aquelas que mais me amaram. Não de um amor morno, insípido, mas tônico, exigente, sem ressalvas. Nesse capítulo, meu mestre me prodigaliza todo dia ensinamentos luminosos. Uma vez, ele me chamou de "último dos imbecis". Nas suas palavras, encontrei tamanha ternura, uma bondade infinita, que me deram força para abandonar imediatamente os erros, os preconceitos, as fixações obstinadas. Nada a ver com essa condescendência ou crueldade que predomina por toda parte. Ao voltar de Seul, vendo televisão, percebi que muitos jornalistas ofereciam um péssimo exemplo. Antes, a crítica avaliava um livro e, se não o apreciasse, fornecia argumentos. Hoje, parece ser moda: descarregar sobre as pessoas, acabar com elas em público em uma espécie de falsa alegria contagiosa, a do toureiro que enfia suas facas nos flancos da vítima. É urgente reabilitar o altruísmo, a benevolência, para pôr fim a essa assustadora corrida mental. A vida é dura, e não temos como escapar dela, então por que complicar as coisas e se entregar à maldade gratuita?

Em *Pensamentos para mim mesmo*, Marco Aurélio propõe uma ferramenta que presta muitos serviços: "Previna a si mesmo ao amanhecer: vou encontrar um intrometido, um mal-agradecido, um insolente, um astucioso, um invejoso, um avaro". Daí a necessidade de se preparar para isso. Mais um passo, e posso até considerar cada encontro como uma oportunidade para me transformar. O convívio com o outro se torna uma chance de arrancarmos todo o nosso revestimento, de abandonarmos todos os papéis. Para nos tornarmos disponíveis para o outro, *basta* nos lembrarmos do milagre da vida. Um dia, um monge me deu uma lição esclarecedora:

> Você imagina quantas chances em um bilhão você tinha de encontrar nessa vida seus próximos, seus amigos, sua família? Você tem consciência desse milagre cotidiano? É como se, nesse universo infinito, houvesse uma estação intergaláctica e você tivesse cruzado por acaso com homens e mulheres. Esses momentos são breves, efêmeros, não devemos gastá-los com críticas inúteis. Não devemos perder tempo com a raiva. Devemos nos alegrar com essa curta parada na estação e ser generosos com todos os viajantes.

Ao desejar boa-noite aos meus filhos, gosto de me lembrar que abraço seres que um dia vão morrer. Assim me lembro do presente excepcional que me é dado e saboreio a alegria de passar tempo na companhia deles na imensa estação intergaláctica. Tento também converter meu olhar para considerar cada encontro, por mais banal que pareça, como um milagre, um lugar de ensinamento. E nunca deixo de me maravilhar diante da riqueza dos seres humanos. No metrô, penso que nunca mais vou cruzar esse mendigo que está ao lado desse executivo. Esse instante nunca mais se produzirá. Fechar os olhos às dádivas do cotidiano é passar ao lado da alegria e viver pela metade.

Por muito tempo a alegria despertou em mim um tipo de culpabilidade persistente. Como se a felicidade me afastasse daqueles que sofrem, como se eu os desprezasse sentindo-me melhor. Hoje, entendo que não é uma alma excessivamente perturbada, aleijada por feridas, que pode ajudar melhor quem está passando por provações. É até mesmo meu dever fazer o possível para extirpar do meu coração o que me leva à amargura e à tristeza.

Contemplar o que há de belo na minha vida me alegra e me renova. Entretanto, toda vez que quero possuir essas dádivas, a alegria me abandona imediatamente. O grande desafio consiste em apreciar sem se apagar. Podemos dar o que não recebemos, nisso reside uma das grandezas do ser humano: um pai que não foi amado por seus próprios pais pode prodigalizar aos filhos um amor incondicional. A arte da compaixão se pratica no presente.

O altruísmo reside na atenção dada às necessidades alheias e na ação para ajudar os outros.

Christophe: A meu ver, o altruísmo reside na atenção dada às necessidades alheias e na ação para ajudar os outros. Ele se situa antes do sofrimento: não é necessário esperar que a pessoa sofra para estar ao seu lado e lhe fazer bem, basta que ela precise. Essa atitude se exerce sem que se espere particularmente por reciprocidade, reconhecimento, benefício, desde que a própria existência desses benefícios e o fato de apreciá-los não desqualifique o altruísmo, não o contamine. Mas, tanto quanto possível, essa não deve ser a motivação principal.

A compaixão, por sua parte, consiste em se mostrar atento ao sofrimento alheio, em desejar que ele diminua e em querer remediá-lo.

De onde vem essa preocupação com o outro?

Christophe: Sabe-se hoje que os seres humanos são "calibrados" para a empatia; está na nossa natureza ser capazes de sentir o sofrimento alheio. Mas a compaixão requer talvez mais aprendizagem – Matthieu é mais perito que eu nesse assunto. Fiquei surpreso, há muito tempo, ao ver um documentário sobre animais, a história de dois leopardos irmãos em um parque africano. Cresceram juntos, brincaram, caçaram. Mas, um dia, uma leoa atacou um dos irmãos, quebrando-lhe o quadril com um golpe de mandíbula. Ele ficou meio tetraplégico e se tornou um estorvo para a caça e a sobrevivência da dupla. No começo, o leopardo saudável ficou inquieto: lambeu seu irmão, tentou confortá-lo, mas, após algum tempo, acabou por agredi-lo e abandoná-lo. Eu tinha a impressão de ver a diferença entre empatia e compaixão:

o leopardo tinha tido empatia pelo irmão deficiente, mas isso não se transformara em compaixão, não era suficientemente forte para que ele tivesse vontade de ficar ao seu lado, de ajudá-lo, de trazer-lhe comida, mesmo que, a longo prazo, isso não mudasse muita coisa.

Matthieu: O leopardo talvez tenha sentido um tipo de cansaço da empatia. Ouvi falar de outro caso que acabou bem, o de um elefante cuja tromba havia sido cortada por uma armadilha e que não podia mais se alimentar. Logo, outro elefante começou a lhe trazer juncos tenros e a colocá-los diretamente em sua boca. Uma vez a ferida cicatrizada, o elefante mutilado constatou que não conseguia mais arrancar as plantas mais resistentes e só podia se alimentar de juncos tenros. O que ocorreu depois é surpreendente: toda a manada (em geral uns dez indivíduos guiados por uma matriarca), que normalmente se desloca sem parar, renunciou às suas peregrinações para permanecer nas áreas onde os juncos tenros cresciam. Os elefantes não queriam abandonar seu congênere mutilado nem levá-lo para lugares em que ele não podia mais se alimentar.

Christophe: Na evolução das espécies, portanto, deve haver um momento em que a capacidade de compaixão aparece, em algum lugar, entre o leopardo e o elefante! Os primatas dispõem dessas aptidões. Existem vários trabalhos sobre esse tema, entre os quais um estudo sobre um grupo de babuínos de uma ilha perto do Japão: os pesquisadores haviam observado que uma pequena fêmea nascera sem as pernas. Em uma espécie sem compaixão, ela teria sido condenada porque não trazia nada ao grupo. Mas lá, mesmo com um lugar muito baixo na hierarquia, os outros macacos lhe deixavam comida, consideravam sua lentidão para se deslocar e lhe demonstravam uma atenção específica e duradoura, já que ela sobreviveu muito mais tempo do que se tivesse ficado sozinha.

No que me toca, cheguei à compaixão pela felicidade: como médico, sempre tive por objetivo ajudar meus pacientes a se sentirem mais felizes, o que me ajudava, incidentemente, a me sentir mais feliz. Por muito tempo, minha reflexão sobre a compaixão foi ofuscada pelo fato de que, num primeiro momento, ela parece perturbadora para a felicidade, já que se trata de acolher, em nós, um sofrimento que é do outro. Mas, se refletirmos com carinho, acolher o sofrimento alheio nos afasta das felicidades egoístas e cegas, que são, a longo prazo, uma moeda falsa. A compaixão é uma ótima ferramenta para amadurecer nossa capacidade para a felicidade e nos levar àquilo que chamo de "felicidade lúcida" ou "madura", isto é, uma felicidade que não nos isola em uma bolha de sorte, mas nos mantém em contato com esse fluxo permanente de sofrimento que atravessa a vida humana.

A natureza é bem-feita, porque a felicidade nos dá a energia necessária para ajudar os outros, para agir e mudar o mundo. É bastante lógico, se olharmos os trabalhos sobre os vínculos entre felicidade e atenção: a felicidade amplia nossa visão do mundo, enquanto o sofrimento encolhe nosso foco de atenção. Mas, ao abrirmos esse foco, vemos o que acontece ao nosso redor, principalmente a infelicidade, e vamos ao encontro do sofrimento. Em outros termos, se somos felizes, não precisamos nos afastar para não sofrer também, e temos mais chances de conseguir aliviar o outro.

Uma das minhas três filhas tem uma grande capacidade de compaixão, o que a faz sofrer, de certo modo: vendo um mendigo no metrô, uma pessoa idosa sozinha, alguém caindo, ela fica prestes a chorar: "Isso me dá muita pena!" Alguns anos atrás, durante uma viagem ao Japão, visitamos um templo zen onde uma senhora idosa nos serviu *matchá* com todo o cerimonial. Estávamos nós cinco com nossas tigelas de chá verde, mas minhas três filhas detestam chá verde... As duas maiores provaram e, sem querer magoar a senhora, deixaram a tigela diante delas. A senhora sumiu por cinco minutos para ir buscar bolachas, e minha terceira filha, virando-se para mim, disse: "Papai, por favor, beba meu chá! Não quero magoar a senhora!" Ela estava preocupada em não provocar a menor aflição à pessoa que tão gentilmente havia servido o chá. Assim, bebi todas as tigelas, com prazer, porque adoro *matchá*!

A compaixão é uma ótima ferramenta para amadurecer nossa capacidade de felicidade e nos levar àquilo que chamo de "felicidade lúcida" ou "madura".

Tenho outra lembrança de compaixão muito dolorosa que mostra que às vezes ela é um automatismo que emerge em nós: foi um dos momentos mais difíceis da minha vida, quando meu melhor amigo morreu em um acidente de moto. Estávamos os dois de férias em Portugal, de moto, um diante do outro, revezando-nos na liderança. Na saída da uma aldeia, ele estava na frente e começou a ultrapassar um camponês de Mobilete, que puxava uma carriola. De repente, o camponês virou à esquerda sem avisar, sem pisca-pisca. Meu amigo bateu na carriola e seu corpo rolou até os arbustos. O camponês caiu também. Parei minha moto e corri para meu amigo: de capacete na cabeça, as botas de moto, eu devia ter um ar assustador, e, quando o camponês que estava no meu caminho me viu chegar, acho que teve muito medo de que eu batesse nele – embora eu não estivesse com raiva, apenas chocado. Ele estendeu a mão para me mostrar que também estava ferido. E, como um bobo, parei para olhar sua mão, sorri para tranquilizá-lo e segui em frente para ajudar meu amigo. Perdi dez segundos olhando o ferimento mínimo enquanto meu amigo estava morrendo: ele teve uma hemorragia interna, provavelmente uma ruptura do arco aórtico, e morreu rapidamente, mal tive tempo de falar com ele e abraçá-lo. Eu senti muita culpa. O que mais me surpreende, ao pensar nisso, é esse tipo de automatismo: olhei o ferimento do homem que havia matado meu amigo, em vez de empurrá-lo para me deixar passar. Eu estava no piloto automático, não era uma virtude que se expressava então, mas um hábito: alguém me mostra um ferimento, eu olho. Por que não fui capaz de hierarquizar?

Aliás, é uma pergunta que eu queria fazer a Matthieu: Chögyam Trungpa às vezes fala em "compaixão idiota". Acho terrível associar essas duas palavras, e tenho a impressão de que nenhuma compaixão é idiota. Aquela que demonstrei pelo camponês português era imprópria, mas acho que a expressão "compaixão idiota" suja a palavra compaixão. Entretanto, é frequentemente encontrada em blogues e *sites* budistas, e em alguns ensinamentos.

Matthieu: O exemplo que você evoca é muito comovente. Daniel Batson e outros psicólogos falam em altruísmo inadaptado às verdadeiras necessidades do outro, até em altruísmo patológico. Um dia, ele deu o seguinte exemplo:

> Imagine que você esteja na Índia, encontra um bando de crianças e passa parte do dia com elas. Entre elas, há um menino de cara simpática que sorri para você o tempo todo e nunca sai do seu lado. De noite, antes de ir embora, você lhe dá um belo presente e apenas uma pequena lembrança para as demais crianças.

Batson considera que, nesse caso, o altruísmo é impróprio porque não responde às necessidades reais das crianças. De fato, é bem provável que outra criança precisasse muito mais da sua ajuda que aquela que você presenteou porque achou simpática.

Em minha modesta opinião, nesse tipo de comportamento, não é o altruísmo que está em pauta, mas os fatores que se juntaram a ele e o desnaturaram: a parcialidade, a falta de consideração pelas crianças presentes como um todo e a visão a curto prazo.

No que diz respeito ao que é chamado às vezes de "altruísmo patológico", referindo-se a pessoas que sacrificam mais do que podem dar emocional e materialmente com o risco de comprometer a saúde física e mental, mais uma vez não é o altruísmo que é patológico. Trata-se mais de um desespero empático, que decorre do poder de presunção da nossa própria capacidade de ajudar os outros, fazendo com que acabemos afogados pelo efeito que os sofrimentos alheios produz em nossos próprios sentimentos.

O altruísmo, o amor altruísta, é essencialmente a intenção de fazer o bem aos outros.

Altruísmo, empatia, compaixão

Matthieu: Às vezes, ficamos propensos a confundir altruísmo, compaixão e empatia. Porém, essas palavras implicam estados mentais diferentes, que têm repercussões diferentes sobre nossos comportamentos e, consequentemente, sobre o outro.

O altruísmo, o amor altruísta, é essencialmente a intenção de fazer o bem aos outros. Se eu quiser realizar atos generosos calculando que obterei vantagens superiores graças a isso, não se trata de altruísmo, mas de comportamento interesseiro.

A compaixão é a forma que o altruísmo toma quando confrontado ao sofrimento alheio. O budismo a define de forma particular como "o desejo de que todos os seres sejam libertados do sofrimento e das suas causas".

A empatia comporta dois aspectos, um afetivo, o outro cognitivo. A empatia afetiva é a capacidade de entrar em ressonância emocional com os sentimentos de outra pessoa, de tomar assim consciência da sua situação. Se o outro estiver feliz, também vou sentir certa alegria. Se ele sofrer, vou sofrer seu sofrimento. A empatia afetiva, portanto, nos alerta sobre a natureza dos sentimentos alheios, principalmente o sofrimento. A empatia cognitiva consiste em se colocar no lugar do outro – o que eu sentiria se passasse fome ou se fosse torturado na prisão? – ou em imaginar o que ele sente, mesmo sem sentir a mesma coisa. Posso, por exemplo, estar sentado em um avião ao lado de alguém que tem medo de voar e ajudá-lo imaginando seu desespero, sem no entanto sentir o mesmo medo. Assim, sem empatia, é difícil conhecer a situação do outro e se sentir interessado por sua situação.

Para si mesmo, é essencial saber distinguir esses diferentes estados de espírito. Se, por exemplo, eu sentir apenas empatia, sem que essa empatia leve ao altruísmo ou à compaixão, corro o risco de cair no desespero empático e no *burnout*.* Para não levar ao esgotamento emocional e ao desânimo, a empatia deve se abrir para a ampla esfera do altruísmo. O amor altruísta age então como um bálsamo e leva ao desejo de ajudar quem sofre.

O altruísmo e a compaixão ficam limitados se restritos ao seu componente emocional. Entretanto, têm uma dimensão cognitiva essencial, sobre a qual não se fala tanto. É essa dimensão que permite, por um lado, perceber as necessidades dos outros, até mesmo daqueles que consideramos estranhos ou inimigos, e, por outro, estender nossa compreensão do sofrimento alheio. Para o budismo, a causa fundamental do sofrimento é a ignorância, a confusão mental que nos faz perceber a realidade de maneira disforme e provoca inúmeros eventos mentais perturbadores, indo do desejo compulsivo ao ódio, passando pelo ciúme, pela arrogância e por todas as demais emoções negativas. Se ignorarmos esse aspecto cognitivo do altruísmo e da compaixão, interessando-nos apenas pelas formas visíveis do sofrimento, nunca poderemos remediá-lo inteiramente.

Um dia, eu estava com Rabjam Rinpoche, abade do meu mosteiro, em Bodhgaya, na Índia. Esse lugar – o principal local de peregrinação budista porque lá Buda alcançou o Despertar 2.500 anos atrás – atrai muitos leprosos, estropiados e pobres que pedem a generosidade dos peregrinos. Para alguns, trata-se de uma atividade em tempo integral. Eles pedem esmola o dia todo e de noite voltam para suas famílias. Olhando-os naquele dia, Rabjam Rinpoche me disse:

> Quando pensamos no sofrimento, imaginamos pessoas como esses miseráveis, e, quando vemos um bilionário fumando um grande charuto em uma limusine em Nova York, não pensamos: "Coitado, como deve

---

* Distúrbio psíquico materializado por um esgotamento físico e mental intenso, também conhecido como "síndrome do esgotamento profissional". (N. do T.)

sofrer!" Entretanto, esse homem rico pode estar numa grande miséria interna, talvez mesmo à beira do suicídio. Mesmo que esteja muito satisfeito consigo mesmo e acumule sucessos, não é isso que pode lhe trazer a verdadeira felicidade. Então, ele deve ser objeto da nossa compaixão do mesmo modo que o mendigo de Bodhgaya.

O problema de todos nós, dizia o mestre budista Shantideva, é que aspiramos à felicidade embora lhe dêmos as costas; tememos o sofrimento e nos precipitamos para ele. É assim que o budismo define a ignorância, a própria fonte do sofrimento.

Alexandre: Entender que todo mundo sofre convida também à compaixão. Isso não passou despercebido para o Buda, que estabeleceu esse diagnóstico terrível e libertador: tudo é *dukkha*, tudo é sofrimento. Até a alegria, que sempre pode acabar, tem algo doloroso para quem se apega a ela. Em vez de criticar, de desprezar o outro, *basta* constatar, para parar de lhe querer mal, que ele rema no infinito oceano do sofrimento. Assim, o político, o tirano e o torturador, que parecem pensar apenas em si, não escapam dessa terrível condição. Mais cedo ou mais tarde, devem sofrer. E, aliás, podemos realmente imaginar um opressor feliz? Do mesmo modo, não encontro melhor antídoto ao ciúme que considerar a fragilidade do nosso cotidiano.

A cobiça procede de um erro de perspectiva, uma ilusão de ótica: ela foca o projetor sobre parte da realidade e esquece o resto. Nunca desejo a vida do outro em sua integralidade. Sempre há algo errado. Qualquer vida carrega sua parte de sofrimentos, de mal-estar. Bem concretamente, assim que sinto ciúme de um escritor que chega ao topo da lista das melhores vendas, lembro-me imediatamente de que ele também vai morrer, que talvez já esteja sofrendo. Por que não me alegrar com seu sucesso? Em resumo, progressivamente, posso me libertar da prisão da mente para cultivar a benevolência. Um dia, um amigo me confiou: "Finalmente, não passo de um animador de Clube Med para o meu ego. Da manhã à noite, chego a ficar exausto para diverti-lo, alimentá-lo, mimá-lo. Sou palhaço e escravo de um mestre nunca satisfeito".

A tradição budista, assim como a mensagem do Evangelho, abre uma saída. Sim, podemos nos libertar dessa escravidão precisamente ao nos tornarmos disponíveis para os outros e especialmente para os mais desprovidos. Nisso, a noção de bodisatva me é muito cara. Por que não nos engajarmos, com os meios e as forças de cada dia, para nos tornarmos autênticos bodisatvas, esses heróis do Despertar que dedicam a vida a aliviar todos os seres que se debatem no sofrimento, atolados no *samsara*?

Modestamente, nos altos e baixos da existência, já posso evitar impor meu ego e minhas feridas aos meus próximos. Os mestres e pais espirituais dão um exemplo, porque no seu coração identifico uma infinita paciência para com a fraqueza e os erros humanos. Encontro também uma exigência absoluta, um convite para sempre estarmos a caminho, progredindo. Os bons pais, atrevo-me a dizer, sabem conciliar firmeza com uma imensa e implacável ternura.

Por que não começar por esse exercício inspirado na tradição de Santo Inácio de Loyola, isto é, identificar todas as faltas de amor e compaixão sem se culpar? Um pouco como um artista que contemplaria sua obra após um dia de trabalho. Cultivar, despertar a generosidade é também, antes de tudo, ousar não se fixar em nada: deixar de manter o outro no que ele já foi, parar de fixá-lo em seus atos e de reduzi-lo a seus erros, mas amá-lo pelo que ele é. Mestre Eckhart nos ajuda nisso: "Deus é o Deus do presente. Tal como te encontra, assim Ele te assume e te acolhe, não pelo que tu foste, mas pelo que tu és agora".

Ampliar nossa capacidade de sentir compaixão

Alexandre: A exemplo dos bodisatvas, podemos estender nossa compaixão a todos os seres vivos. Nesse caminho, é tentador parar e privilegiar unicamente quem passa por uma grande crise. Nada como um acidente de trânsito, uma doença grave para despertar nossa empatia... Ao passo que é bem mais difícil apoiar alguém próximo com extrema benevolência de maneira duradoura.

Cultivar, despertar a generosidade é também, antes de tudo, ousar não se fixar em nada.

O que fazer para evitar esse desgaste do coração? Toda manhã, posso renovar minha atenção ao outro, particularmente àquelas e àqueles que passam despercebidos. Recentemente, um médico me confiou que fugia dos doentes incuráveis, daqueles que lhe mostravam sua impotência. E acrescentou: "Os pacientes que não posso curar me cansam, tento me livrar deles o quanto antes". Isso é muito claro, límpido, e mostra que a impotência assusta. Desenvolver uma compaixão infinita, um amor absoluto, é não banalizar mais a pena do outro, nem se acostumar aos seus sofrimentos. Como abandonar a ideia segundo a qual a compaixão é um bolo que deve ser compartilhado? Não se trata de distribuir algumas migalhas aqui e ali. Ao contrário, é um recurso inesgotável. O estoque não é limitado.

Um sofrimento, seja qual for, é um sofrimento a mais que pode matar, podar nossos últimos recursos. Se não abraçar a humanidade toda, a compaixão se apaga. E o que dizer do índice de audiência de um morto na televisão? Nisso também existe uma injustiça. Para ser honesto, sinto-me muito menos abalado por uma catástrofe que acontece do outro lado do mundo do que pelo menor incidente perto da minha casa. Mas um morto sempre é um morto a mais, e qualquer dor deve me mobilizar. Decidir nos dedicar um pouco mais aos outros significa ampliar desde já esse amor natural que sentimos ao contato de quem nos é próximo. A partir de agora, posso me dirigir a todos os seres, especialmente àqueles que lutam há muito tempo.

Christophe: Na maioria de nós, de fato, há uma grande diferença na ativação da compaixão em relação aos mortos africanos e aos mortos europeus. Acredito que seja humano – e vinculado a razões de proximidade geográfica e cultural, como você dizia –, mas isso não é bom. A compaixão requer um treinamento, e se não a trabalharmos teremos simplesmente o reflexo de nos compadecer apenas dos nossos próximos, e talvez dos nossos concidadãos. Quanto ao resto, será mais vago e mais variável. Mas, em vez de criticar essa forma de compaixão limitada e estreita, é melhor tentar enriquecê-la e aumentá-la. O outro ponto que você destacou, Alex, é esse médico que lhe contou sua dificuldade de ainda ser compassivo quando se sentia impotente diante de alguém. Mas ele vê apenas metade da sua profissão, que é o lado do domínio, da eficácia, do cuidado. A outra metade é a presença, e a única reposta consiste em aceitar ser totalmente impotente, sendo ao mesmo tempo intensamente presente. O que se perde na capacidade de mudar a condição e o sofrimento alheio deve ser transferido para a intensificação da presença.

Matthieu: Quando falamos em "compaixão infinita", muitas pessoas pensam que se trata de uma utopia. Jonathan Haidt, psicólogo e moralista americano, me disse um dia: "O altruísmo e a compaixão infinita sobre os quais o dalai-lama fala são totalmente irrealistas. É natural cuidar bem de quem é próximo e de algumas outras pessoas, mas ir além disso não faz sentido". Suas palavras me mostraram que alguém inteligente que escreve coisas extremamente interessantes não deixava de ter uma visão estreita do altruísmo e da compaixão, como se fossem coisas raras que se distribuem com parcimônia, como um punhado de cerejas. Porém, trata-se de maneira de ser que se caracteriza pelo desejo de fazer o bem a todos os que entram no campo da nossa atenção. Ao amarmos todos os seres, não amamos menos nossos próximos, mas os amamos de fato ainda mais e melhor, porque nosso amor cresce em tamanho e qualidade. Quanto mais o expressamos, mais ele cresce e se aprofunda. Albert Schweitzer dizia: "O amor dobra toda vez que o damos".

Nosso altruísmo não se esgota com o número de pessoas que o recebem. Se dez pessoas tomarem sol e mil outras vierem se esquentar no mesmo lugar, o sol não vai precisar brilhar cem vezes mais. Isso não quer dizer que podemos alimentar e tratar cada pessoa deste planeta, mas que nossa intenção pode se estender a todas.

Nosso altruísmo não se esgota com o número de pessoas que o recebem.

Christophe: Em um registro anedótico e não científico, tive a experiência daquilo que posso chamar de "embriaguez altruísta" quando era um jovem médico residente. Eu havia entendido que meu lugar não estava mais no hospital, no meio dos psicanalistas, e começava a me distanciar. Ia lá de manhã, e de tarde procurava me formar em outro lugar: foi assim que encontrei meu mestre, que eu substituía em uma clínica. Eu adorava ser o primeiro a chegar e o último a ir embora. Obviamente, procurava a aprovação, o reconhecimento, a estima e a admiração, e conseguia: os pacientes gostavam muito de mim, as enfermeiras também, porque eu era disponível – quando havia um problema, elas sabiam que podiam me chamar. Eu fazia o possível para aprender, para ser amado, mas penso que havia outra coisa, parecida com o mal da montanha para os alpinistas, esse tipo de embriaguez que eles podem sentir quando começam a subir mais alto, que os leva à euforia e ao risco de errar por imprudência. No meu caso, era uma embriaguez altruísta. Lembro-me dessas noites de verão em que eu saía às 11 horas da noite, quando o sol se punha: alguns pacientes se despediam de mim com um gesto pela janela, e eu ficava em um estado de felicidade total, certamente numa dimensão narcisista, mas também com esse sentimento de plenitude, de ter feito o trabalho, o trabalho de ser humano, de médico, de ter dado tudo que eu podia em termos de escuta, de cuidados, de ternura... O problema era que ficava superaquecido e me esquecia de reservar um tempo para me reabastecer. Eu me esgotava.

Como diz Haidt a respeito da compaixão infinita, acredito que haja limites físicos, limites de energia e de atenção dada: isso custa caro em energia, requer tempo (de sono, de lazer, de família). E quem não cuida bem de si acaba se colocando em perigo e comprometendo sua futura capacidade de altruísmo.

O altruísmo verdadeiro

Matthieu: Quando fazemos um ato benéfico para alguém visando um interesse no final, não se trata verdadeiramente de altruísmo, já que visamos promover nossos próprios interesses. Podemos cobrir de atenções um idoso na esperança de herdar sua fortuna, fazer um favor a alguém para que nos elogie ou ser generoso para ter fama de filantropo. E também podemos ajudar alguém para aliviar nossa má consciência, para ter uma boa opinião de nós mesmos ou para evitar críticas.

O altruísmo recíproco está no centro da vida comunitária. A longo prazo, a reciprocidade forma a textura de uma comunidade harmoniosa e equilibrada, em que cada um está disposto a ajudar os outros e manifesta gratidão quando os outros o ajudam. Nas comunidades em que as pessoas se conhecem bem, cada um espera que os outros se comportem com benevolência com ele quando for necessário. O altruísmo recíproco permite encontrar um justo equilíbrio entre os interesses de cada um e os da comunidade. Se um membro não cumprir a regra e utilizar a benevolência alheia sem agir do mesmo modo, será colocado de lado. Na Ásia, no Nepal e no Butão, onde passei a maior parte do ano, os aldeões prestam esse tipo de serviço para os trabalhos na lavoura e na construção de casas. Cada um espera em contrapartida um serviço equivalente ao prestado. Cada um dá à sociedade e recebe do conjunto dos outros. Essa reciprocidade tem papel importante na preservação do vínculo social.

O altruísmo é desinteressado quando ajudamos os outros com a única finalidade de fazer o bem, sem fazer diferença entre uns e outros.

Alexandre: O Evangelho segundo São Mateus nos diz: "Mas, quando tu deres esmola, não saiba a tua mão esquerda o que faz a tua direita [para que tua esmola seja dada ocultamente]". Isso tem o mérito de ser claro, afastando o perigo de olhar para o próprio umbigo e de praticar a generosidade por ostentação!

Por que perceber a ascese como um fardo, um esforço, quando, ao contrário, ela procede de um itinerário alegre?

Matthieu: Quando os "Justos" que salvaram muitos judeus das perseguições nazistas, frequentemente arriscando a própria vida, foram honrados anos depois por seu heroísmo, a maior parte deles considerou essas honrarias inesperadas, constrangedoras e até indesejáveis. A perspectiva de serem admirados por seus atos nunca havia sido considerada em suas decisões.

O altruísmo verdadeiro é a explicação mais simples e mais verossímil de atos benevolentes que ocorrem o tempo todo no cotidiano. Poderíamos chamar isso de "banalidade do bem". O psicólogo americano Daniel Batson, para esclarecer isso, passou trinta anos imaginando testes experimentais que permitissem determinar sem ambiguidade as motivações altruístas ou egoístas dos sujeitos cujas reações ele observava. No final desse trabalho paciente e sistemático, ele concluiu que o altruísmo verdadeiro, que portanto tem como única motivação a realização do bem alheio, existe de fato, e que no estado atual dos conhecimentos científicos não há nenhuma explicação plausível dos resultados de seus estudos que pudesse ser fundada no egoísmo.

Alexandre: Espinosa dá um esclarecimento magnífico ao diferenciar a piedade da compaixão. Nesta última, é o amor que está em primeiro lugar: amo uma pessoa, e vê-la se debater nas dificuldades me aflige. Enquanto na piedade o que se destaca é a tristeza, ou até um sentimento narcisista de culpabilidade. Na televisão, crianças morrem de fome, e esse lamentável espetáculo me faz mal ao coração, ao mesmo tempo que me lembra que também posso sofrer. Mas, se eu olhar bem, estou pouco preocupado com desconhecidos passando fome, daí a urgência de despertar nossa sensibilidade e de lutar, por amor, contra qualquer injustiça. Piedade e compaixão podem morar no mesmo coração; discernir, meditar, permitem separar o joio do trigo.

Por que perceber a ascese como um fardo, um esforço, quando, ao contrário, ela procede de um itinerário alegre? Observar o que projeto no outro, identificar qualquer pensamento calculista, eliminar essa nociva tendência ao toma lá, dá cá é um caminho libertador. Mestre Eckhart me lembra de que, com frequência, dizer "amo você" a alguém não passa de uma forma disfarçada de dizer que precisamos dele. Encontrar o outro, cuidar realmente dele, apoiá-lo gratuitamente, simplesmente e sem por quê, é aproximar-se do amor incondicional.

Lembro-me do dia em que, aos 3 anos, cheguei ao instituto para deficientes. A ternura dos meus novos camaradas contrastava com a angústia abissal de ver meus pais irem embora. Enquanto eu me sentia abandonado nesse novo universo, entendi em minha carne que a compaixão, a solidariedade e a ajuda mútua eram naturais, como uma resposta da vida, um bálsamo ausente de qualquer cálculo, não obstante alguns filósofos amargurados pretenderem que neste mundo nada é gratuito. Em resumo, desentulhar, ampliar nosso coração, é ver também que o medo da falta e a necessidade de agradar estreitam nossa capacidade nata de amar livremente.

Christophe: Quanto a mim, fico incomodado quando se estabelece uma hierarquia entre compaixão e piedade. Temos sempre tendência a dizer: "A piedade não é boa, a compaixão é boa". Mas toda vez que alguém sente piedade, ternura, isto é, toda vez que se mostra sensível ao sofrimento alheio, não importa sua motivação, parece-me que é melhor que a indiferença: em outras palavras, a compaixão imperfeita é preferível à total falta de compaixão!

Matthieu: Você está totalmente certo, mas talvez possamos distinguir diferentes tipos de piedade. Às vezes, a piedade é um altruísmo que está germinando e acaba se traduzindo por algum tipo de bem feito ao outro. Mas pode ser também uma forma de condescendência ou traduzir um sentimento de impotência, do tipo: "Que miséria! É muito triste, mas infelizmente não posso fazer nada".

O altruísmo sem rótulos

Alexandre: Para seguirmos o caminho do bodisatva ou simplesmente colocar a generosidade no centro da nossa vida, as grandes tradições nos oferecem exercícios muito profícuos. Como cristão, eu não poderia viver sem Buda. Dia após dia, ele me ensina o caminho da não fixação, uma sabedoria e uma ciência diretamente aplicáveis na prática da vida cotidiana. Se o Buda me acalma, Cristo me consola e impede que eu caia em uma espécie de compaixão desencarnada que giraria em falso. Porque se trata de amar seres de carne e osso, e não abstrações distantes. O amor incondicional se exerce ao lado dos meus próximos, no metrô, no supermercado, sempre e em todo lugar. Toda manhã, ao me levantar, dedico minha prática, meus esforços a todas as pessoas que vou encontrar naquele dia. Amar sem dependência, deixar todo risco de idolatria, é o pré-requisito a qualquer grande caminho espiritual. E surpreendo-me toda vez que se atribuem a um mestre poderes quase divinos, transformando-o em deus. A meu ver, não há nada mais contrário ao budismo do que essa deificação que nos cega.

No meu caminho, volto sempre às raízes relendo o *Sutra do diamante*: o objetivo do bodisatva é libertar todos os seres mostrando precisamente que são seres a serem libertados porque o eu, o indivíduo, não passa de uma ilusão. Sem entrar em debates metafísicos, posso desde já sentir que não são nossos pequenos eus sociais, esses tipos de pacotes de ilusões, reações e preconceitos, que tecem autênticos encontros. Tudo ocorre em um nível bem mais interior. Ajudar meus filhos supõe que eu me interesse mais por suas aspirações profundas do que por seus caprichos efêmeros. Sou muito apegado à noção de pessoa que o cristianismo elogia. Ela vem me lembrar que cada ser humano é único, singular, e que um vínculo além do jogo social é possível.

E gosto muito dos Franciscos de Assis, dos Abbés Pierre,* todos esses gênios da caridade, que se engajam de corpo e alma em cuidar das *pessoas*! É fácil afundar em um tipo de compaixão a rodo, amar todo mundo sem verdadeiramente se envolver e se engajar concretamente.

Em Seul, encontrei um monge budista. Suas palavras me abalaram bastante. Quando eu o informei do meu desejo de encontrar amigos, ele respondeu: "Os homens são como cactos; quem se aproxima se espeta". Admirei muito esse homem que dedicava os dias a coletar alimentos, subsídios e remédios para encaminhá-los à Índia, para os mais desprovidos. Percebi então que a generosidade não tinha rótulo e implicava uma imensa liberdade e muito desapego. Pouco importa que seja um budista, um cristão, um muçulmano, um judeu ou um ateu que a pratique. O que conta é engajar-nos autenticamente, ajudar realmente as pessoas, suar a camisa para tirar homens e mulheres da miséria.

As brigas partidárias me afligem muito, e fico triste de ver essa moda que desconsidera Cristo, limitando-o a vis caricaturas. Quantos preconceitos acabaram transformando a caridade evangélica em uma moral piegas, adocicada ou totalmente abjeta! Quanto a mim, encontro nela um convite a nunca querer tomar o poder de ninguém, a fazer tudo para me desprender de mim mesmo e amar os outros aqui e agora. Seguir o caminho inaugurado por Jesus requer muita audácia, uma liberdade louca. Que aberração fazer da caridade uma espécie de condescendência, uma dose de boa consciência!

Se o *Sutra do diamante* me toca tanto, é porque mostra que o altruísmo exige atacar diretamente as causas do sofrimento. Não basta aplicar um bálsamo sobre as feridas, acalmar momentaneamente a dor e se livrar da generosidade no meio do percurso. Ao contrário, somos chamados a trabalhar a longo prazo, a fazer o máximo para que o mal-estar se dissipe. E caridade bem ordenada começa em casa. Como ousar

---

* Henri Grouès (1912-2007), conhecido como o Abbé Pierre, foi um abade católico francês que, em 1949, fundou o Movimento Emaús, organização laica que luta contra a exclusão social e é financiada com a venda de objetos e materiais de recuperação. (N. do T.)

> Como ousar ser benevolente quando estou lutando o dia todo com meus próprios tormentos? Ajudar é identificar a origem dos nossos próprios tormentos.

ser benevolente quando estou lutando o dia todo com meus próprios tormentos? Ajudar é identificar a origem dos nossos próprios tormentos: as ilusões, os preconceitos, a avidez, o apego... O que não impede ao mesmo tempo que melhoremos as condições materiais, que aliviemos a dor física. O Evangelho, ao convidar a se converter e a viver o amor, dá um impulso incrível para se dedicar a curar as feridas de quem sofre. E os mestres espirituais das diferentes tradições nos lembram que, se permanecermos sempre desconectados da interioridade, exilados do nosso íntimo, estamos fadados inevitavelmente à insatisfação.

Em Katmandu, no seu mosteiro, Matthieu, eu me aproximei da experiência da presença de Deus. Estava com lágrimas nos olhos e o coração radiante de agradecimento quando um monge notou que, no chão, no meu quarto, estava a cruz que quase sempre carrego comigo. Com infinito respeito, ele pegou o crucifixo para colocá-lo na mesa de cabeceira e me disse com um sorriso cheio de ternura: "Tome muito cuidado com isso e reze ainda mais". Eu raramente vi liberdade tão luminosa. Estamos longe das brigas de dogmas, do proselitismo, das prisões. E não há presente mais belo do que convidar o outro a se tornar o que realmente é no fundo! Graças a você, pude encontrar outro monge que, com infinita benevolência, organizou uma cerimônia de cura. Sua ternura, a bondade do seu olhar, sua grande sabedoria me levaram direto ao meu âmago mais profundo. Em nenhum outro lugar senti tão vivamente a necessidade de ler Mestre Eckhart para purificar meu coração. Entendi que era preciso me desprender do ego para mergulhar em Deus.

Não há prova mais brilhante das benfeitorias do compartilhamento, da tolerância e do enriquecimento mútuo! No fundo, dois monges budistas no Nepal me aproximaram da fé em Cristo. Podemos cobrir alguém de presentes, mas nada é mais precioso do que acompanhá-lo em direção à liberdade e à alegria. Se no ato altruísta o ego desaparece, não é o eu de um budista, de um católico ou do comerciante da esquina que pratica a generosidade, mas o coração despido.

Como então nos premunir de uma recuperação narcisista que nos leva a multiplicar as boas ações no intuito de nos revalorizar? O risco é praticar a generosidade para merecer o céu ou purificar o carma. Daí a instrumentalizar o outro, a usá-lo como estribo, com o risco de lhe esmagar o rosto incidentalmente, é apenas mais um passo rápido. Jesus nos convida a amar sem medida aqueles que ficam na periferia do nosso coração: as prostitutas, os cobradores, ou simplesmente aquelas e aqueles de quem não gosto. No Evangelho, surpreende-me ver que Cristo não faz discurso para justificar o sofrimento. Concretamente, ele ajuda e cura. Nessa matéria, o blá-blá-blá e a inação seriam criminosos.

Matthieu: Fiquei admirado ao ler a entrevista de Madre Teresa – que foi uma das minhas principais fontes de inspiração quando começamos nossos projetos humanitários. Ela dizia ter dedicado a vida a aliviar os sofrimentos alheios, mas que não aspirava à eliminação do sofrimento em si, já que Deus permitira sua existência. De fato, como ela poderia se revoltar contra a vontade do seu Deus tão amado? É totalmente lógico do seu ponto de vista e compatível com uma dedicação inabalável a todo ser que sofre. A posição do budismo é um pouco diferente, porque o sofrimento não é considerado aceitável em si. Não somente é preciso remediá-lo, mas também, idealmente, procurar os meios de eliminá-lo.

A cada segundo, pessoas são assassinadas, torturadas, espancadas, mutiladas, separadas das suas famílias. Mães perdem filhos, crianças perdem pais, os doentes se revezam o tempo todo nos hospitais. Alguns sofrem sem esperança de ser tratados, outros recebem tratamentos sem esperança de ser curados. Os moribundos suportam a agonia, e os sobreviventes, o luto. Tudo isso não é indesejável? Portanto, é preciso considerar o desejo de cada pessoa de escapar ao sofrimento, e identificar o sofrimento na própria raiz.

Se o sofrimento não é desejável de forma alguma, isso não impede que o usemos, quando está presente, para progredir humana e espiritualmente, para treinar em não ficar mais arrasados pelos eventos dolorosos, e para fazer crescer nosso amor altruísta e nossa compaixão. Suportar a doença, a deficiência, a inimizade, a traição, a crítica ou fracassos de todo tipo não quer dizer que esses eventos não nos afetam ou que os eliminamos para sempre, mas que eles não travam nosso progresso em direção à liberdade interior.

Alexandre: Como sair vivo do delicado problema da existência do mal? Como se esquivar dele sem se refugiar em perigosas certezas? Nesse campo minado, seria preciso calar-se completamente. E, sobretudo, não banalizar o sofrimento com explicações capengas ou justificações terríveis. Acredito em um Deus bom, e todo dia vejo neste mundo inúmeras injustiças, uma crueldade intolerável. A quantidade de sofrimentos que levamos todo dia na cara, as desigualdades cada vez mais gritantes que agitam o mundo me obrigam a remover tudo aquilo que projeto sobre Deus e a não me servir da religião como de uma bengala, de um calmante. Em matéria de caridade, Madre Teresa alcançou o topo, embora não se deva idealizar ninguém, nem essa santa mulher, nem o dalai-lama, nem quem quer que seja... Concretamente, trata-se de deixar um pouco de lado os rótulos que colocamos sobre Deus e parar de falar em seu lugar. Talvez no fundo não saibamos muito a seu respeito. Então, por que reina em todo lugar a regra do toma lá, dá cá, do castigo e da recompensa? Deus não é uma vaca leiteira, para usar as palavras de Mestre Eckhart. Não devemos fazer dele uma caricatura humana, humana demais. A ascese, a conversão exigem que deixemos tudo, até mesmo nossos esquemas mentais.

Em todo caso, seguir Jesus é primeiramente entregar-se à Providência e amar o próximo, apoiando-o sem ressalva. Cristo deu um luminoso exemplo disso, ele, que curava, aliviava, libertava quem penava sob o peso do fardo. Ele nunca deu lições de teodiceia, nunca incitou a baixar os braços ou aceitar a miséria do jeito que é.

Filosoficamente, é preciso distinguir, como Leibniz, o mal metafísico, isto é, a imperfeição do mundo, do mal físico, a saber, o sofrimento. A doença, a velhice, os terremotos, a morte são tragédias que tornam a condição humana frágil. Desde o nascimento, o ser humano bate de frente com a impermanência e os perigos. E isso não para por aí. Como destaca o filósofo alemão, há também o mal moral, a maldade, o egoísmo, as injustiças, a pobreza, a exclusão e os mil e um tormentos que podem assolar a alma. Se tivermos muito pouco domínio sobre as provações inevitáveis vinculadas à nossa condição, poderemos limitar os estragos gerados por nosso egoísmo. Epicteto, em seu *Manual*, convida a distinguir o que depende e o que não depende de nós. Se eu esgotar minhas forças em vãs batalhas, como poderei me dedicar de corpo e alma aos combates que acalmam verdadeiramente, que fazem realmente recuar a miséria, o mal-estar?

A pergunta "Se Deus é bom, por que o mal existe?" não deixa de revelar o trágico da existência, sua extrema precariedade e os limites do meu entendimento. Se eu começar a me perguntar se Deus permitiu, quis ou até desejou que eu fosse deficiente, com certeza vou estragar minha vida sem progredir um centímetro. Ultimamente, é a nossa visão de Deus que somos convidados a revisitar: será que ele é um potentado, um juiz cheio de vingança, um caixa automático, um justiceiro, um espectador impassível que observaria enquanto nos debatemos na lama? Existem muitas caricaturas a afastar para poder deixar uma a uma as ilusões e descer ao âmago mais profundo. E os preconceitos são resistentes. A noção de carma interpretada às pressas também pode dar lugar a um fatalismo nocivo, a uma representação do mundo em que os miseráveis não têm outra escolha senão vagar em um universo sem piedade nem perdão, e em que as prerrogativas, ou até os abusos dos poderosos, são legitimados. Definitivamente, nada poderia esgotar o mistério que nos excede. Em resumo, o esmagador enigma da existência do mal revela a impotência da minha razão. E não sinto em absoluto a necessidade de apontar para acusar um criador, nem de justificá-lo, aliás. Sempre haverá um abismo epistemológico entre Deus e o homem. O que não impede que ambos sejam, a todo instante, profundamente unidos. Diante da dor, discursar significa maus-tratos quando se trata de agir sem tardar, de aliviar a dor, de lutar contra as injustiças e combater o egoísmo, a globalização da indiferença, como diz o papa Francisco.

No caminho, o admirável livro de Marion Muller-Colard, *L'Autre Dieu. La plainte, la menace et la grâce* [O outro Deus. A queixa, a ameaça e a graça], me ajudou muito a tirar Deus do seu papel de superprotetor. Aos poucos, aprendo a amá-lo por nada, como diria o Livro de Jó. A não o transformar em um seguro de vida, uma entidade que interviria nos meandros da existência para eliminar o trágico da nossa vida. O Altíssimo não tem por vocação me mimar e cuidar de mim o tempo inteiro, ou, pelo menos, não no sentido para onde meus medos me levam inúmeras vezes. Finalmente, ir para o Outro Deus é sair de uma mentalidade de contador, fugir do pensamento mágico para ousar amar e viver sem por quê. Não, não assinei uma apólice de seguro com o Altíssimo, trata-se de uma relação puramente gratuita, ele não me deve nada, e o sofrimento, a injustiça, permanecem uma interrogação que não mancha minha confiança, embora sem anestesiar o desejo vivo de me *revoltar*, de me *rebelar* contra a injustiça onde ela ocorrer. A felicidade é uma graça, um presente, não algo devido. E, desde que renunciei a procurar um culpado por tudo que ocorre de mau comigo, sinto-me bem melhor.

Christophe: Duas citações me guiam em meu trabalho pessoal sobre o altruísmo. A primeira, de Martin Luther King, que diz: "A pergunta mais persistente e urgente na vida é: o que você fez para os outros hoje?" Deveríamos nos perguntar isso todo dia, toda noite. E deveríamos poder responder. E a segunda, esta extraordinária frase de Christian Bobin, que já citei: "Qualquer que seja a pessoa que você olhar, saiba que ela já atravessou várias vezes o inferno". Em outras palavras, precisamos nos lembrar de que todos os homens sofrem, mesmo o bilionário em sua limusine. Temos um pressuposto dever de benevolência, até mesmo com as pessoas que parecem não precisar disso, ou não merecer.

De forma geral, me parece que a benevolência deveria ser nossa atitude racional "padrão", como dizem os técnicos em informática. Em seguida, ajustam-se as intenções e expectativas; é possível recuar, retratar-se ou doar-se mais, mas é a melhor posição de partida para efetuar uma verdadeira escolha de um verdadeiro ser humano.

Como ser benevolente com pessoas difíceis

Alexandre: Devemos ser ousados e nos fazer a pergunta fatal: onde encontrar força para alimentar a compaixão em relação a um perfeito tosco? Porque o mais difícil é o cotidiano, com suas decepções, o cansaço, os mal-entendidos... Talvez seja preciso em primeiro lugar recordar o famoso refrão do *Sutra do diamante* e nos lembrar que o tosco não é tosco, é por isso que o chamo de tosco. Em qualquer circunstância, abster-nos de julgar, porque como podemos conhecer as feridas que atormentam seu coração?

Com meu filho, vou com frequência ao banho público. Um dia nos deparamos com um verdadeiro valentão, que nos olhava com desprezo e um ar agressivo. No começo, tentei sorrir, redobrar as demonstrações de generosidade, mas ele me parou: "Por que está me olhando assim, seu idiota?" Desde então, toda vez que o vejo, esforço-me para não me envolver, para permanecer quem sou sem querer a qualquer custo lhe sorrir ou dizer uma palavra simpática. É nesses momentos que a compaixão procede de uma arte delicada: ser totalmente justa, sem querer exagerar.

Matthieu: Com frequência me fazem a seguinte pergunta: "Eu gostaria de ser benevolente, mas o que fazer quando encontro diante de mim apenas ingratidão, má-fé, animosidade ou malevolência? Como sentir altruísmo, compaixão por Saddam Hussein ou pelos bárbaros impiedosos do Estado Islâmico?" Nos ensinamentos budistas, aconselha-se em geral não nos apropriarmos internamente do prejuízo que nos é criado. Um homem insultou Buda várias vezes. Finalmente, este lhe pergunta: "Se alguém lhe der um presente e você o recusar, quem, afinal de contas, é o dono do presente?" Um tanto desconcertado, o homem responde que é a pessoa que quer dar o presente. E então o Buda conclui: "Eu não aceito os seus insultos, portanto eles ainda lhe pertencem".

Diante dos ingratos, dos malcriados e malvados, parece-me que temos tudo a ganhar mantendo uma atitude benevolente. Ao permanecer calmo, cortês e aberto ao outro, no melhor dos casos neutralizo sua animosidade. E, se ele não mudar de atitude, pelo menos terei mantido minha dignidade e minha paz interna. Se eu entrar em confronto, acabo caindo também nos defeitos que deploro no outro. O roteiro habitual da confrontação é uma escalada: diz-se uma palavra a mais que o outro, responde-se tim-tim por tim-tim, o tom sobe, e está tudo armado para acabar em violência.

No caso de uma organização como o Estado Islâmico ou o Boko Haram, não se trata de tolerar suas ações inomináveis. Devemos fazer tudo para acabar com isso. Ao mesmo tempo, é preciso entender que as pessoas não nasceram com o desejo de cortar cabeças e massacrar habitantes de vilarejos. Um conjunto de condições as levou a esse terrível comportamento. A compaixão, nesse caso, é o desejo de remediar as causas, como um médico deseja pôr fim a uma epidemia. Isso implica, entre outros meios, remediar as desigualdades no mundo, permitir que os jovens tenham acesso a uma melhor educação, melhorar o *status* das mulheres, etc., para que desapareça o terreno social em que esses movimentos extremos se enraízam.

Uma vez que o ódio tenha consumido a mente de alguém, a compaixão consiste em adotar com ele a atitude do médico diante de um louco enfurecido. Primeiro, é preciso impedir que ele o prejudique. Mas, assim como o médico que combate o mal que rói a mente do louco sem usar cassetete e esmagar seu cérebro, é preciso também considerar todos os meios possíveis para resolver o problema sem cair, por sua vez, na violência ou no ódio. Se o ódio responder ao ódio, o problema nunca terá fim.

Uma vez que o ódio tenha consumido a mente de alguém, a compaixão consiste em adotar com ele a atitude do médico diante de um louco enfurecido.

Christophe: De fato, por que é tão difícil ser altruísta, gentil e manifestar compaixão para com pessoas problemáticas? Com certeza, a vida reserva ocasiões suficientes de sofrimento para que não tenhamos vontade de ir nos esfregar em cactos, mas o problema ocorre quando esses seres espinhosos fazem parte da nossa família, da nossa vizinhança ou da empresa em que trabalhamos. Frequentemente, não temos vontade de lhes fazer bem, de ser agradáveis a eles ou de realizar o que consideramos parte do seu trabalho: "Cada um tem que fazer sua parte, não posso fazer todos os esforços em seu lugar!" E às vezes ficamos mesmo quase felizes quando eles passam por problemas: "Assim, talvez aprendam a se comportar melhor". É a *Schadenfreude*, essa alegria obscura de ver o outro em dificuldade, que, aliás, é objeto de várias pesquisas em psicologia, de tanto que é desconcertante e problemática.

Um último ponto me parece importante: é preciso estar bem para ser capaz de ir ao encontro de pessoas em dificuldade, seja na confrontação (para não entrar em confronto), seja na compaixão (para não se deixar manipular ou explorar). Às vezes, é melhor não nos fazermos de heróis da compaixão, se não estivermos prontos naquele momento; há pacientes aos quais aconselho evitar essas situações porque sinto que não são capazes de enfrentá-las.

Alexandre: Para ganhar em liberdade e em amor, é bom identificar as pessoas que nos puxam para baixo. Não se trata de fugir delas ou de evitá-las, mas simplesmente de redobrar a atenção quando elas estão por perto. E tanto isso é verdadeiro que algumas pessoas, por causa de projeções e lembranças, despertam mais facilmente em nós raiva, medo ou tristeza. Um amigo me confiava que, quando visitava sua mãe, ele se cercava de todas as precauções: "É um pouco como se eu fosse visitar Tchernóbil. Fico esperando que ondas negativas caiam sobre mim". E posso garantir que esse filho ama sua mãe... Encontro na lucidez uma notável ferramenta que me permite escutar a bússola interna, quando tantos parasitas impedem uma relação saudável. Anular os mecanismos nocivos para um verdadeiro encontro é abandonar essa lógica do combate, deixar as luvas de boxe no vestiário e tomar consciência da nossa vulnerabilidade diante de certas pessoas. Sair dos preconceitos é dissipar a espessa neblina que me separa do outro para encará-lo sem amargura.

A tradição filosófica nos oferece algumas ferramentas para tentar entendê-lo. Em *Protágoras*, Sócrates formula esta famosa sentença: "Ninguém faz o mal voluntariamente". O diagnóstico está claro: antes de tudo, o maldoso é alguém que sofre, que manifestamente não tem paz nem alegria. Assim, podemos começar a identificar a agressividade e a violência como sinais de alarme, pedidos de ajuda.

Optar pela ternura, renunciar ao ódio, exige uma grande força. Por que não começarmos economizando as palavras e ficando totalmente calados quando nossos ataques e críticas só envenenarão mais as coisas? Aqui, a ascese consiste em não reagir demais, sobretudo em não pôr lenha na fogueira. E também é bom lembrar que não é tão grave se nem tudo for resolvido imediatamente. Apesar de todos os nossos esforços, sempre haverá pessoas que preferem se impregnar de rancor e viver na raiva. Uma conhecida minha me dizia: "Até o último suspiro, vou sentir mágoa". Quando lhe sugeri abandonar um pouco essa raiva, ela retrucou que não era nem covarde nem medrosa... Às vezes, para nossa maior infelicidade, preferimos morrer a reconhecer que estamos errados.

Concordo com Christophe, é preciso ter muita força para evitar a lógica de guerra. Quando o dia todo devemos enfrentar um colega que só pensa em nos complicar a vida, o que fazer para não nos entregarmos à animosidade? Uma coisa é certa: quanto mais estabelecermos uma paz profunda, mais poderemos escapar da lei de talião. Para melhor engolir as afrontas, existe um exercício famoso: considerar aquele que nos fere como uma vítima cega pela paixão. E nunca pensaríamos em repreender na rua um cego que pisasse em nosso pé...

Matthieu: A frase de Sócrates – ninguém faz o mal voluntariamente – deu lugar a várias interpretações. Parece, segundo outro trecho de Platão, que Sócrates fazia referência à ausência de livre-arbítrio. De fato, ele diz em *Protágoras*: "Todos aqueles que fazem coisas feias ou más as fazem involuntariamente". A questão do livre-arbítrio é uma das mais complexas que existem. Alguns neurocientistas dizem que, naquele momento, não é possível fazer outra coisa senão aquilo que fazemos, porque nossa ação é a conclusão de uma série de processos cerebrais dos quais não temos consciência e que, portanto, não podemos dominar. A isso podemos responder que temos a faculdade de administrar nossas emoções e neutralizar os pensamentos indesejáveis; e a longo prazo, é certo que podemos transformar nossos traços de caráter pelo treinamento da mente.

É óbvio que, às vezes, algumas pessoas querem fazer mal às outras. A questão, que talvez não seja aquela à qual Sócrates respondia, é saber se há pessoas que fazem o mal pelo mal. Segundo pesquisas em psicologia, a resposta é não. A mídia e os romances gostam de evocar o mal em estado puro. Muitos filmes encenam monstros ou mutantes que querem prejudicar por prejudicar, e se alegram com o mal gratuito que fazem. Mas, como mostrou o trabalho de síntese do psicólogo Roy Baumeister, em seu livro *Evil* [Mal], o mal absoluto é um mito. Até mesmo quem cometeu as piores atrocidades está convencido de que se defendeu contra forças más. Quem se vinga acredita piamente que tem justificação moral para consertar pela violência o prejuízo que sofreu. Entretanto, essa interpretação da realidade, por aberrante que seja, permite constatar que nenhum deles parece ser movido pelo único desejo de fazer o mal pelo mal.

Segundo o budismo, o mal absoluto não existe, em razão de que, como mencionei antes, qualquer ser, não importa o tamanho dos horrores que cometeu, sempre tem no fundo de si, na natureza fundamental da sua consciência, uma qualidade inalterável, comparável a uma pepita de ouro que caiu na lama, a qualidade que chamamos de "natureza de Buda".

Aqueles que se entregam à violência afirmam que sua causa é justa e que seus direitos foram desrespeitados. Mesmo quando se trata de uma deformação grosseira da realidade, devemos prestar atenção nos motivos alegados se quisermos evitar outra irrupção de violência. Alexandre citou Espinosa: "Não rir, não se lamentar nem odiar, mas compreender". É a primeira coisa a fazer. O oficial de polícia que supervisou o interrogatório de Anders Breivik, o fanático autor dos crimes em massa na Noruega em 2011, preconizava "a escuta ativa": é preciso perguntar ao criminoso como ele explica o que fez. Para prevenir a ressurgência do mal, é essencial entender por que e como isso pôde ocorrer no começo.

Ao observarmos como ocorre um genocídio, por exemplo, percebemos que quase sempre começa pela demonização, a desumanização e a desindividualização de um grupo de indivíduos particulares. Essas pessoas deixam de ser pessoas como você e eu, com família, alegrias e penas. Tornam-se todos semelhantes, sendo diferenciados apenas por matrículas. Assim, podemos nos dessensibilizar em relação aos sofrimentos que serão aplicados a esse grupo, transformando o assassinato em dever ou em ato de salvação pública. É assim que se chega aos poucos a cometer atos que antes eram considerados impensáveis.

Christophe: Concordo com você, Sócrates queria provavelmente dizer que ninguém é mau na essência... Ninguém é mau, certo, mas é possível ser mau deliberadamente, fundamentalmente. Existem fatos aterrorizantes; não sei se a crueldade da qual esses fatos procedem é voluntária, mas é total. Eu me lembro de duas crianças de 12 anos que haviam sequestrado um menino de 5 anos e o torturaram de forma abominável, na Inglaterra. Isso remete ao problema da psicopatia: certos seres humanos têm uma espécie de incapacidade biológica de sentir empatia, são deficientes da compaixão. Não conheço a história dessas crianças, mas obviamente são órfãos de ideais, valores, convicções sobre o respeito da vida humana, e essas histórias destacam a necessidade do ensinamento da compaixão. Não podemos lhes querer mal, para todos os efeitos, mas são pessoas potencialmente muito perigosas para as outras. Nossa abordagem não deve ser ingênua: além da compaixão que qualquer humano merece, às vezes é necessário fazer uso da educação, da coerção, etc.

Matthieu: Em todos os casos, a benevolência nunca deveria ser considerada uma fraqueza, um fardo ou um sacrifício, mas a melhor opção, até mesmo em situações que parecem inextricáveis, como no caso dessas crianças desprovidas de empatia. É também a melhor maneira de preservar nossa própria integridade e a inspiração que nos permite resistir à adversidade. O filósofo Miguel Benasayag foi torturado nas prisões argentinas. Ele me disse que o que o salvou foi que, mesmo nos piores momentos, seus torturadores nunca conseguiram quebrar sua profunda dignidade. Um dos médicos do dalai-lama, o doutor Tenzin Chödrak, passou 25 anos nos campos de trabalho forçado chineses. Não tinha simpatia nenhuma por seus carrascos, mas lutou para não se entregar ao ódio. Após as sessões de tortura, ele quase conseguia reencontrar a compaixão. Pensava que seus torturadores eram doentes mentais, que haviam sofrido uma lavagem cerebral e mereciam mais compaixão do que ódio. Foi o que o salvou. Acima de tudo, ele temia perder a compaixão, que dava sentido à sua existência.

A coragem requerida pelo altruísmo e pela não violência

Christophe: Ver os narcisistas como "mendigos do ego" que pedem esmola para serem reconhecidos, para que lhes dêmos razão – é uma bela metáfora que você nos propôs, Alexandre! Quando você dizia que devíamos nos esforçar para ver a raiva alheia como um pedido de ajuda, eu refletia em um olhar que evoluiu em mim: frequentemente,

Infelizmente, existem culturas empresariais e culturas familiares em que a crença dos indivíduos é que quem se mostra benevolente se expõe ao perigo.

tendemos a ver a gentileza como uma fraqueza, enquanto é na arrogância e na agressividade que vejo sinais de fraqueza. O dia em que aqueles que são socialmente designados como fracos não forem mais os gentis, mas os agressivos, os malvados, os arrogantes, a sociedade terá verdadeiramente progredido!

Alexandre: Com frequência, usamos argumentos falaciosos para nos refugiarmos em uma vida egoísta. Quem nunca disse: "Tudo bem, mas não sou Madre Teresa", ou: "Aqui não é casa de caridade"? O medo subjacente é de nos deixarmos engolir se pensarmos um pouco mais nos outros... e existem inúmeros provérbios para legitimar essas covardias, do tipo: "Cada um por si e Deus por todos".

Christophe: Sim, mas infelizmente existem culturas empresariais e culturas familiares em que a crença dos indivíduos é que quem se mostra benevolente se expõe ao perigo. Tenho um amigo, um professor de medicina, cujo lema é: "Se nadar com tubarões, sobretudo não sangre". Para ele, se eu era gentil, era porque eu havia renunciado à minha carreira universitária e, consequentemente, não estava competindo com ninguém: ele achava que, com seu nível de responsabilidades, era algo impossível. Ele estaria certo? Objetivamente, existem meios em que a gentileza e a benevolência não são fáceis, valorizadas ou entendidas.

O mal-entendido em relação à benevolência percebida como fraqueza me lembra também o livro de Thomas d'Ansembourg, *Deixe de ser bonzinho e seja verdadeiro*. Esse título me incomoda muito, embora o livro seja bom e eu goste bastante do autor, e ainda que responda à necessidade de as pessoas entenderem que não há apenas a gentileza para mudar o mundo. Por quê? Porque ele incita de certo modo a retirar parte da gentileza para pôr no lugar um tipo de autenticidade desprovida de gentileza. Mas, aos meus pacientes tímidos ou sociofóbicos, que sofrem do sentimento de "serem enganados" porque são gentis demais e pensam que a única solução é serem menos gentis, tento explicar justamente que isso não é algo unidimensional. Está errado pensar que, se você for longe demais do lado da gentileza, vai perder automaticamente do lado da força. Em outros termos, podemos perfeitamente nos situar em um nível elevado de gentileza e em um nível elevado de força! Sobretudo, não diminuir a gentileza, mas trabalhar mais a assertividade.

Matthieu: A meu ver, a única maneira de ser verdadeiro é ser bom. A bondade está em harmonia com nosso estado interior profundo, livre de confusão e de toxinas mentais como a malevolência, a arrogância e o ciúme. Por contraste, a malevolência tende a nos afastar dessa adequação conosco. A bondade e a felicidade procedem de um acordo conosco. Platão dizia: "O homem mais feliz é aquele que não tem na alma nenhum rastro de maldade".

Eu gostaria de voltar à fraqueza frequentemente associada à gentileza e à não violência. Na verdade, é preciso ter muito mais coragem para ser um monge birmanês descalço diante de uma companhia de soldados prestes a atirar. "Satyagraha", o movimento de não violência criado por Gandhi, significa "a força da verdade". Foi durante a Marcha do Sal que Gandhi o iniciou, em 1930, para desafiar as autoridades britânicas: saindo do seu *ashram* [retiro] com algumas dezenas de discípulos, Gandhi percorre 400 quilômetros a pé até a beira do oceano Índico. No caminho, muitos simpatizantes se juntam a ele. O exército britânico tenta se opor à progressão. Eles são molestados, mas em momento algum respondem pela violência, e continuam avançando sob os golpes. As forças policiais acabam por deixá-los passar, e é uma multidão de milhares de pessoas que chega à beira-mar. Lá, Gandhi pega nas mãos um pouco de sal, infringindo dessa forma o monopólio do Estado, que obriga todos os indianos, até os mais pobres, a pagar um imposto sobre o sal e os proíbe de colhê-lo. A multidão segue seu exemplo e colhe água salgada. Ao anúncio da notícia, no país inteiro os habitantes fazem evaporar a água e colhem o sal à vista dos britânicos. Dezenas de milhares de pessoas vão parar na cadeia, até mesmo Gandhi. Mas o vice-rei britânico acaba cedendo diante da determinação do povo. Ele libera todos os prisioneiros e concede aos indianos o direito de colher o sal. Essa marcha constitui uma virada na luta não violenta pela independência da Índia.

É lamentável que tenhamos tendência a considerar a não violência como uma fraqueza. O dalai-lama repete há quarenta anos que não se trata de recorrer à violência contra os chineses: "Somos vizinhos para sempre", ele diz, "devemos encontrar pelo diálogo uma solução mutuamente aceitável". Às vezes, ouve-se dizer: "O dalai-lama é simpático, mas não é assim que ele vai resolver o problema do Tibete". Os tibetanos deveriam recorrer a atentados? A sequestros de aviões? A matanças que provocariam uma repressão ainda pior dos chineses, perseguições mais implacáveis e, portanto, uma animosidade ainda mais insolúvel? Se a comunidade internacional fizesse o necessário para que a atitude do dalai-lama fosse bem-sucedida, ela poderia servir de exemplo no interminável conflito entre Israel e a Palestina, só para citar esse caso. Porém, as instâncias internacionais costumam se mobilizar mais quando as comunidades se matam umas às outras.

Christophe: Para continuar falando do peso do meio ambiente social e cultural, gostaria de contar como eu mesmo fui desestabilizado em meu apego aos valores altruístas... Venho de uma família com forte apego à ideologia comunista: meu avô era militante comunista, ele me levava às festas do PC e me comprava a *Vaillant*, revista semanal do Partido para as crianças. Nela, encontravam-se heróis positivos que faziam o bem ao seu redor: Docteur Justice, Rahan... Eu adorava essas personagens. Mas, mesmo assim, não me transformavam em santo – eu era uma criança briguenta, nem sempre gentil, nem sempre altruísta! –, porém sentia que eles tinham razão. Mais tarde, esses ideais foram abalados pela doxa psiquiátrica e psicanalítica que predominava quando estudei medicina. Nos tratados de psiquiatria, a palavra "altruísmo" era sistematicamente associada à palavra "neurose": era a "neurose altruísta". Em outros termos, assim que o nível de altruísmo de alguém ultrapassava a média, ele era neurótico: no fundo, ele procurava compensar algo, obter reconhecimento ou, pior, disfarçar tendências ao sadismo e ao egoísmo... Felizmente, de tanto escutá-los e lê-los, Matthieu e Alexandre, percebi que eu devia substituir esses valores centrais na minha maneira de tratar os pacientes. É por isso que estou convicto do papel maior que o discurso público tem na promoção (ou na desvalorização) de valores como o altruísmo na sociedade...

Desgaste, impotência, desânimo

Matthieu: Nossa capacidade altruísta é ilimitada? Ève, filha de Paul Ekman, por exemplo, trabalha em San Francisco nos serviços de emergência, com pessoas que correm o risco de morrer se não forem ajudadas. São levadas para um lugar tranquilo, lavadas, barbeadas, recebem roupas limpas, comida e ficam ali por algum tempo. Mas, após duas semanas, precisam voltar à rua, por falta de orçamento. Ève confessou que acabava experimentando um sentimento de impotência total, já que as intervenções, que exigem um enorme investimento emocional, fazem bem, mas não resolvem verdadeiramente o cerne do problema.

O quc fazer nesse tipo de situações? O que dizer àqueles cuja dor física atormenta sem trégua? O que dizer aos pais de um deficiente mental? Àqueles cujos pais querem ter direito à eutanásia? O altruísmo aqui só pode ser acompanhado de humildade, sobretudo quando a solução não é nem evidente, nem imediata. Podemos aconselhar os outros a praticarem a plena consciência da dor, mas, quando essa dor é atroz e não há esperança de fim, isso acaba sendo um tanto leviano.

Nesses casos, mais que os conselhos, somente a presença amorosa e calorosa, vinda do coração, pode trazer certo reconforto. O sem-teto saberá que não está sozinho, que existem pessoas sinceramente preocupadas com seu destino, mesmo que não possam lhe oferecer tudo de que ele precisa. Aqueles que sofrem, que estão desesperados, que estão morrendo saberão que alguém os ama.

É possível suportar uma dor física, mesmo que intensa, se soubermos que vai ser temporária. Mas não saber quanto tempo ela vai continuar e não poder fazer nada para controlá-la é insuportável. Isso abala nossa força interior e nossa resiliência. Os esportistas suportam de bom grado as dores associadas ao treinamento, mas quando essa dor é acidental, imprevista e desprovida de sentido, quando um ciclista cai na estrada, por exemplo, a dor é muito mais penosa, porque não tem finalidade.

Christophe: Você tem razão de evocar o problema dos assistentes sociais... Todos esses profissionais devem se preparar para enfrentar situações em que estão na posição de Sísifo: seus esforços trazem uma melhora, e assim que o paciente sai do serviço, recai. É infelizmente o caso das pessoas que sofrem de toxicomania, de distúrbios da personalidade ou de esquizofrenia. Abordamos com frequência essa questão quando animamos ou supervisionamos equipes de médicos, porque sabemos que se trata de um obstáculo fundamental para manter a motivação de quem acompanha esses pacientes. E uma das maneiras de reconfortar e levar a refletir consiste em dizer: "Nada daquilo que você faz é inútil; se durante quinze dias você permitiu que um sem-teto ficasse limpo, protegido em um local seco e quente, recebendo atenção, gentileza, compaixão, mesmo que ele recaia, você lhe ofereceu quinze dias de vida humana decente, e talvez isso seja muito mais precioso, agora e depois, do que possamos imaginar ao fazê-lo". Com certeza, é difícil nos desapegar da fixação sobre o resultado para nos satisfazermos com o pouco que podemos oferecer, e penso com frequência, nesses casos, no *Mito de Sísifo*, visitado por Albert Camus, que rolava incessantemente uma pedra montanha acima até o cume para simplesmente vê-la cair de volta para o vale. Esses esforços parecem absurdos vistos de fora, mas, como está escrito no fim: "É preciso imaginar Sísifo feliz".

O tempo que damos a um paciente, os instantes em que ele encontra um pouco de paz, tudo isso vale mais do que ficar só diante das próprias dificuldades.

Sem recorrer à mitologia, quando me sinto desanimado pelo sentimento de inutilidade dos esforços realizados para ajudar um necessitado, penso que o tempo que damos a um paciente, os instantes em que ele encontra um pouco de paz, tudo isso vale mais do que ficar só diante das próprias dificuldades, não importa o que acontecer depois.

Alexandre: Gosto de relembrar o poderoso conselho de João XXIII, que convida, em seu *Diário da alma*, a realizar cada ação como se Deus tivesse nos criado com esse intuito. Essa intuição vai ao encontro de um grande princípio zen: doar-nos plenamente ao que fazemos, aqui e agora, sem nos distrair.

Matthieu: Do ponto de vista do budismo, não há lugar para o desânimo. O bodisatva faz voto de trabalhar para o bem dos seres humanos, não somente por alguns instantes, dias ou anos, mas por inúmeras vidas, enquanto houver seres sofrendo. Um dos versículos mais inspiradores de Shantideva diz o seguinte:

Enquanto o espaço durar
E enquanto houver seres,
Possa eu também permanecer
Para dissipar o sofrimento do mundo!

A coragem oriunda da compaixão é uma das principais qualidades do bodisatva. Seu único motivo para existir e renascer no *samsara*, o mundo condicionado pela ignorância e pelo sofrimento, é ajudar os outros a se libertarem dele.

Christophe: Para completar essa reflexão, creio que alguns serviços ou algumas missões podem ser executados apenas por alguns anos. Sabe-se, por exemplo, que nos serviços de cancerologia pediátrica, onde se vê morrerem crianças, é preciso que os profissionais partam após certo tempo, porque é impossível sempre dar o melhor de si nessa confrontação regular com histórias dilacerantes. Por outro lado, a necessidade de troca e apoio entre as equipes é imensa. Quando eu estava em Toulouse, supervisionava um grupo de atendentes dentro da SOS Amitié.* Às vezes, eles viviam um sentimento de impotência: as pessoas estão do outro lado da linha, e tentamos animá-las; elas desligam, e não sabemos se se mataram, se estão melhor. Daí a necessidade de se reconfortar, de compartilhar, de se aconselhar...

Alexandre: Para evitar o desgaste e o cansaço do profissional, e também de quem enfrentaria uma doença crônica ou provações repetidas, é urgente construir uma arte de viver para não afundar. Primeiramente, contra o esgotamento, isso identifica o que nos reabastece verdadeiramente. Sem a meditação e a prece, eu provavelmente não estaria mais aqui. E é quase uma luta, quando tudo chama à fuga, ousar por um tempo baixar a guarda e deixar as coisas passarem... Cada uma deve encontrar sua arte de vida. Não existe modelo, nem receita milagrosa. No cúmulo do desespero, gosto também de telefonar para um amigo do bem, que me põe de volta no caminho: sua escuta benevolente, seu amor incondicional e sua ausência de julgamento me ajudam a aceitar as feridas e a encontrar força para me reerguer. Não acredito que o inferno sejam os outros.

---

* Federação francesa de associações regionais que atendem por telefone e internet pessoas que sofrem de depressão, distúrbios psicológicos ou tendência ao suicídio. (N. do T.)

Matthieu: Para mim, está claro que o inferno é o ego!

Alexandre: A ideia do *self-made man* tem algo de assustador. Engajar-nos em um caminho espiritual, praticar a meditação e a prece é nos extrair da mundanidade para amar o outro verdadeiramente, e crescer junto. Tantas feridas e frustrações nos impedem de sermos plenamente o que somos e de estarmos altamente apaixonados pela humanidade... Sair do controle e das aparências, pegar o bastão de peregrino e engajar-se desde já em uma vida mais altruísta não tem nada de sobre-humano. A vocação das religiões e das grandes espiritualidades é nos mergulhar nesse oceano de amor gratuito e incondicional que nos precede no fundo do coração. Nisso, o olhar dos meus filhos me ajuda muito. Ao lado deles, aprendo a amar, e nunca deixo de me maravilhar: a deficiência do pai deles, sua falta de destreza, suas mil e uma fragilidades... Toda essa escuridão parece ser incendiada pelo sol do seu amor.

Se eu sobreviver ao périplo coreano, gostaria de fundar um lugar de retiro em que os praticantes meditariam grande parte do dia e se dedicariam a ajudar concretamente pessoas deficientes ou que passem por provações.

Matthieu: Foi, por exemplo, o que Jean Vanier fez com as comunidades da Arca, mais de cem no mundo, em que os voluntários vivem com deficientes, principalmente deficientes mentais, como em uma grande família.

Alexandre: E isso é magnífico. Muito frequentemente, os estágios de meditação podem nos levar à separação do mundo. Bem escondidos em um canto, afastados, fazemos bem a nós mesmos e esquecemos aqueles que estão passando por necessidades. Daí meu sonho de criar um dia um lugar em que a solidariedade e as práticas espirituais possam andar de mãos dadas. Felizmente, existem exemplos magníficos, como as comunidades da Arca, os grupos contemplativos que se dedicam aos outros e muitas outras felizes refutações do

Lançar-se no altruísmo é finalmente escapar da prisão, libertar-se do ego.

individualismo. O Mosteiro de Lopburi também é uma ilha de benevolência no meio desse oceano de sofrimentos: duas horas de trem ao norte de Bangcoc, esse templo recebia, no começo da epidemia, mais de trezentas vítimas do HIV. Nas piores horas da hecatombe, os monges amparavam os doentes com infinita ternura. Quando não havia mais remédios disponíveis, enquanto os pacientes morriam, eles lhes manifestavam até o fim um amor total, oferecendo-lhes chá, tocando música com dedicação, estando presentes. Emmanuel Tagnard dedicou um incrível documentário a esses heróis da compaixão.

Que presente pode ser mais lindo, quando a medicina não pode mais nada, do que prodigalizar aos desafortunados calor humano e compaixão sem limite? E não é preciso esperar circunstâncias tão trágicas para conceder paz, alegria e amor.

Lançar-se no altruísmo é finalmente escapar da prisão, libertar-se do ego. Não é um mal querer livrar-se desse fardo... E, antes de querer me tornar santo, posso já dedicar cinco minutos, ou um pouco mais, a aliviar os outros, a trabalhar pelo bem das pessoas. Esse projeto ultrapassa amplamente a capacidade do pequeno eu, que é incapaz de atravessar essa montanha. Portanto, dedicar-se aos outros é sair das nossas neuroses e trabalhar para descobrir a alegria e o amor no centro da nossa vida. Toda manhã, podemos refazer o voto do bodisatva, escapar das leis infernais do *samsara* e ir socorrer quem não suporta mais carregar o próprio fardo. Praticando incansavelmente a meditação, posso aprender a nadar no imenso oceano do sofrimento e estender a mão a quem está afundando. No fundo, a vida espiritual nos ajuda a flutuar e a socorrer quem está se debatendo. As grandes sabedorias são muitas jangadas, provisórias, para atravessarmos juntos as tempestades. E a urgência é oferecer um pouco de descanso a quem luta há muito tempo e parece não encontrar saída.

Praticar a compaixão

Matthieu: No budismo, há uma prática que parece paradoxal à primeira vista, mas é muito poderosa. Começamos tomando consciência de que, ao sofrer, não somos os únicos que sofrem. Existem até outros que sofrem bem mais que nós. Pensamos então: em vez de me revoltar, por que também não abraçar o sofrimento dos outros com amor e compaixão? Com frequência, tendemos a pensar que já temos problemas suficientes, sem precisar sobrecarregar ainda mais nosso fardo com o sofrimento alheio. Entretanto, é exatamente o contrário que ocorre. Quando acolhemos o sofrimento dos outros e o transformamos e dissolvemos mentalmente pelo poder da compaixão, não somente não aumentamos nossos tormentos, mas eles se tornam mais leves.

Como realizar essa prática? De início, sentindo um amor profundo por alguém que está sofrendo, primeiro um ente querido, oferecendo-lhe nossa felicidade e pegando para nós seu sofrimento, usando o vaivém da nossa respiração. No momento da expiração, nós lhe enviamos, com o ar que expulsamos, nossa alegria, nossa felicidade e todas as nossas qualidades na forma de um néctar branco, refrescante e luminoso. Pensamos então que, se sua vida estiver em perigo, vai ser prorrogada; se ele for pobre, vai obter o que precisa; se estiver doente, vai ficar saudável; se estiver infeliz, vai encontrar a alegria e o bem-estar. Então, gradativamente, estendemos essa prática a todos os seres que sofrem.

No momento em que inspiramos de novo, imaginamos que tomamos para nós todos os males físicos e mentais dessas pessoas, até mesmo suas emoções negativas, sob a aparência de uma nuvem escura. Essa nuvem penetra em nós pelas narinas e se dissolve sem deixar rastros em nosso coração, que visualizamos como uma massa de luz. Esse exercício pode ser praticado a qualquer momento, em sessões de meditação formal ou durante nossas atividades.

Não se trata de uma prática sacrificatória, já que o sofrimento é transformado pela compaixão. Conheci um monge idoso que praticou esse método até o último suspiro. Poucas horas antes de morrer, ele escreveu uma carta a Khyentse Rinpoche, em que dizia: "Morro carregando alegremente em mim o sofrimento de todos os seres, para que fiquem livres dele, e lhes dou tudo que tenho de bom em mim, e todo o bem que pude fazer em minha vida".

Imaginem que um dia ouvi alguém preconizar exatamente o contrário: "Quando você tem muito sofrimento dentro de si, imagine que, quando expira, seus sofrimentos são expulsos no universo!" Isso dá vontade de dizer: "Muito obrigado! O senhor é muito gentil..."

Christophe: Sim, desse jeito, acrescentamos mais poluição, mesmo que seja simbolicamente... Quando animo sessões de plena consciência com meus pacientes, que voltam após um ciclo inicial de oito semanas, peço que pratiquem esse exercício meditativo em um movimento ao qual se associam compaixão, amor e respiração: ao inspirar, pegamos os sofrimentos alheios, não para armazená-los, mas para expô-los à luz do nosso amor. É um pouco como uma esteira rolante que fizesse passar esses sofrimentos sob a luz do nosso afeto, do nosso amor, da nossa ternura. Mas, cuidado, naquele momento, não somos como um filtro de cozinha que bloqueia as gorduras! Não guardamos os sofrimentos em nós, mas acrescentamos nosso amor a eles, esclarecendo-os, abrandando-os com nosso amor, antes de deixá-los ir embora. Os participantes entendem assim no próprio corpo a natureza exata e infinita da compaixão; eles entendem que nunca somos os únicos a sofrer, que sempre podemos cuidar do sofrimento alheio, não obrigatoriamente encontrando soluções, nem apagando-o, mas tentando doar pequenos atos de amor, pensamentos de amor, intenções de amor. E, quando conectamos isso à expiração, tudo fica muito forte, muito tranquilizante. E é possível, claro, seguir o mesmo processo para si e para seus próprios sofrimentos, dentro da autobenevolência ou da autocompaixão.

A autocompaixão

Matthieu: No começo, antes de conhecer especialistas como Paul Gilbert e Kristin Neff, ao ouvir falar dessa noção de autocompaixão, eu pensava que fosse uma recuperação da compaixão pelo narcisismo. Eu estava errado. Havia subestimado o número de pessoas para as quais a ideia de estender a compaixão aos outros é muito dolorosa, de tanto que estão sofrendo. Soube com consternação que os comportamentos de automutilação afetam de 10 a 15 por cento dos adolescentes da Europa ocidental, mais especialmente as garotas, porque muitas viveram uma infância traumatizante. Percebi que a capacidade de amar o outro está vinculada à capacidade de amar a si mesmo, e que as pessoas que se querem mal têm muitas dificuldades para conceber amor e compaixão pelos outros. Tomei conhecimento também dos trabalhos da psicóloga americana Kristin Neff, que mostrou que o desenvolvimento da compaixão por si mesmo traz muitos benefícios, sem que isso leve a um aumento do narcisismo.

Como vincular esse conceito de autocompaixão à compaixão como a considera o budismo? A benevolência para consigo mesmo responde à pergunta: "O que é verdadeiramente bom para mim?" A resposta lógica é: "Diminuir meus sofrimentos". Portanto, trata-se de achar meios de aliviar os próprios sofrimentos. Uma vez resolvida essa etapa, torna-se mais fácil dizer: "Finalmente, os outros estão na mesma situação que eu, portanto seria bom que também parassem de sofrer".

As pessoas que sofrem desprezo ou ódio por si mesmas devem tomar consciência de que não são indignas do amor dos outros, que têm em si um potencial de mudança, que podem conhecer um dia a paz interior e que sua infelicidade nunca é inelutável. Essa reconciliação consigo mesmo é uma preliminar indispensável à abertura para os outros.

Christophe: Sim, é importante que nossas mensagens sejam bem entendidas. Evocamos a importância de ser altruísta, mas às vezes falamos com pessoas que, como você acaba de dizer, não passaram pelas etapas prévias, e para quem se trata de uma missão impossível ou esmagadora. Muitos têm um primeiro movimento de desconfiança, como você descreve no seu caso, em relação à autocompaixão: "O que é esse negócio que vai tornar as pessoas ainda mais autocentradas?" E, passado esse reflexo, vamos aprofundar, conversar com os teóricos,

Essa reconciliação consigo mesmo é uma preliminar indispensável à abertura para os outros.

os experimentadores, os clínicos, e descobrimos de fato que na autocompaixão existem várias dimensões, entre as quais a da ternura e a do respeito por si mesmo. Dizemos com frequência aos nossos pacientes: "Seja respeitoso consigo mesmo como você é com seu melhor amigo". Quando um amigo vive um fracasso, não dizemos: "Você não presta!", mas: "Vamos ver o que aconteceu..."

Em psicoterapia, é frequente encontrar pessoas terrivelmente violentas consigo mesmas. Portanto, o que há de mais importante na autocompaixão é ter consciência de que o sofrimento faz parte da experiência humana, de que, quando sofremos, estamos ao lado de muitas outras pessoas que estão sofrendo. E a ideia não é: "Existem sofrimentos piores que os seus", nem: "Não é só você que sofre"; não se procura impedir o sofrimento de existir. O objetivo é entender que, finalmente, esse sofrimento é uma experiência humana universal e que de fato, quando sofro, não estou sozinho, nem sou anormal, nem estou isolado; estou apenas em uma humanidade compartilhada.

É por isso que, desde que trabalho como psiquiatra, tenho a convicção de que tratamos melhor as pessoas em grupo. No Hospital Sainte-Anne, na unidade em que trabalho, tentamos fazer o máximo de terapias em grupo: eu fico sempre comovido ao constatar que as pessoas que sofrem de fobias, depressões ou obsessões chegam aos grupos com a certeza de que são as únicas a sentir um sofrimento tão estranho, tão intenso, as únicas a serem incapazes de se curar... Em resumo, têm um sentimento terrível de solidão e anormalidade. E de repente, começamos o trabalho de grupo, cada um conta sua história e percebe que a experiência do sofrimento é universal e não é uma marca de infâmia ou incompetência, mas uma marca de humanidade.

NOSSOS CONSELHOS PARA UMA VIDA MAIS ALTRUÍSTA

DESPRENDER-SE UM POUCO DE SI
Alexandre

- Manter a capacidade de se deixar tocar, comover pelos outros: o risco, quando já sofremos muito na vida, é se blindar até se afastar totalmente do outro. Portanto, ao imitar Buda e Cristo, que viviam sem roteiro, podemos abrir um espaço na agenda, permanecer abertos àquilo que a vida nos traz aqui e agora, aos encontros.

- Ser generosos sem nos deixar consumir pelo desejo de agradar: é um dever sagrado descobrir uma liberdade interna. Como conseguir isso se obedecermos em tudo ao ego, se estivermos totalmente submetidos às opiniões alheias? Passar do desejo de agradar ao puro amor, gratuito e sem razão, e realizar desde já atos altruístas.

- Estender o amor que sinto por meus próximos a toda a humanidade: há uma vida *pelos* outros, que procede da dependência e do desejo de agradar, e uma vida *para* os outros, que se chama dom de si livre, alegre e sem oportunismo. A palavra de Jesus me aproxima disso: "Se alguém quiser vir após mim, negue-se a si mesmo, tome sua cruz e siga-me".

É POSSÍVEL SER BENEVOLENTE COM AS PESSOAS SEM CONDIÇÕES

Matthieu

• Não se assustar com a prática do altruísmo incondicional pensando que está fora do nosso alcance. Nunca pensar: "O sofrimento dos outros não é meu problema".

• Não se culpar por não fazer o que está além das nossas forças, mas criticar-se por desviar o olhar quando pode agir.

• Por mais baixo que comecemos, a benevolência e a compaixão podem ser cultivadas como qualquer outra aptidão física ou mental.

• Servir-nos da nossa faculdade natural de ser benevolentes em relação às pessoas próximas de nós como ponto de partida para estender nossa benevolência além da nossa família e daqueles que amamos.

DO BOM USO DA BENEVOLÊNCIA

Christophe

• Nunca se esquecer de ser benevolente consigo mesmo! Isso facilita a benevolência para com os outros.

• Observar o que ocorre conosco, em nossa mente, em nosso corpo, quando estamos vivendo a benevolência, a ternura, a gentileza; ao contrário, observar o que sentimos no conflito. Nosso corpo nunca deixa de nos lembrar essa evidência: "Veja como sofro no conflito, e como me acalmo e fico feliz na ternura e na benevolência". É um ensinamento cristalino!

- Dar-se também o direito de renunciar! Quando temos o sentimento de que a benevolência é impossível ou se mostra inoperante em uma determinada situação, não procuremos a perfeição: "Faça o melhor e, se for difícil demais, pare, proteja-se, limite-se a não alimentar o ciclo da malevolência, da agressividade, não exagere; talvez não seja esse o momento, talvez seja difícil demais para você, ou difícil demais para qualquer um, tentar modificar tudo isso". Às vezes, acontece estarmos presos em situações horríveis – familiares ou profissionais. Não há como sair disso pela benevolência ou pelo amor, mas pela fuga, indo embora e salvando a própria pele, para sermos benevolentes com outras pessoas ou em outros lugares. Sinceramente, penso que há momentos em que não nos sentimos fortes o suficiente para dar benevolência de forma duradoura, e em que corremos apenas o risco de apanhar.

9

A ESCOLA DA SIMPLICIDADE

Christophe: Este assunto me fascina porque tenho o sentimento de ter aprendido muito nessa área, como ser humano e como médico. A lógica ocidental que é a nossa anda no sentido inverso do despojamento, já que é uma lógica de acumulação: acumulamos os bens, os conhecimentos e até as relações, por exemplo, nas redes sociais, às vezes muito além do razoável, além do uso real.

"O sábio não pergunta o que tem a mais que você, mas procura o que tem a menos." Essa pequena frase colhida ao acaso das minhas leituras me marcou muito: ser sábio com frequência é ir para o "menos", para o despojamento e o desapego...

A síndrome de Diógenes

Christophe: Na minha profissão, todos os meus pacientes me comovem, mas os pacientes "acumuladores" me tocam particularmente e despertam minha curiosidade. Sofrendo de um tipo de transtorno obsessivo-compulsivo, eles não se desfazem de nada e conservam absolutamente tudo – jornais, embalagens, garrafas vazias, rolos vazios de papel higiênico, roupas velhas. Às vezes, no caso deles, fala-se em "síndrome de Diógenes"... Quando moram em casas grandes, os vizinhos acabam chamando a polícia porque o jardim se transforma em depósito de latas velhas. Quando vivem em apartamentos pequenos, as coisas não são melhores. Pratico terapias comportamentais, e às vezes vou à casa das pessoas para ajudá-las: já vi moradias transformadas em labirintos de pilhas de jornais e caixas de sapatos que chegavam ao teto.

Matthieu: É surpreendente que se fale em síndrome de Diógenes quando se sabe que ele renunciou aos bens materiais e que, quando estava em Atenas, diz-se que se contentava com uma grande barrica deixada na rua para dormir.

Christophe: Sim, é um contrassenso parcial, porque, se Diógenes vivia como um mendigo e na sujeira, ele não devia acumular muitas coisas... De qualquer modo, esses pacientes acumuladores sofrem muito e me remetem sistematicamente a esta interrogação: "Estão em um estado extremo, mas será que você já não está parcialmente nessa engrenagem?" Porque não sou um bom exemplo em termos de despojamento! Não gosto de jogar nada fora. Tenho desculpas, justificações: meus pais eram grandes acumuladores, adeptos do "caso seja preciso", do "não vou jogar fora esse barbante, pode ser útil qualquer dia", ou "esses velhos jornais podem servir se houver um vazamento de óleo no carro". Tenho sempre o sentimento de que tudo isso entulhava a cabeça e a vida deles, muito além dos serviços prestados pelos objetos acumulados, mas tenho também um pouco esse reflexo em relação às coisas de que gosto: por exemplo, tenho muita dificuldade para doar livros; é quase impossível jogar fora um velho presente surrado, simplesmente porque foi um presente; fico totalmente paralisado diante da ideia de me desfazer de velhos desenhos ou brinquedos das minhas filhas – minha mulher sabe que só pode jogá-los fora sem que eu saiba... De um modo geral, livrar-se dos objetos que têm uma significação afetiva para nós é doloroso: quando meu pai morreu, lembro-me

A obsessão de estar vinculado com o maior número possível de pessoas nas redes sociais, de enviar em tempo real centenas de SMS ou de fotos, procede dessa tendência de não querer perder nada do que faz a nossa vida.

do tempo que passei junto à minha mãe para ajudá-la a organizar a casa. Era muito complicado para mim e ainda mais para ela, porque ela tinha a impressão de jogar fora pedaços inteiros da sua vida. Afinal, por que somos tão apegados às nossas lembranças? Claro, elas nos dão um sentimento de coerência pessoal, a impressão de saber um pouco melhor quem somos, de onde viemos; mas, se refletirmos, são mais atravancadoras do que nutritivas. Em um determinado momento, a acumulação deixa de nos fazer bem.

Tenho a impressão de não ser o único com essa dificuldade, quando vejo ao meu redor outras formas de apego, como a obsessão das pessoas de tirar fotos: nas reuniões de família, nas viagens, há cada vez mais fotógrafos "loucos" que não participam da festa para poder captar imagens. E o que vai acontecer? Eles acumulam imagens que vão morrer nos computadores, já que neles olhamos menos as fotos do que nos álbuns de papel, em que constam apenas algumas imagens escolhidas.

A obsessão de estar vinculado com o maior número possível de pessoas nas redes sociais, de enviar em tempo real centenas de SMS ou de fotos procede também dessa tendência à acumulação, de não querer perder ou jogar fora nada do que faz a nossa vida. Nossa época é claramente bem diferente das épocas anteriores, em que os vínculos aos objetos e às pessoas eram mais raros, porém mais intensos. Vivemos em uma sociedade extremamente tóxica e de malignidade absoluta, já que nos incita a comprar, a possuir, a acumular, e depois de certo tempo nos leva a jogar fora, não para o nosso bem, mas para criar espaço e poder comprar outras coisas, porque o que tínhamos antes não está mais na moda ou se tornou obsoleto. É diabólico, porque essa sociedade de consumo identificou que a necessidade de se aliviar, mesmo que apenas mecanicamente, é indispensável, mas tira proveito disso para transformar esse fato em necessidade de renovar o que possuímos.

No mundo da psicoterapia, mais uma vez tenho o sentimento de que estamos centrados em uma abordagem de compensação de déficits: como dar mais ímpeto vital ao deprimido? Como ensinar ao tímido as competências sociais que lhe faltam? Como dar regulação emocional suficiente ao hiperemotivo? Como ensinar o toxicomaníaco a ter mais autocontrole?... As práticas de meditação abriram meus olhos para o fato de que podíamos também incentivar as pessoas na direção do menos: menos cogitação, menos pensamentos, menos apego, menos desejo de controle, etc. Foi uma grande novidade que se mostrou muito fértil na minha prática e na conduta da minha vida pessoal.

Atualmente, na minha mesa de trabalho está um livro de Mestre Eckhart sobre a consolação; eu o trouxe aqui e vou lhes ler um magnífico trecho sobre o despojamento:

> Se Deus quiser me dar o que desejo, eu o possuo e sinto-me preenchido; se Deus não quiser dá-lo, é pela privação que o recebo nessa mesma vontade divina que justamente não quer. E, assim, é sendo privado que recebo, é não pegando que pego.

Copiei também uma citação de Santo Agostinho, que diz:

> Esvazia-te para que possas encher-te de verdade, aprende a não amar para que aprendas a amar. Afasta-te para poderes acercar-te. Em poucas palavras: tudo aquilo que deve acolher ou ser receptivo deve necessariamente estar despido e vazio.

Alexandre: Ao ouvir essas palavras, tenho quase vontade de me calar para sempre. No capítulo do despojamento, sou um grande iniciante que quebra a cara com frequência. Há pouco tempo, seguindo o conselho de um amigo, encerrei minha conta no Facebook. No entanto, isso não me pesou. Ao contrário, tive a impressão de ter-me livrado de uma dependência, de uma corrente, e essa pequena vitória me deu força para cuidar de obras muito mais sérias. Mas, nessa questão, ainda tenho muito que fazer. Foi durante um retiro Zen e Evangelho que descobri os prazeres do despojamento. Essas semanas dedicadas ao estudo de um sutra e à prática do Evangelho contam entre os mais belos instantes da minha vida, aqueles que me transformaram completamente. Desde o amanhecer, meditávamos seis horas por dia, explorando um sutra detalhadamente. A missa da noite, de extraordinária pureza e de simplicidade bem evangélica, me levava ao cerne da intimidade onde tudo nasce. Toda vez, eu fazia a experiência de uma gratidão ilimitada e encontrava força para dizer sim, do fundo do coração, ao trágico da existência, e acolher os mil e um dons cotidianos. Depois, eu voltava ao meu quarto para o descanso da noite. A ascese então tomava um aspecto inesperado: eu tomava banho e lavava as roupas, já que tinha levado o mínimo possível. Ao limpar minhas roupas, eu sentia uma alegria imensa, um reconhecimento ilimitado em relação àquilo que, dia após dia, recebemos. Como se a diminuição das minhas necessidades deixasse aparecer uma alegria inédita, profunda e sem razão. Isso pode parecer loucura, mas, no banheiro, cheguei a agradecer ao meu corpo, à pia, às minhas roupas e até à privada que me prestavam incríveis serviços. Eu descobria, como se fosse a primeira vez, esses objetos cotidianos que, na pressa e na precipitação, havia esquecido. De gatinhas, sob o jato de água, eu entendia que a alegria era uma aceitação da existência e que a prece se resumia a duas palavras essenciais: sim e obrigado.

Desapegar-se e abrir-se aos outros

Alexandre: Quem nos deixa acreditar que para ser feliz é preciso necessariamente estar livre de qualquer sentimento de falta? Ao contrário, acredito que seja possível conhecer uma alegria profunda com nossas carências, nossas frustrações, nos altos e baixos da existência. Se eu precisar do carro, do computador, se estiver amarrado às redes sociais, mais cedo ou mais tarde vou sofrer, ainda mais que essa ligação está viciada. Do fundo do coração, posso começar por identificar meus apegos e por tomar consciência de que eles me privam de leveza. Ouvindo-o, Christophe, começo a entender que atrás da minha dependência dos *e-mails*, dos SMS, esconde-se a ilusão de uma segurança. Como se ter muitos amigos conectados me protegesse. Mais uma vez, sem condenar esse desejo que surge das profundezas de um coração ferido, devemos aprender a acolhê-lo com benevolência sem nos tornarmos seu escravo. Aliás, desde que estou com você, dois ou três amigos me escreveram: "Por que você não responde mais aos *e-mails*? Morreu?" Com certeza, essa pressão, mesmo benevolente, não convida obrigatoriamente ao desapego. É urgente aprender que é possível manter outro vínculo com os outros, mais profundo, mais livre. E por que sempre avaliar o amor pela falta que pode provocar? Qual mal-entendido nos leva a acreditar que quanto mais alguém sente nossa falta mais nos ama? Espinosa abre um horizonte com uma pergunta simples, cristalina: "A que estamos apegados por amor?" O que me ajuda é ver que minha mulher, meus filhos e meu mestre estão lá, mesmo na provação. Nunca me julgam. Eis uma consolação que o material nunca poderá me dar.

O grande progresso talvez seja ver que a felicidade vem do despojamento e do fato de nos levar para o *menos*. Trata-se sempre de descer ao fundo do fundo para curar. Juntar, acumular, empilhar, conquistar não leva a nada. Com frequência, quando me sinto tomado por uma avidez desenfreada, pergunto-me: aqui e agora, o que me falta verdadeiramente? Não muito, afinal! Essa pergunta me acalma imediatamente, e de repente vislumbro a plenitude que vive no instante. Aqui e agora, nada me falta; entretanto, assim que a imaginação e a mente se movem, vivo no aperto, na dependência... Daí o interesse, durante um dia, de ousar fazer pequenos retiros para mergulhar de volta na experiência da não falta que se encontra no fundo de nós.

O desapego não tem nada a ver com a frieza. Não é uma barreira entre os outros e eu, mas sim uma liberdade em relação ao meu ego.

Para sofrer menos, é grande a tentação de nos blindar, com o risco de nos tornarmos totalmente insensíveis. É preciso ter coragem para se despojar das carapaças e das vãs proteções. Ao chegar à Coreia do Sul, senti uma certa solidão. Lá, os amigos não se apressaram a tocar a campainha... Um monge budista me ajudou muito com os trâmites administrativos. Um dia, ao me deixar, ele me avisou sem rodeios: "Não espere que eu entre em contato; se precisar de mim, me chame. Não sou do tipo que se manifesta". Sempre há o risco de manter distância dos outros, quando nos dedicamos a uma vida espiritual. Mas o desapego não tem nada a ver com a frieza. Não é uma barreira entre mim e os outros, mas um desprendimento de mim mesmo, uma liberdade em relação ao meu ego. Se eu meditar ou rezar no meu canto, se eu esperar a serenidade sem realizar atos solidários, com certeza vou me perder. Daí a importância da amizade e dos verdadeiros encontros. Somos todos companheiros de estrada rumo à felicidade.

Graças a você, entendo também que o desapego começa por atos muito concretos: desfazer-se de todo o supérfluo também passa pelo aspecto material. Se fizemos as malas para ir à Coreia do Sul, foi graças a um amigo. Um dia, ele veio à minha casa e, vendo os livros empilhados por todo lugar, gentilmente me disse que a decoração não era muito zen, nem meu modo de viver. Então me fez a pergunta fatal: "Qual é seu maior desejo?" Espontaneamente, respondi: "Minha mulher nunca vai querer, mas eu gostaria de me formar na Coreia do Sul, colocar a vida espiritual no centro do nosso cotidiano". De repente, ouvi uma voz exclamar: "Mas quem lhe disse que sou contra?" Em poucas semanas, empacotamos nossas coisas para ir a Seul.

Portanto, foi uma tomada de consciência bem simples que me levou a desembarcar no "país da manhã fresca". Enquanto eu preparava a viagem, tive que me desfazer dos meus livros para perceber que eu sentia mais alegria dando-os do que correndo para comprar a última novidade na livraria. Então, contatei uma prisão para dizer que eu tinha muitos livros para oferecer, e foi com muita alegria que deixei as malas diante da penitenciária de Lausanne. A ideia de que um detento possa se deparar com livros de Mestre Eckhart, Espinosa ou Rûmi me faz sorrir... Em suma, é a alegria e a prática de uma generosidade espontânea que nos fazem desapegar-nos dos bens mundanos e dos vínculos factícios. Aprender a usar bem a lixeira, esse instrumento de liberação, também requer tempo. Para mim, jogar fora, abandonar, tinha a ver com a morte, com o medo, daí a tentação de conservar tudo... Hoje, o exercício espiritual consiste em aprender que essencialmente nada nos faz falta. O material não pode satisfazer as aspirações que moram no fundo do nosso coração. Por exemplo, na minha mesa de trabalho, empilhavam-se desenhos dos meus filhos sem que eu realmente dedicasse um tempo para admirá-los. Recentemente, comecei a resolver isso pondo as coisas em ordem. Aprecio os desenhos, observo os detalhes, antes de jogá-los. Uma maneira de ver que meus filhos vivem, morrem e renascem a cada dia, que Augustin bebê já se foi para dar lugar ao garoto que hoje me sorri. Meus três filhos me são dados a cada instante.

Contentar-se com a simplicidade

Matthieu: Aquilo de que falamos não diz respeito obviamente às pessoas que vivem na precariedade ou na mais completa miséria. Todos nós precisamos de um teto para nos abrigar, e também de comida e conforto suficientes para ficarmos saudáveis. E precisamos fazer o possível para ajudar aqueles tão numerosos que ainda padecem disso na Terra. Remediar as desigualdades e a pobreza no mundo é um dever essencial.

Aqui estamos falando da necessidade de nos livrarmos do supérfluo. Admito que é mais fácil para mim, que segui o caminho monástico e não possuo casa, terras nem carro. Escolhi um modo de vida que me permite ir embora a qualquer momento para o outro lado do mundo, sem faltar às minhas responsabilidades para com a família ou os colegas de trabalho, sem prejudicá-los.

Isso dito, a noção de falta ou privação é muito relativa. Durante treze anos, dormi no chão, no quarto do meu mestre Khyentse Rinpoche, onde ele estivesse no mundo. De manhã, eu dobrava meu saco de dormir e guardava minha escova de dentes em um bolso, minha toalha e alguns pertences. Quando Khyentse Rinpoche morreu, em 1991, dormi na sua antecâmara, sobre um tapete. De manhã, eu guardava minhas coisas em um pequeno nicho. Após dois ou três anos, disseram-me: "Você não quer um cômodo?" Aceitei, e era bastante agradável. Mas em momento algum considerei minha situação anterior miserável. Ao contrário, o que predominava em mim era a alegria ao pensar na extraordinária sorte que eu tivera de viver ao lado de Khyentse Rinpoche, beneficiando-me da sua presença e recebendo seus ensinamentos.

Aliás, até hoje ainda uso o mesmo saco de dormir. Não há nenhum motivo para eu me apegar a esse saco que está perdendo o recheio, mas não vejo a necessidade de substituí-lo enquanto ele ainda me aquece no inverno.

O apego complica a vida. Um dia, no final de uma conferência, no momento de assinar meus livros, deparei-me com uma caneta Montblanc na mão. Procurei ao meu redor... Ninguém a procurava. Fiquei com ela. O problema é que costumo perder minhas canetas. Em geral, isso não tem importância, mas uma caneta Montblanc não é qualquer caneta, seria uma pena perdê-la! Consequentemente, está guardada em uma gaveta e não me serve para nada. Eu deveria dá-la. Mas será uma boa coisa dar uma caneta que representa 5 por cento de caneta e 95 por cento de apego inútil?

O problema não são os objetos, as pessoas ou os fenômenos em si, mas o apego que temos a eles. Um grande mestre budista indiano dizia: "Não são os fenômenos que nos escravizam, mas o apego a eles".

O problema não são os objetos, as pessoas ou os fenômenos em si, mas o apego que temos a eles.

Conta-se a história de um monge tão apegado à sua tigela que renasceu na forma de uma serpente enrolada na famosa tigela, e não deixava ninguém se aproximar dela. O despojamento, portanto, não é questão de riqueza ou pobreza, mas da força com a qual nos apegamos às coisas. Até mesmo o homem mais rico, se não se apegar às suas riquezas, não é escravo e pode fazer os outros usufruírem delas.

Mesmo assim, é incrível o que consigo armazenar, independentemente da minha vontade. Tenho um cômodo pequeno no Mosteiro de Shechen, no Nepal, de 3 metros quadrados, e um eremitério na montanha, menor ainda. Em cada lugar, tenho um altar com livros e algumas estatuetas e, embaixo, dois pequenos espaços para guardar coisas. E, mesmo assim, acabo acumulando mais do que preciso. Então, uma vez por ano, tiro todas as roupas guardadas e distribuo as que tenho em dobro ou triplo. No local onde trabalho, no mosteiro, sinto um verdadeiro júbilo jogando fora velhas pastas que vão alimentar o fogo da cozinha.

Hoje, quando se fala em crise financeira dos países ricos, trata-se com maior frequência de crise do supérfluo. Se todo mundo se contentasse com o necessário, não estaríamos nessa situação. Recentemente, em Nova York, deparei-me com uma longa fila de 500 metros com centenas de pessoas que esperavam calmamente na rua. Curioso, perguntei do que se tratava. "Uma venda de amostras de lenços de grandes marcas. São vendidos por 300 dólares em vez de 500", responderam.

Não pude deixar de pensar que no mesmo momento, no Nepal, as mulheres formavam filas intermináveis na rua para obter alguns litros de querosene para preparar a refeição dos filhos. A crise "financeira" obviamente não tem a mesma cara para todos!

Lá no Nepal, e em outros países do mundo que sofrem desigualdades crescentes, a maioria das pessoas não tem o que consideramos o mínimo decente.

Segundo um ditado tibetano: "Estar satisfeito é como ter um tesouro na palma da mão". O verdadeiro rico é aquele que não é ávido do supérfluo. Aquele que vive na opulência e quer ainda mais será sempre pobre. Acreditar que tendo mais acabamos ficando satisfeitos é enganar a nós mesmos. É como imaginar que bebendo sempre mais água não teremos mais sede.

No Tibete, diz-se que o verdadeiro eremita só deixa pegadas ao abandonar este mundo. Nas sociedades de consumo, acumulamos, acumulamos, querendo guardar sempre mais coisas. Minha querida mãe diz que a nossa civilização é "centrípeta", porque atraímos sempre mais coisas para nós. O Oriente tradicional oferece ainda muitos exemplos de civilização "centrífuga", na qual se compartilha. Conheço uma monja tibetana que, quando você lhe dá um presente, responde: "Obrigada! Vou poder fazer oferendas e dar aos pobres!"

A liberdade de não se apegar

Matthieu: Não se apegar não quer dizer amar menos os outros. Ao contrário, nós os amamos melhor porque estamos menos preocupados com a necessidade de receber seu amor em troca do que demos. Nós os amamos como são, e não através de um prisma distorcido do nosso ego. Em vez de nos apegarmos aos outros pela felicidade que trazem, nós nos preocupamos com a felicidade deles; em vez de esperar ansiosamente uma gratificação, nós nos alegramos simplesmente quando nosso amor suscita um amor recíproco.

Prefiro a expressão "não se apegar", que evoca a ideia de não "colar" as coisas, em vez da palavra "desapego", que faz pensar em uma extração dolorosa. Não se apegar consiste em apreciar plenamente os seres e as situações, mas sem querer apoderar-se deles, sem besuntá-los com a cola do nosso desejo possessivo.

Não se apegar também é não colocar todas as nossas esperanças e temores na conjuntura externa. No budismo tibetano, fala-se em "sabor único". Isso não significa que não notamos mais a diferença entre a mostarda e os morangos e que tudo se torna insípido, mas que somos capazes de preservar nossa paz interior em qualquer circunstância, faça frio ou calor, quer estejamos à vontade ou não, quer ouçamos coisas agradáveis ou desagradáveis. Uma vez encontrada essa paz interior, somos como um barco com uma quilha bem equilibrada: mesmo que uma ventania nos faça adernar, não naufragamos e conseguimos nos reerguer depressa.

No que diz respeito à simplicidade interior, é uma das virtudes cardeais da prática espiritual. Ela é acompanhada de uma grande liberdade em relação às elucubrações mentais, às expectativas e aos temores que, com frequência, complicam as situações mais simples. Em tibetano, a palavra "simplicidade", no sentido mais profundo, quer dizer descanso na natureza da mente, livre de qualquer elaboração mental.

Christophe: Mas, no despojamento, não importa o que se diga na teoria, há uma relativa perda de conforto. Viver em um grande cômodo com uma bela vista parece bem mais confortável do que ficar em um quarto pequeno com vista para um muro ou um estacionamento... Mesmo sabendo que não é nisso que reside o essencial, o conforto é primeiramente um facilitador, embora possa se tornar aos poucos um obstáculo, se se impuser como valor prioritário.

Matthieu: Não estou convencido de que o despojamento seja menos confortável que a apropriação desenfreada. Por experiência, opto sem hesitação pela simplicidade feliz. As situações que você menciona, Christophe, não são apenas desconfortáveis. No caso da vista para o muro, não se trata verdadeiramente de despojamento, mas de uma situação desfavorável ao nosso bem-estar e à nossa realização, pelo menos até atingirmos certo grau de libertação interior. O despojamento do qual estou falando não consiste em se colocar em uma situação miserável, mas em se desfazer das preocupações inúteis associadas ao supérfluo. O supérfluo é como o creme dos bolos: quanto mais tiver, pior será para a saúde.

Dilgo Khyentse Rinpoche falava do sofrimento de possuir coisas demais. Se você possuir apenas um cavalo, tem os sofrimentos relacionados a esse cavalo – o problema de lhe fornecer abrigo e comida, de mantê-lo saudável, a tristeza se ele morrer. Se possuir uma casa, você tem também os sofrimentos vinculados à casa – impostos, consertos, manutenção, incêndio, inundação, etc. É inegável que, quanto mais coisas temos, mais surgem problemas e sofrimentos relacionados a essas coisas.

Posso citar o exemplo inesperado de uma pessoa muito afortunada que voluntariamente simplificou sua vida. Trata-se de Pierre Omidyar, cofundador da eBay. Um dia, ele disse ao seu investidor: "Pare de fazer meu dinheiro frutificar, já tenho o suficiente". Com sua mulher, Pam, ele criou uma fundação que ajuda centenas de milhares de mulheres na Índia, entre outros beneficiários. Fiquei intrigado com sua história e o encontrei em Vancouver, durante uma mesa-redonda com o dalai-lama. Quando eu o vi de novo, em Paris, ele chegou de metrô. Sua mãe lhe disse: "Você está com frequência em Paris, bem que poderia comprar um carro!" Ele foi a um salão de automóveis, onde viu todo tipo de carros lindos. Deu uma volta e pensou: "Eu poderia comprar todos, mas será que preciso mesmo ter um? Não". Foi embora de lá feliz e de metrô.

Alexandre: Que incrível!

Matthieu: Eu poderia também citar o caso de Gérard Godet, já falecido, que era um grande benfeitor do budismo e apoiava várias associações caritativas. Fizera nove anos de retiro espiritual. Ele também era rico, vivia simplesmente e se vestia de modo tão modesto que, um dia, abrigando-se da chuva sob um pórtico e estendendo a mão para ver se ainda chovia, uma pedestre lhe deu uma moeda.

O alívio que acalma

Matthieu: De fato, a renúncia não é uma privação, mas uma liberdade. De início, não evoca nada muito agradável, mas imagine-se caminhando na montanha com uma mochila pesada demais. Durante uma pausa, você a abre e vê que sob os suprimentos um engraçadinho colocou pedras. Ao jogar fora as pedras, você não se priva de nada, mas simplesmente torna a vida mais fácil. A verdadeira renúncia é isso. Basta distinguir o que, na existência, é fonte de satisfação profunda e o que é somente fonte de problemas.

Se um pai alcóolatra decide renunciar ao álcool pelo bem dos seus filhos, a abstinência com certeza será difícil, mas não se pode dizer que ela vai diminuir ou empobrecer esse pai. Renunciar não quer dizer privar-se do que traz alegria e felicidade, seria absurdo, mas acabar com aquilo que cria permanentemente inúmeros tormentos. Todos nós sofremos de uma dependência das causas do sofrimento. Devemos esquecer a euforia artificial e a felicidade enlatada. Sem nos proibir de desejar, precisamos abraçar o que é verdadeiramente desejável do ponto de vista da nossa realização.

Estar sempre preocupado com elogios e críticas, com a fama e o anonimato, a riqueza e o poder, priva-nos dos nossos mais preciosos bens: nosso tempo, nossa energia, nossa saúde e até nossa vida. Sêneca dizia: "Não é que tenhamos pouco tempo, nós é que o desperdiçamos". As quimeras que perseguimos são menos métodos de ganhar a vida do que meios de perdê-la. Há muitas coisas e atividades das quais podemos nos desfazer para viver uma vida melhor e nos dispersar menos com o supérfluo. Como dizia Tchuang-Tzu: "Quem penetrou o sentido da vida não se preocupa mais com aquilo que não contribui para ela". Não se apegar tem um gosto alegre de liberdade.

Despojar-se também é livrar-se dos pensamentos errantes que nunca param de rodopiar em nossa mente. É deixar para trás as elucubrações, as expectativas e os temores que costumam preencher nossa paisagem mental em detrimento do amor, da compaixão e da paz interior.

> Renunciar não quer dizer privar-se do que traz alegria e felicidade, seria absurdo, mas acabar com aquilo que cria inúmeros tormentos.

Christophe: Há uma palavra tibetana para designar positivamente essa abordagem de alívio? Despojar-se, renunciar são palavras que têm um lado negativo.

Matthieu: A palavra tibetana que se traduz em geral por "renúncia" de fato quer dizer "determinação de se libertar". É a resolução inabalável de se liberar do oceano de sofrimentos do *samsara*, condicionado pela ignorância e pelo sofrimento, e consequentemente deixar para trás tudo aquilo que nos torna mais pesados e nos afunda nesse oceano. Fala-se em alívio de quem tira um fardo pesado das costas ou escapa de um fosso cheio de brasas. O estado que resulta disso poderia ser chamado de simplicidade feliz e desejada, o que lembra um pouco a "sociedade feliz" de Pierre Rabhi.

O despojamento no cotidiano

Christophe: É muito complicado chegar à necessidade de despojamento apenas pela força do intelecto. Precisamos experimentá-lo concretamente.

Por exemplo, os retiros são uma ajuda muito preciosa: quando fazemos um retiro, ficamos despojados da possibilidade de telefonar, de mandar SMS, de ler, de ver televisão, etc. Ficamos privados dessas próteses externas e de todos os nossos pequenos pertences habituais. Imergimos no mosteiro, em osmose com as pessoas que escolheram levar uma vida inteira no despojamento. Aliás, elas não veem que estão no despojamento, como um peixe na água não vê que está na água. E, sintonizando-se com eles, você vai aprender incríveis lições sobre seus apegos.

Outra prática instrutiva nessa área é o jejum. Fiz a experiência do jejum, muito ligado à noção de despojamento: percebemos que é possível não comer por algum tempo, que isso não nos coloca em perigo, não nos faz sofrer, e que adquirimos uma grande capacidade de discernimento sobre nossa relação com a comida – conseguimos diferenciar melhor a verdadeira fome da vontade de comer o que tem cheiro gostoso ou é bonito, do hábito porque está na hora, do prazer porque somos gulosos. Para mim, foi um tipo de laboratório de alívio, de renúncia, muito além do simples fato de jejuar.

Eu gostaria de ouvir vocês dois sobre todos os tipos de esforços que fizeram. Acho que existe uma higiene do despojamento. Preciso – e penso que os leitores também precisam – que vocês falem mais a respeito, já que estão mais avançados nesse caminho.

Alexandre: Ao ir embora para a Coreia, eu me dei conta dos mil e um objetos que aos poucos havia acumulado. Pratiquei então uma pequena ascese: perguntei-me por que eu me apegara tanto a esses verdadeiros bibelôs e de onde as coisas que me cercavam tiravam seu valor. Meus pais nunca cessaram de repetir que eu precisava arrumar meu quarto. Hoje, entendo, graças à prática do zen, que o ambiente abarrotado acaba poluindo nossa mente e nos distraindo. Assim, dediquei-me a tirar da casa tudo que não era útil. É muito simples: só entram no quarto os objetos que utilizo realmente. Levei o exercício ao extremo, deixando na mesa de cabeceira um único livro. Fazer a faxina é começar por perguntar: o que é o essencial? Desde então, isso se tornou uma brincadeira. Quando vou às compras eu me pergunto, por exemplo, se a roupa que estou prestes a comprar me cai realmente bem, ou se não estou seguindo um impulso consumista. E o computador de última geração que me atrai, será que realmente preciso dele? Mais que tudo, doar liberta.

Um dia, minha mulher me alertou gentilmente ao notar que eu me desfazia mais facilmente dos livros de bolso do que dos outros formatos. Simplesmente, ela disse: "Se quiser realmente fazer seu exercício, não coloque limites e comece por seus exemplares da Pléiade*..." Ela me mostrou que a melhor intenção do mundo não basta, mas que é preciso atos, algo concreto, e acabei caindo na gargalhada. Em Seul, com meus filhos, às vezes praticamos um exercício espiritual. Quando entramos em um hipermercado, lançamos o desafio de sair de lá de mãos vazias. Sócrates, passeando na praça da feira, alegrava-se vendo quantas coisas havia de que não precisava.

Matthieu: Ouvi o dalai-lama dizer que ao todo, na vida, foi só duas vezes a uma loja de departamentos. Nas duas, deu uma pequena volta e, após ter olhado várias coisas pensando: "Bem que eu poderia comprar isso!", percebeu que não precisava de nada e saiu de mãos vazias!

Alexandre: Por que não os imitar e olhar de forma diferente o que nos tenta? Quando entro em uma loja de departamentos, ouço uma pequena voz, como um sinal de alarme, que me para imediatamente. Resisto a esse frenesi que me faz acreditar que a felicidade é possuir, e existem mil maneiras de escapar da tentação. Por exemplo, observando, contemplando e, sobretudo, encontrando nossa alegria no próprio exercício. Permanecer atentos aos outros nos faz progredir. Assim, no caixa, deixar passar a senhora idosa que tem dificuldade para andar. Mais que os esforços, é a atenção ao presente que liberta. Não é a privação, as frustrações ou a falta que conduzem ao desapego, mas a plenitude e a alegria. O que me ajuda a doar e a me despojar é aproveitar plenamente a vida e, por exemplo, ler com delícia o livro que espera por mim na mesa de cabeceira. Desapegar-se é paradoxalmente aprender a se alegrar e ir adiante.

Ouvindo vocês, pensei nas palavras de Thoreau, que lança este maravilhoso desafio: "Simplificar, simplificar, simplificar". Seu lema, seu remédio me serve de bússola na vida cotidiana. Alcançar o essencial,

* Luxuosa coleção publicada pela Editora Gallimard desde 1931, constituída por obras de autores prestigiados. Os livros são editados em papel-bíblia e com encadernação de couro e impressão dourada. (N. do T.)

Daí o famoso mantra, que traz imenso alívio se recitado umas dez vezes: "Não preciso de nada! Não preciso de nada! Não preciso de nada!"

despojar nosso modo de vida, acalmar as relações atormentadas é uma prática, uma ascese. Aqui, não se trata de nos iludir, mas de considerar com infinita franqueza todas as necessidades que habitam nosso coração. Um a um, romper os apegos para voar rumo à liberdade – eis o caminho que posso seguir com São João da Cruz: um pássaro pode estar preso apenas por uma correntinha de ouro, mas esse pequeno vínculo vai impedi-lo de voar...

Christophe: Atravessar o supermercado como exercício espiritual! É algo que faço às vezes com meus pacientes compradores compulsivos. Chamamos isso de "exposição com prevenção da resposta": expomos as pessoas a ambientes que tendem a provocar nelas respostas patológicas e as ajudamos a não cumprir essas respostas. Vamos com eles às lojas, respiramos profundamente diante daquilo que gostaríamos de comprar, não compramos e saímos de lá com a consciência de ter feito um bom trabalho. É preciso repetir o exercício regularmente! Porque voltamos a ser contaminados com regularidade, poluídos de novo pela publicidade e pela sociedade de consumo.

Matthieu: Lembro que um dia, no meu eremitério, pensei: "Se uma fada me propusesse realizar três desejos no plano material, o que eu poderia lhe pedir? Visto o tamanho do meu eremitério, as possibilidades são limitadas: não há como colocar nele um aparelho de som, nem mesmo um computador de tela larga. Tenho um altar com algumas estátuas, cerca de vinte livros, algumas roupas e objetos úteis". Logo depois, dei uma gargalhada, porque eu não encontrava nada a desejar que não fosse fonte de atravancamento e não de vantagem. Daí o famoso mantra, que traz imenso alívio se recitado umas dez vezes: "Não preciso de nada! Não preciso de nada! Não preciso de nada!", etc.

Um grande mestre tibetano, Dudjom Rinpoche, dizia que, quando temos uma coisa e queremos duas, já abrimos a porta para o demônio. A partir do momento em que somos incapazes de nos contentar com o necessário, não há mais limites. A terra inteira não seria suficiente. Lembro-me de um filme que vi em um avião. Era a história de uma ampla maquinação organizada por um homem e uma mulher que conseguiam desviar bilhões de dólares de um sistema bancário desregulando os relógios, etc. No final, a mulher quer ser mais esperta e fugir com a totalidade do dinheiro. O homem contraria seu estratagema e lhe pergunta: "O que quer fazer com 4 bilhões que não possa fazer com 2?" Se quisermos utilizar tamanha quantia para o bem dos outros, para erradicar o paludismo ou alimentar quem passa fome, com certeza dá para fazer muitas coisas. Mas, para si mesmo, nada.

Christophe: Adoro esse mantra exultante: "Não preciso de nada!" Não se trata de lavagem cerebral ou do método Coué,* mas de um tipo de massagem mental que flexibiliza a aderência psicológica às nossas falsas necessidades e nos leva progressivamente a tomar gosto por outra coisa, por outra maneira de viver e de responder às tentações. Quando o pronunciamos com sinceridade, despojando-nos dos preconceitos, acontece algo, assim como quando Alex lembra esta pergunta: "O que me falta?" Fazer essa pergunta é útil somente se você parar realmente e se deixar abalar por ela.

* Método de psicoterapia inventado por Émile Coué (1857-1926), baseado na autossugestão consciente. (N. do T.)

Ensinar a simplicidade às crianças

Matthieu: Deveríamos começar a aprendizagem do despojamento com as crianças. Seria preciso ter já a decência de não as condicionar a se tornarem viciadas em consumo. No livro *The High Price of Materialism* [O alto preço do materialismo], o psicólogo Tim Kasser cita uma frase do presidente da General Mills, uma das maiores empresas de alimentos do mundo: "Quando se trata de focalizar as crianças como consumidores, seguimos o modelo 'do berço ao túmulo'. Pensamos que devemos atrair as crianças bem cedo, para conservá-las a vida toda". Para impedir esse projeto cínico, Kasser sugere proibir toda publicidade destinada às crianças, como foi feito na Suécia e na Noruega.

Como ensinar a simplicidade às crianças? Fazendo com que compartilhem a alegria das coisas simples. Para voltar a Tim Kasser, em Bancoc, onde estávamos para uma conferência sobre "o budismo e a sociedade de consumo", ele me contou:

> Hoje de manhã, passei um momento maravilhoso com meu filho em um parque. Descobrimos vários tipos de flores e pássaros multicoloridos, aproveitamos a beleza e a tranquilidade do lugar. Imagine se, em vez disso, eu tivesse levado meu filho para fazer compras em um supermercado tailandês. Imagine que ao sair tivéssemos tomado um riquixá *tuk-tuk* e que este tivesse batido em um carro. Talvez tivéssemos que levar o motorista ao hospital, um responsável pelo acidente teria levado uma multa, e tudo isso teria sido bem melhor para o consumo e o PIB do país, mas não para nossa satisfação mais profunda.

Durante um passeio na zona rural francesa, um amigo me lembrou que, quando éramos jovens, na época das cerejas, todas as crianças subiam nas árvores para se deliciar com as frutas. Hoje, as cerejas permanecem nos galhos. As crianças não sobem mais em árvores. Em geral, estão na frente de um computador. Entre 1997 e 2003, a porcentagem de crianças de 9 a 12 anos que passavam tempo fora de casa para brincar juntas, fazer passeios ou jardinar caiu pela metade. Os jogos são cada

Qualquer forma de publicidade visando os menores deveria simplesmente ser proibida, quer se trate de brinquedos ou de refrigerantes.

vez mais solitários, virtuais, violentos, desprovidos de beleza, de deslumbramento, de espírito de camaradagem e de prazeres simples. Porém, as pesquisas mostraram que um contato maior com a natureza tem um impacto importante sobre o desenvolvimento cognitivo da criança.

Christophe: Essa questão das crianças é capital... Em uma revista científica, fiz a análise de um livro de Joel Bakan, *Childhood under Siege* [A infância sitiada], em que ele demonstra de forma detalhada a maneira como nossa sociedade focaliza as crianças, manipulando-as, tornando-as dependentes, e manipula também os pais. É assustador!

Matthieu: E fundamentalmente imoral. Lidamos com egoísmo institucionalizado e totalmente cínico, porque essas empresas sabem muito bem que prejudicam as crianças.

Christophe: Concordo com você, Matthieu, e penso também que qualquer forma de publicidade visando os menores deveria simplesmente ser proibida, não importa qual for o setor, quer se trate de brinquedos ou de refrigerantes. Não há motivo justificado para incitar as crianças ao consumo. Usa-se a vulnerabilidade delas com cinismo, o que é inaceitável, a meu ver.

Outro ponto em que nós, os pais, somos responsáveis: com frequência tenho a intuição de que os presentes que damos aos nossos filhos servem para nos sentirmos menos culpados pelo tempo que não passamos com eles. Durante anos, eu morava ainda em Toulouse, e Pauline, minha esposa, estava em Paris. Toda semana, eu pegava um avião para ficar com ela e passava muito tempo nos aeroportos. São lugares em que há muitas lojas, e, se olharmos bem, também lojas de brinquedos – o que não deixa de ser surpreendente. Essas lojas têm por alvo os pais, e cada vez mais as mães, que se sentem culpados por estarem longe de casa, e passam diante da vitrine com o coração apertado quando pensam nos filhos. Eles se aliviam e querem agradar comprando um brinquedo, enquanto, idealmente, deveriam se perguntar: "Mas por que estou infeliz? Porque meu filho não tem muitos brinquedos? Não, se me sinto infeliz é porque não passo tempo suficiente com ele". E o que fazer? Por facilidade, entramos na loja, compramos o brinquedo que daremos à criança, que mesmo assim ficará feliz porque o entende como uma prova de amor, de certo modo. Já fiz isso, todos nós já fizemos, mas é como dar um refrigerante ao seu filho em vez de ensiná-lo a beber água: não lhe prestamos serviço algum.

O melhor que podemos fazer pelos filhos, mais uma vez, é ser um modelo para eles. Se comprarmos a cada seis meses um novo relógio, se corrermos atrás das liquidações, se a ida ao supermercado for a saída em família do fim de semana, que tipo de mensagem estaremos lhes mandando?

Mas tenho esperança, porque acho que a espécie humana é inteligente, sabe se adaptar, e vejo que essa nova geração de crianças que cresceu em um ambiente abarrotado de objetos, de brinquedos, de roupas, está começando a se imunizar contra o consumo. As crianças que conheço bem – minhas filhas, meus sobrinhos, filhos de amigos próximos –, se não desconfiam, pelo menos têm certa indiferença ou uma autonomia crescente em relação ao fato de possuir, e no fundo dão o que possuem muito mais facilmente do que nós fazíamos. Tenho o sentimento de que em determinado momento essa sociedade de hiperconsumismo, que atiça nossos desejos e cria desejos artificiais, vai acabar secretando em nosso cérebro anticorpos de maneira bastante natural. Vemos surgir cada vez mais economias paralelas, essas economias de compartilhamento em que, em vez de comprar, pedimos emprestado – uma motosserra ao vizinho, por exemplo. Poderíamos possivelmente evoluir para modelos que vão se impor, em que as crianças emprestarão umas às outras brinquedos, livros, etc.

NOSSOS CONSELHOS PARA CAMINHAR LEVE

OS TRÊS ALÍVIOS
Christophe

Aqui vão três conselhos que me esforço em seguir (embora nem sempre consiga):

- O alívio material. Recomendo o mantra de Matthieu: "Não preciso de nada", ou então, se for difícil demais: "Não preciso de tudo isso". Quando fizer compras ou passear pelas lojas, antes de comprar, pergunte-se: será que realmente preciso disso? Isso vai me deixar mais feliz hoje? E amanhã, daqui a um mês, daqui a um ano?

- O alívio ocupacional. Fazemos coisas demais e envolvemos nossos filhos em atividades demais: precisamos de todo esse lazer, de todos esses afazeres? E se fizéssemos menos para viver melhor? E se reservássemos um tempo para não fazer nada, para contemplar, para respirar?

- O alívio mental. Aliviar-se dos medos – medo do futuro, medo da nossa imagem social, medo em relação à nossa segurança. Alex fala disso com frequência: é preciso também fazer uma boa faxina no aspecto psicológico!

CONSELHOS
Alexandre

- Libertar-se dos rótulos. Mestre Eckhart convida o tempo todo o leitor a se desprender de si. Assim, cem vezes por dia, posso fazer a experiência de não ser o ansioso permanente, nem o colérico enlouquecido, nem o filósofo, nem o deficiente. A ascese consiste em nos despojarmos de todas as identificações às quais nos reduzimos, para morrer e renascer a cada instante. Quanto mais me reduzo a um rótulo, mais sofro. O desafio consiste em abandonar sem mais tardar esse espírito de fixação que nos amarra ao material a cada momento.

- O preço da paz é o *despojamento*. A alegria profunda requer fazer um pouco menos. Mestre Eckhart nos convida a desobstruir o templo da nossa mente. Hoje, aqui e agora, do que posso me despojar concretamente? Como arrumar lugar na minha agenda?

- Perguntar-se *o que é essencial*. Aprender a fazer a faxina, as compras: é no campo da vida cotidiana que se iniciam os progressos. Assim, podemos considerar o supermercado como um imenso campo de treinamento para discernir nossas verdadeiras necessidades. De tanto procurar a felicidade onde não está, passamos ao lado do essencial. Não há nada mais precioso que um modo de vida despojado, que nos ajude a nos tornar disponíveis para a alegria e a paz. E se começássemos pondo um pouco de ordem em nossa vida, da forma mais simples possível?

EM CONCLUSÃO
Matthieu

Vou citar de novo a frase de Thoreau, uma das minhas prediletas: "Simplificar, simplificar, simplificar".

• Simplificar nossos pensamentos, evitando atravancar nossa mente com cogitações inúteis, vãs esperanças e medos irracionais, deixando de ruminar o passado e antecipar febrilmente o futuro.

• Simplificar nossas palavras, evitando fazer da nossa boca um moinho de conversas inúteis que giram sem parar. As palavras que escapam dos nossos lábios às vezes têm consequências pesadas. Devemos parar de espalhar o apego e a animosidade. Falar com ternura, e, se a firmeza for necessária, que seja marcada pela benevolência.

• Simplificar nossos atos, evitando nos envolver em atividades intermináveis que devoram nosso tempo e trazem apenas satisfações menores.

10

A CULPA E O PERDÃO

Alexandre: Avançar, progredir, progredir sempre, tudo bem! Mas como abandonar de vez esses fardos que muitas vezes nos imobilizam? Como se desprender um pouco do passado? Na verdade, a culpabilidade, o ressentimento, os rancores e todo o cortejo de venenos da mente nos traem. Mais uma vez, Mestre Eckhart me entrega um poderoso antídoto ao distinguir dois tipos de arrependimento. Um deles, temporal e sensível, nos afunda no desânimo e no desespero. Puxando para baixo, ele nos tranca em um sentimento de impotência e nos atordoa. O outro, que o místico chama de divino ou sobrenatural, de certo modo nos dá asas, nos eleva para Deus, nos desvia do mal e redireciona com força nossa vontade para o bem. Em suma, sem nos desfazermos de todo sentimento de falta, devemos claramente abandonar essa culpa narcisista que, longe de nos tornar melhores, nos paralisa. Antes de qualquer coisa, é preciso se inscrever em uma dinâmica, colocar-se a caminho. Mesmo que eu tropece e caia, permaneço um *progrediens*, alguém que se levanta de novo e avança para uma alegria livre. Até o último sopro, temos a possibilidade de progredir, de dizer sim ao que acontece, apesar da resistência.

Aliviar o coração e fazer respirar a alma exige talvez reatar com esse espírito infantil, essa inocência que os sábios nunca perdem. Largar, abandonar os quilos de angústia, os acúmulos de amargura e ressentimentos, nos livra com certeza de muitos becos sem saída. Porque, no fundo, trata-se de deixar afluir, com imensa paciência, o que devemos ser. O homem que se fixa no desprezo de si mesmo não pode se elevar muito. O exemplo dos mestres zen me ajuda a caminhar: diante de uma dificuldade, a mente não se perde em especulações. Quando surge um problema, deve-se agir. No plano moral, quando cometo um erro, é muito simples: em vez de me perder em "eu deveria ter..." e em "ah, se apenas...", basta que eu identifique concretamente o que posso fazer para consertar o prejuízo. E, em vez de ruminar, ajudar realmente a pessoa que feri. Acusar-se permanentemente, criticar-se sem parar não alivia ninguém. No fim das contas, apenas aumentamos a camada de sofrimento.

Acabar com a culpa

Matthieu: Você fala do sentimento de culpa pesado demais para carregar, mas também há o simples arrependimento, que permite reconhecer os erros cometidos e o mal cometido por falta de discernimento ou de consideração alheia. Uma forma de arrependimento saudável, acompanhada do desejo de não repetir os mesmos erros e de consertar o prejuízo feito aos outros e a si mesmo. De qualquer modo, é o ponto de vista pragmático do budismo. Mesmo que pareça paradoxal, esse tipo de arrependimento pode levar ao otimismo, porque resulta no desejo de mudar, é o ponto de partida de uma melhora pessoal.

Alexandre: Em um magnífico livro dedicado a Platão, o filósofo Alain dissipa uma falsa concepção de liberdade. Se eu não posso mais escolher hoje ter-me casado no passado com minha mulher, posso escolher amá-la, do fundo do coração, a todo instante. O horizonte que se abre me alegra. O desafio é exercer essa liberdade até nos obstáculos:

> Lamentar o passado, estagnar em remorsos exige uma energia considerável. Por que não tomamos simplesmente nota dos nossos erros e tentamos tirar disso um ensinamento?

não decidi ser deficiente, mas posso decidir fazer disso um campo de treinamento, uma chance de progredir. Afinal de contas, não há melhor momento do que aquele que me é dado aqui e agora de me tornar um marido mais amável, um pai de família mais atento, um deficiente mais alegre... O arrependimento nos imobiliza no passado, enquanto devemos viver totalmente o presente.

Na culpa, identifico também um tipo de interiorização do olhar do outro, como se as críticas que já ouvi mil vezes acabassem gerando uma autoacusação permanente e nociva. Lamentar o passado, estagnar em remorsos exige uma energia considerável. Por que não tomamos simplesmente nota dos nossos erros e tentamos tirar disso um ensinamento? Para que servem todas essas ruminações: "Isso não é digno de mim, valho muito mais que isso!"? Entre as cruéis hesitações e a tolerância excessiva que passa por tudo, um caminho se abre. Passo a passo, podemos avançar na não fixação e no amor.

Matthieu: De fato, se o arrependimento degenera em culpa, ele pode levar à desvalorização de si mesmo, ao sentimento de carregar um vício fundamental. Pensamos merecer a crítica alheia e duvidamos da nossa capacidade de nos transformar. Essa forma de arrependimento leva ao desânimo e ao desespero, impedindo que sejamos lúcidos, e não serve de ponto de partida para uma melhora pessoal. Além do mais, levando-nos a colocar o foco em nós mesmos, ela impede que pensemos nos outros e consertemos os sofrimentos que podemos ter causado.

No Ocidente, o sentimento de culpa é influenciado pela noção de pecado original. No Oriente budista, fala-se, ao contrário, de "bondade original". Não há nada em nós de fundamentalmente mau, e os erros são considerados como tendo pelo menos uma qualidade: a de poderem ser consertados. Cada um tem em si um potencial de perfeição que pode ser esquecido ou vendado, mas nunca perdido. Nossos erros e defeitos são acidentes, desvios temporários que podem ser corrigidos e não corrompem em nada esse potencial. Nesse contexto, o arrependimento não é um sentimento que nos imobiliza no passado. Ao contrário, é o que permite cruzar as pontes dos nossos erros e tomar um novo rumo.

Alguns anos atrás, a convite de prisioneiros, fui com um amigo visitar um centro de detenção no sul da França. As pessoas cumpriam penas longas, vinte anos em média. Passamos uma tarde com vinte deles. O que me pareceu mais irreal foi que tive a impressão de tomar uma xícara de chá com um grupo de pessoas totalmente normais, exceto um detento que ficou prostrado a maior parte do tempo. Após ter conversado longamente, um deles me diz:

> Pensar que temos a possibilidade de trazer à superfície o melhor de nós é uma ideia reconfortante, uma fonte de esperança. Em geral, os conselheiros espirituais que vêm aqui dizem que somos duplamente pecadores. Nascemos pecadores, e ainda por cima cometemos uma falta grave. É um pouco pesado para carregar, e nos sentimos esmagados.

Um dos meus mestres, Jigme Khyentse Rinpoche, dava um exemplo divertido para ilustrar a diferença entre o arrependimento e a culpa. Se você passar no sinal fechado e a polícia o parar e lhe der uma multa, o arrependimento vai impedir que você passe de novo no sinal fechado e seja punido. Se, em vez disso, você estiver tomado por um sentimento de culpa, vai voltar ao carro pensando que é mau motorista e está o tempo todo distraído e com má sorte: você sempre é multado. Absorto em suas ruminações, você não vai prestar atenção no próximo sinal fechado, vai passar e levar outra multa!

Não sentir arrependimento nem culpa pode ser grave, e de fato é uma das características dos psicopatas. Eles sabem distinguir entre o bem e o mal, mas não prestam atenção nisso. Quando seus crimes dão certo, eles sentem satisfação, mas, quando fracassam ou são desmascarados, não sentem nem vergonha nem arrependimento, e só esperam uma ocasião para recomeçar. Com eles, as punições não têm nenhum efeito redentor ou preventivo contra a reincidência. E, quando detidos, tentam se justificar, minimizar o impacto dos seus atos e colocar a responsabilidade nos outros – suas vítimas, em geral.

Os sentimentos íntimos e dolorosos

Christophe: Tenho uma visão um pouco diferente da sua nas definições que dou a esses fenômenos. Será interessante confrontar nossos pontos de vista. Na psicologia, incluímos os fenômenos do arrependimento, da culpa e da vergonha na família dos "sentimentos íntimos e dolorosos" em relação a eventos e atos do passado. É um *continuum* que vou tentar apresentar da maneira mais clara possível. Há uma explicação evolucionista para tudo isso. Se somos todos equipados com a capacidade de nos voltar sobre o passado por meio de nossas emoções e pensamentos, é porque se trata de uma função extremamente útil: cometemos com frequência faltas, erros intencionais ou involuntários, "por ação ou por omissão", como se diz no cristianismo, e todas essas emoções dolorosas nos ajudam a não as cometer de novo, ou eventualmente a querer consertá-las.

As classificações comportam várias dimensões. Primeiro, será que o ato que gera esse desconforto emocional e psicológico diz respeito somente a mim ou ao mal causado a alguém? Diferentemente de você, Matthieu, eu distinguiria de outra forma arrependimento e culpa: não me sinto obrigatoriamente culpado por ter passado no sinal fechado, porque, se a polícia me parou, o único prejuízo foi o da minha carteira. Mas posso lamentar ter passado no sinal fechado, ou apenas estar irritado, sem esse sentimento de desconforto vinculado ao

Na psicologia, a culpa é um sentimento doloroso em relação a um ato passado que provocou sofrimento em alguém.

arrependimento. Por outro lado, posso me arrepender por ter agido de maneira a perder dinheiro, ou lamentar um gesto errado que provocou um incêndio na minha casa – mas, se eu morar sozinho, não vou sentir culpa. Na psicologia, a culpa é um sentimento doloroso em relação a um ato passado que provocou sofrimento ou dor em alguém, enquanto o arrependimento não implica obrigatoriamente dor ou sofrimento.

Falamos também de vergonha, outro membro dessa ampla família, quando nos deparamos com um sentimento emocional muito mais intenso, muito mais doloroso. Existe uma diferença de dimensão também. Com frequência, tenho vergonha do que sou, vergonha de toda a minha pessoa, lá onde a culpa está vinculada a um comportamento preciso ou focada em um erro importante que prejudicou alguém.

Matthieu: De fato, não damos exatamente o mesmo sentido a essas palavras. No budismo, fala-se também de vergonha, mas de novo como uma qualidade. Distinguimos dois tipos. A primeira é o mal-estar que sentimos ao desrespeitar uma ética que tínhamos como meta. É um sentimento íntimo que podemos manter em segredo. É considerado benéfico porque nos incita a corrigir nosso comportamento e a nos sentir melhor. A segunda vergonha é aquela que sentimos diante de alguém, em geral uma pessoa que respeitamos. É um sentimento mais nobre que a simples preocupação com o olhar alheio. Ele nos ajuda a melhorar tomando como critério o que pensam de nós aqueles que consideramos melhores que nós. Portanto, o budismo propõe simplesmente uma abordagem positiva desses sentimentos, fazendo com que sirvam o que ele considera como a meta nobre das metas, isto é, libertar-se da confusão e do sofrimento, e ajudar os outros a fazer o mesmo. Por fim, há um aspecto saudável da

A culpa em si não é um problema. Mas, quando fica excessiva, significa que o sistema de alarme está desregulado.

culpa que faz com que fiquemos perturbados por termos prejudicado alguém, mesmo que involuntariamente, e tomemos de repente consciência do caráter inaceitável dos atos prejudiciais que cometemos.

Christophe: Os psicólogos se interessam também por sentimentos de intensidade bem mais leve, o incômodo ou o embaraço. Por exemplo, se eu quebrar um copo e se não machuquei ninguém, o copo não tem muito valor e está longe de ser uma falta moral, mas fico incomodado, porque é um ato inadequado. Todas essas emoções são sentimentos que chamamos de "consciência de si". Ela requer que eu tome consciência de certa responsabilidade pelos meus atos.

Além do lado emocional, existe um lado cognitivo. Quando ruminamos atos do passado, sentimos uma dor que, aliás, está frequentemente na continuidade da vergonha, da culpa, do incômodo e do arrependimento. Revivemos o que ocorreu além do necessário. Os especialistas consideram que uma das virtudes dessas emoções dolorosas vinculadas a atos que executamos em um passado próximo ou longínquo é ativar uma reflexão que, por sua vez, ativa um questionamento, que então pode ativar resoluções. Você descreveu essa cadeia, que também se tenta pôr em movimento no budismo.

Mas algumas dessas emoções podem ser excessivas e patológicas. Em vez de ter um pouco de arrependimento, um pouco de culpa, em vez de refletir de maneira a corrigir isso, posso afundar em uma culpa excessiva, desproporcional, até em um sentimento de vergonha absoluta. E esse lado cognitivo que constitui a reflexão pode deslizar para a ruminação. Na ruminação, vamos muito além da reavaliação do que aconteceu, remastigamos, revivemos. E sofremos.

Com frequência, na terapia, aconselhamos o paciente a fazer a si mesmo três perguntas para saber se está refletindo ou apenas ruminando: desde que você começou a pensar nisso tudo,

1) Isso o ajuda a encontrar uma solução interessante ou aplicável?
2) Mesmo que não tenha encontrado uma solução, será que pelo menos você está vendo as coisas com mais clareza?
3) Você não encontra solução e não está vendo as coisas com clareza, mas isso o aliviou?

Se responder "não" às três perguntas, então você está ruminando. Nesse caso, a melhor solução para se distanciar da ruminação é ir correr, ajudar alguém, falar com um amigo, não para ruminarem juntos, mas para evocarem outras coisas.

Na psicologia, os problemas criados por esses sentimentos dolorosos são os excessos e os déficits. A culpa em si não é um problema. Mas, quando fica excessiva, significa que o sistema de alarme está desregulado. Vocês conhecem essa teoria? A emoção é um sinal de alarme, sobretudo a emoção "negativa". Se estiver bem regulado, isto é, se tocar na hora certa, não muito alto para não assustar a vizinhança, nem por tempo demais, apenas de maneira que eu possa ver o que fazer, estará perfeito. Se estiver desregulado, tocar em caso de estímulos inadequados, vai ser uma confusão terrível, e isso significa que há um problema. Como o alarme pode ter sido mal regulado na fabricação, na educação que recebemos, ou desregulado por relâmpagos (é o impacto dos traumatismos existenciais), é preciso trocá-lo ou consertá-lo.

Assim, sentir-nos culpados simplesmente porque contradissemos ou contrariamos alguém de quem gostamos é provavelmente excessivo, mesmo que isso possa nos ajudar a reconsiderar nossa maneira de expressar o desacordo. Mas remorder-nos de culpa dias a fio pelo mesmo motivo não é mais adequado, porque o peso da emoção está além do legítimo, e corremos o risco de nos dissuadir depois de expressar nossa opinião sinceramente (não queremos causar dor ao outro para não sofrermos nós mesmos). Essa tendência pode vir de um temperamento hiperempático ou da educação.

Um pouco mais adiante, nos pacientes com distúrbio obsessivo-compulsivo, existe um tipo de "loucura da culpa": o menor ato, o menor pensamento representa uma fonte de culpa. Esses excessos estão vinculados a trajetórias individuais, a uma educação que aprofunda a culpa, mas há também o peso da civilização judaico-cristã. Hoje, seu impacto é muito menor, mas antigamente se utilizava a culpa para orientar o comportamento das pessoas. Eu gostaria de saber se a seu ver, Matthieu, a cultura e a religião budistas protegem melhor as pessoas desses deslizes.

Matthieu: A atitude budista, por ser mais simples e pragmática, é menos suscetível a ser desviada. Não há a noção de pecado original, de uma falta herdada que pode ser vivida como uma injustiça. Há somente o resultado dos atos que nós mesmos cometemos em um passado próximo ou distante. Portanto, fala-se apenas em responsabilidade pessoal e na possibilidade, sempre presente, de remediar nossa condição evitando os erros do passado. A prática interior permite que cada um veja aos poucos, por si mesmo, como funcionam a causalidade dos atos e o processo de liberação. Pensar no início e então descobrir aos poucos que temos em nós a natureza de Buda nos dá fundamentalmente confiança. Não importa qual seja a gravidade dos nossos atos, sempre podemos remediá-los.

Christophe: No outro extremo do espectro, existem as carências. A falta ou a ausência de culpa são uma catástrofe absoluta. Se vivêssemos em um mundo em que ninguém sentisse culpa, arrependimento ou vergonha, seria um inferno. As pessoas pisariam umas nos pés das outras sem se preocupar, machucariam as outras sem perder o sono.

Encontramos esses traços de personalidade, não obrigatoriamente doentios em si, na nebulosa que é chamada "egoísmo", com uma tendência bem fraca para sentir arrependimento ou se sentir responsável pelo mal causado aos outros. Os narcisistas estão um grau acima: não sentem o mal causado aos outros, nem se dão conta dele. No nível extremo do qual você falou, Matthieu, estão os psicopatas, que, suspeita-se, têm até um déficit na capacidade empática de seu equipamento neurobiológico. Já que, obviamente, para sentir culpa, é preciso sentir empatia, entender que fizemos mal a alguém.

Tenho a sensação de ter conhecido uma época em que havia culpa demais, e de viver hoje em uma época em que, às vezes, não se culpabiliza o suficiente: temos tendência sempre a encontrar desculpas, e há o que os filósofos chamam de forma de anomia, uma desconfiança excessiva em relação às regras e obrigações. "Finalmente, talvez não haja por que se culpar, ninguém é maldoso voluntariamente, todo mundo faz mal aos outros..." E, mesmo assim, às vezes me parece que não é tão ruim sentir culpa, não de maneira permanente, mas como uma dose de reforço. É o que os antigos já haviam identificado: *Errare humanum est, perseverare diabolicum.* Ou seja, errar é humano, perseverar (no erro) é diabólico. E eu acrescentaria: *culpabilisare humanum est*, mas *Too much is not good.* O que se pode traduzir por: culpar é humano, mas culpar demais não é bom!

Matthieu: Nesse sentido, a atitude do budismo oferece um justo equilíbrio. A vergonha e o arrependimento são considerados necessários, mas não corremos o risco de deslizar, porque esses sentimentos não servem para nos depreciar, mas apenas para adotarmos um comportamento saudável e altruísta.

Os arrependimentos e a tecla "Replay"

Christophe: Às vezes, gostaríamos de dispor de uma tecla *Replay* no filme da nossa vida, para organizar as coisas de maneira diferente. É o amplo campo dos arrependimentos, que foi muito estudado pelos cientistas, porque constitui uma fonte de perda energética no aspecto psicológico. Há várias maneiras de entender os arrependimentos: distinguem-se primeiramente os "arrependimentos quentes", que ocorrem imediatamente após termos agido, dos "arrependimentos frios", que sentimos um dia, um mês ou alguns anos depois, quando de repente tomamos consciência de algo – por exemplo, adultos que, uma vez que se tornaram pais, tomam consciência da sua violência em relação aos próprios pais.

Distinguem-se também os arrependimentos de ação dos arrependimentos de não ação. Posso lamentar ter dito algo, mas posso também lamentar não ter dito. Os pesquisadores mostram que os arrependimentos de ação ("Fiz algo que não deu certo, isso prejudica minha imagem, meus interesses, o bem alheio, às vezes") vão trazer arrependimentos quentes, porque a situação é imediata: agi, fracassei, sinto a dor do fracasso. E frequentemente, para evitar sentir arrependimentos quentes, algumas pessoas se refugiam na inação, já que uma maneira de não ter arrependimentos quentes consiste em não fazer nada. Mas não há como se precaver dos arrependimentos frios, já que podemos ter também arrependimentos de inação: eu poderia ter feito isso, poderia ter feito aquilo, e não fiz. Em resumo, quando pedimos a voluntários para fazerem um balanço do que, a seu ver, terá sido mais prejudicial em sua existência, eles se arrependem mais das coisas que não fizeram do que das coisas que fizeram. Com frequência, há na vida humana muitas coisas que não ousamos fazer nem tivemos coragem de fazer, e isso provoca arrependimentos a longo prazo, que abrem oceanos de potencialidades maiores que os arrependimentos de ação. Por exemplo, se não ousei falar com alguém que eu achava interessante, posso remoer meu arrependimento por muito tempo ("Se eu tivesse ousado, e se tivesse dado certo, minha vida teria mudado"). Mas, se me aproximei da pessoa e fui ignorado, não tenho muito que remoer: está feito, a realidade se expressou, e só me resta procurar outra coisa!

Matthieu: Pessoalmente, no registro dos arrependimentos frios, chego a me arrepender profundamente de não ter sido suficientemente solícito, atento ou generoso. Se for com algo encontrado ao acaso, não há como encontrá-lo de novo para manifestar mais benevolência, e isso me preocupa. Mesmo que eu não lhe tenha propriamente feito algum tipo de mal, lembro-me do que dizia Martin Luther King, que a inação dos bons – ele falava sobretudo das situações de opressão violenta – não é menos prejudicial que a ação nefasta dos maldosos.

Christophe: Sim, é a definição da responsabilidade diante da violência. O fato de não intervir em face da violência nos torna cúmplices da violência.

O que quer dizer perdoar

Christophe: Como consertar o sentimento de culpa? Pedindo perdão, simplesmente. E isso é muito mais complicado do que parece. Há muitas situações em que as pessoas rejeitam pedir perdão, porque, apesar de saberem que fizeram mal ao outro, elas têm o sentimento de que o outro é corresponsável, de que ele provocou e também fez algum tipo de mal. Pedir perdão não quer dizer que somos os únicos culpados, nem que nos inferiorizamos em relação ao outro, é apenas o reconhecimento do mal que causamos, o desejo de que o outro aceite o perdão que lhe propomos. Tudo isso me parecia uma conclusão lógica da culpa. Daí, comecei a refletir no "dom" do perdão.

Finalmente, o que quer dizer perdoar? Se fui ferido, se fui agredido, se me fizeram mal, o que implica o perdão? Em geral, existe um mal-entendido: quando falamos sobre o perdão em psicoterapia, a primeira coisa que as pessoas entendem é "absolvição" e, de certo modo, "submissão". Os trabalhos sobre a terapia do perdão mostram que, primeiramente, o perdão só tem sentido se for isento de qualquer forma de obrigação – deve ser uma decisão livre por parte daquele que foi ferido. Em segundo lugar, o perdão é um ato íntimo, totalmente dissociado do procedimento jurídico. Um terapeuta que deseja que alguém vá em direção ao perdão lhe explica que o perdão não significa uma reconciliação pública, diante de todos: trata-se de perdoar em si. Isso não tem nada a ver com o esquecimento ou a negação do mal. É a decisão íntima e pessoal de se libertar desse sofrimento. Perdoar é um ato de libertação, que permite se livrar do ressentimento, da vontade de que o outro seja punido e sofra por sua vez.

Matthieu: Concordo com sua maneira de pensar. O perdão não é uma absolvição. Como apagar de uma vez o mal cometido e suas consequências? Não é também uma forma de aprovação, que seria como um incentivo à reincidência. Não é tampouco negar o ressentimento, a raiva ou até o desejo de vingança que a conduta alheia pode ter provocado em nós. Não se trata de minimizar a gravidade dos atos cometidos e de esquecer o que aconteceu, nem de se impedir de tomar as medidas necessárias para que o mal não se reproduza. Perdoar é renunciar ao ódio e ao ressentimento para substituí-los pela benevolência e pela compaixão. É romper também o ciclo da vingança. Essa abordagem tem um efeito libertador, porque esses sentimentos nos envenenam e acabam por nos destruir.

Se aplicarmos a lei de talião, nunca estaremos em paz, já que nós mesmos deveremos adotar uma atitude negativa que arruinará nossa paz interior, mesmo que a vingança nos traga no momento uma impressão de satisfação. Gandhi dizia que, se praticássemos o princípio do olho por olho, dente por dente, o mundo inteiro estaria cego e banguela.

Ouvi na BBC o testemunho edificante de Ameneh, jovem iraniana desfigurada por um pretendente a quem negara um pedido de casamento, já que mal o conhecia. Um dia, o homem se aproximou de Ameneh, olhou para ela rindo e borrifou ácido no seu rosto. Horrivelmente desfigurada, cega e sem recursos financeiros, ela iniciou uma campanha para que seu agressor sofresse a lei do talião e que fosse pingado ácido em seus olhos. Seu pedido foi deferido e, um dia, ela foi convocada em um hospital para a execução da sentença. O condenado começou por insultar Ameneh e sua família. No momento em que o tio estava prestes a derramar o ácido na presença do juiz, Ameneh reviveu os efeitos aterrorizantes desse suplício e pediu que a execução fosse interrompida. Após um instante de estupefação, o condenado desmoronou aos pés de Ameneh e exclamou em prantos que se arrependia do seu ato. Mais

O perdão não significa uma reconciliação pública, diante de todos: trata-se de perdoar em si.

tarde, Ameneh declarou que pessoas como esse homem não poderiam se tornar mais humanas se fossem castigadas com terríveis sofrimentos. Para ela, era graças ao perdão e à benevolência que seu carrasco encontrara a própria humanidade. Acrescentou que estava feliz e aliviada por não ter executado a sentença.

Do ponto de vista do budismo, não podemos enganar a lei da causalidade dos atos, o "carma", que designa ao mesmo tempo os atos e seus efeitos. Quem cometeu crimes hediondos acabará mais cedo ou mais tarde por sofrer também. Ele deve, assim como a vítima, ser objeto da nossa compaixão.

Como eu já disse antes, é importante dissociar a pessoa dos seus atos. Aquele que sofre de doença grave não pode ser assimilado à sua enfermidade. Dizemos "tenho um câncer" e não "sou um câncer". Mas o ódio e os outros estados mentais destruidores são comparáveis a doenças graves. Um médico combate a doença, não o doente. Nosso inimigo não é quem age sob o domínio do ódio, é o próprio ódio.

Em seu livro *La bonté humaine* [A bondade humana], Jacques Lecomte conta a história de um militante antissemita americano, Larry, que perseguira um casal judeu com ódio e invectivas. Esse casal decidiu convidar o homem para um encontro. Ele acabou aceitando e ficou comovido com a total ausência de animosidade a seu respeito. Chorando, ele acabou gaguejando que não sabia o que dizer, que tinha sido tão horrível com eles e com tantas outras pessoas, que não entendia como eles podiam perdoá-lo. Contudo, o homem e a mulher lhe asseguraram que o haviam perdoado, acrescentando: "Ninguém pode desculpar a crueldade, mas é diferente perdoar a alguém que foi cruel e que agora está tomado pelo remorso".

Podemos perdoar pelos outros? É o dilema com que foi confrontado Simon Wiesenthal, que narra sua história em *The sunflower* [O girassol]. Ele era prisioneiro de um campo nazista, ao qual era enviado durante o dia para trabalhar em um hospital. Um dia, foi informado de que um jovem da ss, moribundo, queria se confessar a um judeu. Simon foi até o leito do homem, que devia ter uns 20 anos. Tinha feito coisas horríveis. Entre outras, pusera fogo, como sua brigada, em uma casa onde haviam se refugiado muitos judeus fugitivos. Pediu a Simon Wiesenthal que o perdoasse. Simon ouviu calado enquanto enxugava o suor que brotava da testa do homem. Porém, não conseguiu pronunciar a palavra "perdão". Esse homem não lhe fizera nenhum mal pessoalmente, mas muito a outros, e ele se sentia incapaz de perdoar em nome deles. Depois disso, sempre se perguntou se havia tido razão. Obviamente, não podemos perdoar no lugar de outra pessoa, mas isso não deveria tê-lo impedido de contribuir para romper o ciclo do ódio. A crueldade é um estado patológico. Uma sociedade doentia, tomada por uma fúria cega contra parte da humanidade, não passa de um conjunto de indivíduos alienados pela ignorância e pelo ódio. Contemplar o horror das atrocidades cometidas por alguns deveria reforçar nossa compaixão e não atiçar nosso ressentimento.

Christophe: Ouvindo-o recordei uma história, menos terrível que a história de Wiesenthal, mas... Um tempo atrás, uma senhora me escreveu explicando que sua filha havia se suicidado, jogando-se do quinto andar do estabelecimento onde estava hospitalizada; ela queria me ver para falar sobre isso. No começo, tentei dissuadi-la e encaminhá-la para outros colegas, mas ela insistiu, e acabei marcando um encontro. Ela me explicou o que havia ocorrido, uma sucessão de erros médicos. Na teoria, como se trata de um serviço psiquiátrico, as janelas só podem ser entreabertas, para prevenir qualquer acidente. Além do mais, às 15 horas, a moça falou da sua intenção de se suicidar à própria mãe, que avisou o serviço. De noite, a mãe, muito inquieta, chamou o pessoal do serviço, que não encontrou sua filha – ela havia se defenestrado durante a tarde, e seu corpo estava escondido pelos arbustos do térreo do prédio. Mas os enfermeiros responderam à mãe que não precisava se preocupar e que iam encontrar sua filha. Ansiosa, ela ligou várias vezes; ela me disse que acabaram mandando-a passear um pouco. Durante a noite, sem rastro da paciente, chamaram a polícia sem avisar a mãe. Ao amanhecer, um jardineiro encontrou o corpo entre os arbustos.

O encontro com a mãe não ocorreu bem: os membros da equipe (provavelmente se sentindo muito culpados e envergonhados) se comportaram sem calor, sem compaixão, e ela sentiu muita raiva deles. Foi por isso que veio me contar essa história terrível. Eu fiquei tão abalado diante do sofrimento dessa senhora e da série de erros cometidos, que pedi perdão em nome dos médicos e enfermeiros (eu mesmo poderia ter cometido esse tipo de negligência): "Lamento muito o que aconteceu, é terrível, peço que nos perdoe". Não vi outra coisa a fazer, me senti mal, desprovido, impotente, triste por ela. Eu a encontrei várias vezes e constatei todos os sofrimentos causados pela perda da filha e seus arrependimentos ("Teria sido possível evitar isso? Ela teria sido salva se fosse encontrada a tempo?"). Mas sua terceira fonte de dor foi se sentir mal recebida. O chefe do serviço, contudo, a chamou depois, mas era tarde demais.

Eu gostaria de esclarecer outro ponto fundamental: quando estamos diante de pessoas extremamente fragilizadas, mesmo palavras como "perdão" ou "aceitação" podem ser problemáticas. São lindas palavras enquanto não somos vítimas, enquanto não somos feridos na própria carne. Sou muito prudente ao começar uma terapia centrada na aceitação e no perdão, e evito pronunciar essas palavras. E trabalho na tomada de consciência de que o ressentimento faz a vítima mais do que o próprio evento. Tento fazê-la entender que liberar-se do ressentimento fará bem à sua pessoa como um todo. Aos poucos, ela entende por si mesma que se trata de perdoar. Na palavra "perdoar", há o sufixo "doar", que parece inconcebível em relação a quem me fez mal, me violentou, me destruiu... É nisso que o trabalho de terapia se diferencia do trabalho de ensinamento.

Perdoar é eliminar toda fixação e matar o ego. Eu não ficaria surpreso com o fato de tamanha liberdade ser excelente para a saúde, porque não há nada pior do que persistir na mesquinharia...

Matthieu: E, se moralizarmos a questão, o perdão se torna um tipo de obrigação, em vez de ser um processo de cura.

Os pequenos perdões

Alexandre: O melhor seria calar-me após exemplos tão luminosos e dedicar-me a segui-los sem mais tardar. A meu ver, o perdão devolve à vida sua pureza, sua ternura, permitindo-lhe circular sem nunca parar. Perdoar é eliminar toda fixação e matar o ego. Eu não ficaria surpreso com o fato de tamanha liberdade ser excelente para a saúde, porque não há nada pior do que persistir na mesquinharia... Contudo, perdoar no dia a dia pode ser um tanto desgastante.

A noção de pecado original arrasta inúmeros mal-entendidos. Entretanto, vem fortalecer nossa tese: não se trata de desvalorizar nossa natureza taxando-a de perversa, mas talvez de identificar nossa tendência ao isolamento, ao egoísmo. Como é duro não querer mais ser o centro do mundo! Com alegria, no cotidiano, posso abandonar os mecanismos que impedem que eu fique aberto, disponível, que eu seja despertado pelo outro. A ideia do pecado original, longe de me afligir, me renova. Todo dia, trata-se de evitar deslizar no declive que nos leva ao inferno e à indiferença. É melhor alcançar o âmago mais profundo, onde, para o crente, está Deus, fonte de infinita bondade.

Para evitar o desgaste, Jesus recomenda perdoar setenta vezes setes vezes. Ou seja, nunca posso me acomodar em uma postura, já que sou convidado a me empenhar sempre mais.

Matthieu: De fato, nossa natureza fundamental, a da consciência despertada, é livre e vai além da dualidade do bem e do mal. O egoísmo e os outros venenos mentais são desvios que podemos qualificar de "acidentais" ou "adventícios", porque não pertencem à nossa natureza profunda.

Alexandre: Falar em *perdão* é quase subversivo de tanto que exacerbamos a afirmação de si. Perdoar exige uma audácia incrível, uma coragem quase sobre-humana. Primeiro, trata-se de escapar de qualquer irritação, de afastar qualquer possibilidade de ódio ou rancor. No Evangelho, quando Jesus convida quem foi esbofeteado a oferecer a outra face, isso me faz ter consciência de que quase sempre prefiro me precipitar na espiral da vingança. É preciso ter uma boa dose de ascese e uma benevolência inabalável para renunciar à louca lógica da retribuição. Por que quem me prejudicou deveria obrigatoriamente sofrer?

Por que raios essa reticência em perdoar? Como se o perdão banalizasse o mal sofrido e desse razão a quem nos traiu... Daí a nos agarrar ao rancor, na esperança de que o outro acabe reconhecendo seus erros, é apenas um passo. Perdoar não tem nada a ver com negar, mas faz reviver o coração assombrado pela vingança. Não é uma tarefa ingrata; é renascer, viver longe das doenças que assolam a alma. Devemos lembrar por fim que, antes de tudo, é uma alegria libertar-se do passado, esquecer os rancores e seguir adiante. Com meu amigo Bernard Campan, assim como você, Matthieu, tive o privilégio de falar com prisioneiros. Fiquei surpreso ao ver que eu não era obrigatoriamente melhor que aqueles homens, longe disso. Aliás, eu teria confiado na maior parte deles sem hesitação. Nossa razão, como nosso coração, obedece com frequência a uma lógica binária: o desafio consiste em perdoar o pior dos criminosos, ao mesmo tempo que afirmar alto e bom som que o crime permanece inaceitável.

Perdoar não quer dizer: "Não foi nada, perdoo você", e sim: "Sofri, mas perdoo você".

Christophe: Você fala da reticência em perdoar; às vezes, temos medo de que o perdão incentive o outro a recomeçar. É um erro, porém talvez nem tanto assim: depende da maneira como concebemos a expressão do perdão. O trabalho muito específico sobre o perdão insiste no fato de que perdoar não quer dizer: "Não foi nada, perdoo você", e sim: "Sofri, mas perdoo você". É associar seu sofrimento a um movimento de perdão. Enquanto "apagar" poderia banalizar o comportamento que originou o problema.

Alexandre: Devemos nos apressar a esquecer os rancores e ousar perdoar de verdade. Enquanto isso não ocorrer, pequenos perdões mil vezes repetidos nos fazem avançar com as forças do dia em direção à paz. Sair da culpa é também nos dar direito ao erro, e parar, por exemplo, de criticar a nós mesmos por não estarmos à altura de exigências insustentáveis. Ao lado das aspirações que nos movem, existem toneladas de esperanças que nos paralisam de vez.

No terreno da vida conjugal, é fácil afundar no rancor: "Você se lembra do comentário que fez sobre mim no dia 20 de junho?" Em vez de manter tudo isso em uma planilha de Excel, devemos toda manhã recomeçar do zero, apagar a lousa. Não há nada pior que o não dito para acabar com uma relação. No amor não existem dívidas, tudo é gratuito a cada instante. Não há nada mais atual que o trecho do Evangelho em que a população está prestes a apedrejar uma pobre mulher adúltera! Conhecemos as famosas palavras de Jesus: "Quem dentre vós não tiver pecado, que atire a primeira pedra". Hoje, estaríamos prontos a apedrejar? Em vez de olhar do alto os acusadores dessa mulher, posso identificar todas as vezes que me entrego à burrice, ou, mais simplesmente, a essa malevolência doméstica que se torna quase banal. O perdão exige uma conversão interior das mais radicais: parar de aprisionar o outro no passado para lhe dar a chance de ser plenamente o que é, aqui e agora.

NOSSOS CONSELHOS PARA SE ARRISCAR A PERDOAR

UMA QUESTÃO DE TREINAMENTO
Christophe

• Exercício pedagógico: cada "eu não deveria ter dito isso" tem interesse somente se for seguido por "o que posso fazer agora?" – subentendendo "o que isso me ensinou?" Ambas as abordagens são semelhantes. Se agirmos cedo demais sem termos sentido antes o aperto do arrependimento ou da culpa, não é muito bom. Se permanecermos na ardência da culpa sem atentar para o que vamos fazer, também não é muito bom.

• Os "pequenos perdões" são exatamente o tipo de treinamento que tentamos fazer na terapia: os pequenos microperdões – ao nosso cônjuge, aos nossos próximos – são questionamentos que nos ensinam a abandonar o "quem tem razão, quem está errado?" Se, mesmo tendo razão, fiz mal ao outro, se eu estiver em uma relação de confiança e quiser que essa relação continue, devo considerar que os microperdões a dar ou pedir são uma maneira de consertar todas as microferidas que provocamos no cotidiano.

ALGUNS PASSOS PARA PERDOAR
Alexandre

• Imperfeito e feliz. No começo da missa, há um momento em que o crente está convidado a se reconhecer pecador. Essa etapa me alivia do fardo, da expectativa e de um perfeccionismo nocivo, além de despertar um vivo desejo de progredir. Quem disse que era preciso ser perfeito para ser amado? É no cerne da fragilidade que se trata de crescer. Todo dia, sem me julgar permanentemente, devo morrer, abandonar tudo, para renascer totalmente.

• Ver – desculpem os rótulos – a espécie de "babaca" que nos faz mal, as más línguas que nos criticam, o imbecil que goza da nossa cara, vê-los como seres atolados no mal-estar afasta o ressentimento. Ninguém se torna malvado por escolha. Estamos todos no mesmo barco, e diante da precariedade da vida é fácil perder o controle. E se considerássemos quem nos prejudicou como um doente, um ferido, e lhe desejássemos ser feliz, sem reservas e do fundo do coração?

• Banir todo ressentimento. Proibir-se de ir dormir com o coração cheio de rancor. Toda noite, apagar a lousa e fazer o possível para evitar os não ditos e as críticas.

DISSOCIAR O PERDÃO DO JULGAMENTO MORAL

Matthieu

• Não fazer julgamentos morais sobre as pessoas, mas sobre o que fizeram.

• Não ter nenhuma indulgência com os atos cometidos, impedi-los por todos os meios possíveis, mas sem animosidade e evitando criar, tanto quanto possível, novos sofrimentos.

• Perdoar a quem nos prejudicou. Considerar que são como as vítimas de uma doença e vão acabar sofrendo pelo que fizeram. Todo sofrimento é digno de compaixão, e a compaixão só pode apelar para o perdão.

- Lembrar-se de que o perdão é benéfico para todos. Permite que a vítimas encontrem a paz interior e os culpados deixem vir à tona o que há de melhor neles.

11

A VERDADEIRA LIBERDADE: DO QUE POSSO ME LIBERTAR?

Alexandre: Com frequência, fico estonteado diante das montanhas-russas da mente. São muitos altos e baixos, e todas essas peripécias desgastam e nos deixam como que centrifugados, vazios, banidos da serenidade. Levanto com o coração leve, e um *e-mail*, quase insignificante, basta para arruinar a manhã. O diagnóstico é claro, límpido: instabilidade emocional. Não é à toa que pratico assiduamente o *zazen*. Se houvesse antídotos, há muito tempo eu teria renunciado e capitulado de vez. A boa notícia é que esse estado de séria agitação tem remédio. A insatisfação, por sua vez, pode acabar. Portanto, uma pergunta urge, antes que o pouco cabelo que tenho acabe de vez: como não ser mais o brinquedo das circunstâncias, a marionete das emoções? Em suma, como tentar ter um pouco de liberdade? Aqui, achar o equilíbrio não é fácil!

Uma urgência sem precipitação

Alexandre: Primeiro, trata-se de não fazer muito caso dos nossos distúrbios, a não ser que queiramos ficar desanimados, fazendo o máximo para sair disso o quanto antes! Assim que eu acordar, posso experimentar o exercício: identificar as nuvens que impedem que eu fique alegre e amar sem pedir nada em troca. Sem precipitação, posso atravessar essa camada que me separa da paz. Como? Desde já, vendo, como Epicteto, que "sou um escravo em vias de libertação", e passar diretamente às tentativas de evasão. Mas fazer pressão não leva a nada. Se eu me fixar apenas no resultado, na certa estarei perdido, desesperado. Cada passo conta. E não há necessidade de um gesto extraordinário quando pequenos esforços bem ajustados podem resolver nosso incômodo.

O zen propõe um exercício bem simples, o *kinhin*. Essa caminhada meditativa no ensina a nos concentrar inteiramente em cada um dos nossos passos, sem fugir. Quando minha mente está prestes a explodir, volto a essa prática que me enraíza imediatamente no aqui e agora. No caminho, lembro-me das palavras de um mestre: "Para ir mais depressa, diminua o ritmo".

É uma incrível liberdade viver como se tivéssemos todo o tempo do mundo e banir tanto a pressa quanto a preguiça. Desde que vivo em Seul, decidi nunca voltar para casa correndo. Quando vejo a escadaria e o elevador do prédio, imediatamente suspendo qualquer pressa, faço o *kinhin*.

No fundo, trata-se de mudar de modo de vida. Tristeza, raiva e medo são sinais que nos incitam a deixar o reinado do ego, a fugir. E, como a mudança dá medo, devemos nos lembrar do diagnóstico de Buda: se nos agarrarmos a nossos estados de espírito, estaremos nos condenando ao fracasso. Daí o remédio por excelência: a não fixação.

Matthieu: Desejar ardentemente se libertar do sofrimento não quer dizer que seja preciso agir de forma afoita. Simplesmente, trata-se de mostrar perseverança. Você fala em diminuir o passo. No que diz

> **Mas fazer pressão não leva a nada. Se eu me fixar só no resultado, na certa estarei perdido, desesperado. Cada passo conta.**

respeito aos nossos pensamentos, palavras e atividades inúteis, é bom mesmo reduzir o ritmo, mas melhor ainda abandoná-los. Por outro lado, uma vez que estivermos no navio certo com ventos favoráveis rumo a uma meta que valha a pena, por que reduzir a velocidade? Se houver um meio de dissipar o sofrimento, devemos seguir adiante, sem demora! O que é vão é bater o pé de impaciência, engajar-se sem pensar em direções erradas ou esgotar-se prematuramente em esforços excessivos. Em outras palavras, não se deve confundir diligência, definida como a alegria em forma de esforço, com precipitação, impaciência ou capricho. Conta-se a história de um discípulo que perguntava a um mestre zen:

– Quanto tempo vou levar para alcançar o *satori* (o Despertar)?

O mestre respondeu:

– Trinta anos.

O discípulo insistiu:

– E se eu estiver com muita pressa?

O mestre respondeu:

– Nesse caso, cinquenta anos.

Nossa atitude deve se situar exatamente no meio entre o esforço e o relaxamento excessivos. Buda tinha um discípulo que tocava vina, um instrumento de cordas parecido com o *sitar*. Esse discípulo um dia explicou a Buda que tinha muita dificuldade para meditar:

– Às vezes, faço muitos esforços para me concentrar, e fico tenso demais. Outras vezes, tento relaxar, relaxo demais e caio no torpor. Como fazer?

Buda lhe perguntou:

– De que maneira você afina seu instrumento para obter o melhor som?

– É preciso que as cordas não estejam nem esticadas nem relaxadas demais.

– É o mesmo com a meditação: você deve encontrar o justo equilíbrio entre esforço e relaxamento.

Devemos ter uma consciência clara da meta, que é se libertar da ignorância e das toxinas mentais para dar a boa direção à prática. Do contrário, é como se atirássemos uma flecha com os olhos vendados em um alvo sem conhecer seu tamanho ou sua localização. Mas essa meta não deve ser uma obsessão a ponto de se tornar, de certo modo, o próprio obstáculo do seu cumprimento.

Desobedecer a um ego caprichoso

Alexandre: Muito concretamente, libertar-se é realizar atos de desobediência em relação a esse ego aborrecido. Por que acreditar que a liberdade consiste em agir conforme nossa vontade, sem limitações, e fazer o tempo todo o que nos passa pela cabeça? Com frequência, renunciar a um capricho nos aproxima a passos largos da alegria. Porque há um verdadeiro prazer em dizer não àquilo que nos puxa para baixo. Assim, se o ego temer o dentista, ouvir o que meu coração deseja realmente, e ir até o consultório cantando. É o chamado do progresso e da vida. É o que tento incansavelmente explicar aos meus filhos... Uma simples pergunta pode nos servir de bússola: o que realmente faz bem?

No caminho, a meditação cuida de mim com mais *eficiência* que a simples razão. Meditar é partir para a escola da rendição da mente, enquanto a vontade procura, com voracidade, o pleno domínio da existência. Às vezes, por ocasião de um *zazen*, quando menos estou esperando, a angústia me deixa, o ego medroso some um pouco, *apesar de mim*. Os discursos do tipo "Não é preciso ter medo" têm algo de desolador. Encarar a experiência do abandono e do deixar vir é o que cura.

Matthieu: Quando você fala em desobedecer ao ego, não se trata obviamente de um capricho ou de uma revolta de adolescente, mas de um surto de bom senso que nos leva à emancipação da influência de um impostor. É um pouco como a renúncia, que não consiste em nos privarmos do que é realmente bom para nós, mas em deixarmos para trás o que leva apenas ao sofrimento.

Alexandre: Como sou muito ansioso, quando me sinto cansado, roteiros catastróficos minam minha mente. Então, eu me prescrevo *inúmeras* sessões de meditação em que a angústia desaparece aos poucos. Horas a fio, milhares de vezes, deixo passar. Anos atrás, fiquei fascinado por um rapaz. Eu teria dado tudo para trocar meu corpo de deficiente pelo dele. Isso acabou se tornando uma obsessão, uma dependência infernal. Graças ao meu pai espiritual, ao *zazen* e à minha mulher, observei essa ideia fixa surgir e desaparecer durante meses. No começo, ela me assolava dia e noite, sem me deixar nenhum descanso. Hoje, treinei tanto para deixá-la passar que não durou nem uma fração de segundo. Isso certamente pode me incentivar a perseverar! Sem nada rejeitar ou negar, *basta* observar. Se meu pai espiritual tivesse demonizado essa idolatria e me incentivado a lutar ferozmente contra ela, eu não tenho certeza se teria me *curado*. Ao contrário, ele me tranquilizou: "Seja extremamente paciente consigo, a liberdade se descobre milímetro a milímetro". E, para dizer tudo, eu não teria aguentado se tivesse escutado quem me dava receitas mágicas: "Pare de pensar nisso", "Passe para outra coisa". No fundo, minha mulher e meu pai espiritual me deram simplesmente a confiança que eu não tinha e a paciência de esperar que o problema se resolvesse por si.

Mas como se iniciar na paciência quando nossa mente está remoendo uma ideia sem parar, quando deseja um progresso imediato? Não é pela força. Quando eu era criança, ouvia o dia todo: "Seja paciente!" Na provação, esperar parece quase desumano. E por que não falar sobre a arte de flutuar a alguém que está se afogando? Uma boia é tudo de que ele precisa. Cheguei a Seul morrendo de medo. No primeiro dia, quando tomei banho, até fiquei com medo de que um morcego enraivecido saísse do sifão da banheira! Em momento algum meu mestre perdeu a paciência, e sempre me tranquilizava: "Não há risco nenhum. Vou repetir isso um milhão de vezes se for preciso, mas não se magoe de eu rir, já que sua imaginação vai longe, muito longe!" Com muita ternura, ele acrescentava: "Você está estragando sua vida com temores, com tempestades mentais que o assombram e impedem que fique em paz".

Libertar-se daquilo que sabota o nosso cotidiano ou colocá-lo na pasta DS

Alexandre: Às vezes, fico prestes a capitular. Como não se demitir diante de tantos obstáculos e da força da inércia – os hábitos, as paixões e essa tendência tenaz de repetir os mesmos erros? O ideal do bodisatva me reaviva. Esse desafio está muito além de mim, e não é o ego que deve enfrentá-lo, mas todo o meu ser.

Aprendo a me livrar da *ditadura do depois* para avançar passo a passo. Quando a vida se torna insuportável, é tentador agarrar o futuro: "Depois, vou ficar melhor". Mas o risco de fugir da realidade para ficar sempre à espera pode ser devastador. Quem lutou muito ousa abaixar as armas e gozar a vida? Os psiquiatras e os contemplativos deveriam estudar essa terrível pergunta... Por que no cume de uma montanha não conseguimos apreciar a paisagem sem já antecipar o próximo cume? Viver plenamente cada etapa é evitar o esgotamento. Para escapar desse estranho frenesi, como se eu fosse tentado a recuperar o tempo perdido, a consertar todas as feridas do passado, começo a viver no presente e a realizar as ações do dia a dia.

Matthieu: É verdade. Eu falava da linha diretriz, mas o resto é questão de método. Mais uma vez, Shantideva dizia que não havia nenhuma grande tarefa difícil que não pudesse ser decomposta em pequenas tarefas fáceis.

> Iniciar-se na paciência é descobrir progressivamente a confiança na vida. Nesse caminho, os amigos no bem nos apoiam quando tropeçamos.

Alexandre: Encontrei um gastroenterologista que, após ter me examinado por todos os ângulos, garantiu que eu não tinha nada. Então ele me deu um precioso conselho: "Agora você tem uma pasta DS – Dane-Se. Toda vez que uma angústia o atormentar, coloque-a imediatamente na pasta". Esse médico impecável não somente fez tudo o que era possível na medicina para detectar uma doença, como também aniquilou qualquer angústia. Sem banalizar meu medo nem evocar cedo demais o conceito muito abrangente de *distúrbio psicossomático*, ele realmente me ajudou. Por que não seguir seu conselho e criar por nossa vez uma pasta DS para jogar ali dentro nossas preocupações inúteis? O exercício deve ser praticado no presente e na primeira pessoa: impô-lo pela força a alguém ansioso é ineficiente, além de muito cruel. Iniciar-se na paciência também é descobrir progressivamente a confiança na vida. Nesse caminho, os amigos no bem nos apoiam quando tropeçamos.

Matthieu: No que diz respeito aos pensamentos que nos assolam o tempo inteiro, você descreveu sugestivamente como é possível se desfazer aos poucos do seu domínio, deixando-os passar uma vez, dez vezes, cem vezes até chegar o momento em que esses pensamentos não sejam mais um problema. Enquanto no começo o menor pensamento que o obcecava era como uma faísca caindo sobre uma montanha de folhas secas, no final será como uma faísca que pula no ar e desaparece.

Esse método está no centro das práticas que nos permitem administrar os pensamentos e as emoções e conquistar nossa liberdade interior. Como já vimos várias vezes, existem inúmeros métodos para alcançar essa liberdade. Por exemplo, podemos nos livrar dos pensamentos que nos perturbam recorrendo a pensamentos ou sentimentos diametralmente opostos: a benevolência contra o ódio, a paciência contra a irritação, etc. Não pode haver ao mesmo tempo em nossa mente um pensamento de amor e um pensamento de ódio. Mas "deixar passar" é um método mais sutil e mais potente. De fato, percebemos rapidamente que impedir os pensamentos que aparecem é uma causa perdida de antemão. Eles surgem de qualquer modo. Para que querer bloqueá-los quando já estão aqui? A verdadeira solução é saber o que fazer deles. Devemos deixá-los vagar e se reproduzir até que nossa mente fique totalmente submersa pelos pensamentos que eles por sua vez provocam, ou devemos simplesmente deixá-los passar sem lhes dar a chance de se proliferar? No segundo caso, é possível compará-los a pássaros que cruzam o céu sem deixar rastros, ou a desenhos que fazemos na água e se apagam imediatamente. É o que chamamos de "liberação dos pensamentos à medida que surgem".

Esse "deixar passar" é um dos melhores métodos, não somente para administrar habilmente os pensamentos que nos perturbam, mas também para enfraquecer aos poucos nossas tendências a deixar os pensamentos tomarem conta de nós. Se, por exemplo, dermos vez à nossa raiva, não somente estaremos em seu poder, mas também tenderemos cada vez mais a ficar com raiva. Se, ao contrário, aprendermos a deixar a raiva como está, sem lhe dar a menor importância, ela evapora sozinha. De imediato, evitamos ficar sob seu domínio, e a longo prazo o acúmulo de pequenos sucessos acaba dissolvendo nossa tendência à raiva. E chegará um dia em que o ódio e todos os outros venenos mentais não surgirão mais em nossa mente. Simplesmente não farão mais parte da nossa paisagem mental.

A liberdade e a responsabilidade são indissociáveis

Christophe: A primeira dimensão em que penso é a liberdade como necessidade natural. Demoramos para entender que os animais em cativeiro, mesmo bem tratados, estão privados de algo fundamental

– sua liberdade, a possibilidade de evoluir no espaço e se mover naturalmente –, e que isso os deixa literalmente doentes: em gaiolas e nos zoos, eles estão infelizes e sofrem de neuroses absurdas que nunca teriam tido na natureza. É a mesma coisa para o homem: ele tem naturalmente a necessidade de dispor de um espaço de liberdade, de movimento e de fala.

Mas os seres humanos adicionaram outra dimensão à da necessidade biológica: a da liberdade como direito. Na Declaração de Independência dos Estados Unidos figuram três direitos inalienáveis: o direito à vida, o direito à liberdade, o direito à procura da felicidade. Aliás, muito inteligentemente, não se menciona o "direito à felicidade", mas o "direito à *procura* da felicidade". Subentendido: a felicidade é uma questão individual, mas criar as condições para essa felicidade (liberdade, segurança, educação, etc.) é o papel do Estado.

Contudo, não podemos pensar a liberdade como uma entidade absoluta, autônoma, indiscutível como o direito à vida, mas como uma entidade relativa, acoplada à noção de dever e, sobretudo, de responsabilidade. Essa dupla, liberdade e responsabilidade, a meu ver é indissociável. Aliás, no artigo 4 da Declaração dos Direitos do Homem e do Cidadão, a liberdade é definida como o poder de fazer tudo que "não prejudique o outro".

Na teoria, todo mundo concorda nesse ponto. O problema é o movimento natural da nossa psique, que nos leva ao nosso ego, às nossas necessidades, ao nosso umbigo! Temos a responsabilidade de pensar nos outros: se eu conceber minha liberdade como um território onde posso fazer tudo que quero, mais cedo ou mais tarde vão surgir atritos com outros seres humanos, a menos que eu viva em uma ilha deserta. É uma evidência que deve ser lembrada, e mais, trabalhada: a liberdade não pode ser pensada sem refletir o que é a liberdade dos outros e sem dar aos outros os mesmos direitos que temos.

Como lembrava ontem um dos nossos amigos, Mark, existem três áreas de liberdade: a liberdade de pensamento, a liberdade de palavra e a liberdade de ação. Tendemos a considerar que a liberdade de pensamento é absoluta, mas nunca devemos esquecer que, antes de tudo, ela é anódina: existem pensamentos tóxicos, perigosos, prejudiciais à própria pessoa. E os pensamentos são um terreno fértil para a ação: remoer certos pensamentos representa um formidável preparo para a ação. Alguns pensamentos nos levam a ações corajosas e altruístas, mas abrigamos, inconscientemente, outros pensamentos – da ordem do ressentimento, da autodesvalorização – que têm um imenso poder sobre nossas palavras e ações.

A questão da liberdade de palavra é ainda menos anódina. Alguns acham que apenas os atos contam. Mas as palavras têm um valor essencial na espécie humana, e, se eu devesse fazer uma diferenciação pedagógica, diria que há dois tipos de palavras: a palavra íntima e a palavra pública. Fico surpreso com esses conflitos conjugais em que um dos cônjuges, em geral sob o domínio das emoções, diz horrores ao parceiro. É muito grave, sobretudo quando os insultos se tornam a maneira habitual de "extravasar" as emoções. É fácil dizer depois: "Desculpe, eu estava nervoso". A liberdade de palavra implica responsabilidade, limitações e obrigações, principalmente obrigações de formulação. Focamos isso no conselho ou na terapia de casal: "Você pode dizer muitas coisas ao seu cônjuge, mas não de qualquer jeito; não use termos que firam, não generalize, refira-se a comportamentos precisos, etc." A liberdade de palavra e de expressão é impensável sem limites de formulação.

Mas há outro nível de palavra, o da palavra pública. Segundo a corrente filosófica conhecida sob o nome de consequencialismo, o valor moral de uma ação deve ser julgado por suas consequências. Quando tomamos a palavra em público, devemos nos perguntar não apenas se temos razão, se estamos com a verdade (a nosso ver), mas também, e sobretudo, quais serão as consequências das nossas palavras sobre os outros. Alguns falarão em autocensura, mas creio que é vital levar o tempo necessário para refletir sobre todas as formas de tomada de palavra pública. Na França, preza-se o engajamento, mas a palavra pública não costuma passar pela peneira do consequencialismo. Vejamos, por exemplo, a admiração desvairada que havia por Sartre nos anos 1960 e 1970, e o relativo desprezo do qual seu concorrente infeliz, Raymond Aron, foi objeto. Aron era consequencialista, um homem prudente e responsável, que dizia: toda vez que emito uma opinião, toda vez que escrevo em um jornal, não pergunto somente se tenho razão, mas também quais poderiam ser os

> Toda vez que tomamos uma posição em público, é importante nos perguntarmos: qual é a parte do impulso e qual a parte da reflexão?

danos colaterais potenciais do meu posicionamento expresso em público. Sartre gostava da postura de herói da liberdade. Sua prioridade era defender os valores em que acreditava, sem necessariamente considerar as consequências disso na prática. Assim, ele apoiou cegamente regimes políticos detestáveis, e, com a distância histórica, percebe-se que Aron foi muito mais lúcido que ele em todos os engajamentos de ambos; não por ser mais inteligente (ambos eram mentes brilhantes), mas por ser mais prudente e responsável. Toda vez que tomamos uma posição em público, é importante nos perguntarmos: qual é a parte do impulso e qual a parte da reflexão? O ser humano não é apenas um saco de impulsos, e, mesmo que a reflexão não seja uma garantia, parece-me que pode eliminar algumas feridas e aberrações.

O terceiro nível é a liberdade de ação. Mais ainda do que para a liberdade da palavra, é preciso ter regras absolutas para não haver o risco de reinar a "lei do mais forte", que é o exato oposto da liberdade: o império do mais musculoso, do mais egoísta, do mais astuto, do mais mal-educado, do mais extrovertido, sobre os fracos, os altruístas, os introvertidos, etc.

Do bom exercício da liberdade

Christophe: Para concluir com minhas convicções sobre a liberdade, quatro pontos me parecem importantes.

Primeiro, a noção de *equilíbrio interior*. Talvez ela se deva ao meu olhar de psicoterapeuta e psiquiatra, mas me parece que a primeira etapa para pretender viver uma liberdade pessoal e que respeite a do outro é a compreensão e a regulação das nossas próprias emoções – quer se trate das emoções perturbadoras sobre as quais fala o budismo (a raiva, a inveja...), mas às vezes também das emoções positivas (alegria, amor...), que podem alterar nossa liberdade e nos fazer esquecer as necessidades alheias. O apego amoroso, por exemplo, pode nos tornar dependentes ou nos levar a reduzir a liberdade do outro; a expressão da nossa alegria pode causar dor em pessoas que passam por dificuldades enquanto estamos felizes...

A segunda noção importante é a *consciência do outro*, das suas necessidades, das suas fragilidades, dos seus valores. No fundo, a prática da liberdade individual passa por uma quantidade considerável de limitações, o que poderia parecer paradoxal. Para ser autenticamente feliz, de maneira respeitosa em relação aos outros, devo aceitar limitações: elas não vão obrigatoriamente me dar a sensação de ter renunciado à minha liberdade, mas de que renunciei às partes da minha liberdade que eram inúteis, infundadas, como máscaras, subterfúgios, ou que causavam sofrimentos aos outros.

Terceiro ponto: durante retiros em um mosteiro, onde, vendo de fora, sofremos várias limitações, com frequência tive uma sensação de liberdade considerável. Alguns diriam: você estava feliz porque se encontrava em situação de submissão; a submissão consentida às regras comporta uma parte de alívio, na medida em que nos libera das tomadas de decisão ou de responsabilidades. É possível; mas isso não impede que, de maneira transitória, aceitar as limitações da vida monástica possa nos dar a sensação de uma imensa liberdade, porque isso nos ajuda a *nos livrarmos de perguntas acessórias*: que horas são? O que vamos comer? O que vou fazer amanhã? E as limitações nos remetem ao essencial: ações simples e despojadas, preces, reflexão...

Quarto ponto, a noção de *coragem*. Às vezes, a liberdade é procurar em si a coragem de dizer coisas que vão incomodar o outro: podemos feri-lo utilmente, lhe dar um "puxão de orelha". Aprecio nos cristãos essa noção de "correção fraternal". Quando vemos um irmão ou uma irmã no erro, ou fazendo mau uso da sua liberdade, nosso dever é

> **A liberdade procede deste exercício: identificar os determinismos e as influências que pesam sobre nossas escolhas, nossas opiniões, e ousar questioná-los.**

colocá-lo no caminho certo, mas para tanto é preciso ter coragem e motivação. Às vezes, pensamos: afinal de contas, ele que se vire, o erro foi dele, não posso consertar os erros da Terra inteira. Às vezes, temos medo de criar conflitos, de romper um vínculo que nos parece mais precioso que o preço dos erros cometidos. No meu caso, costumo respeitar demais a liberdade alheia, ou me falta coragem para corrigir o que não está certo. É um eixo de trabalho importante para mim.

Para terminar, por ser terapeuta comportamental, fui muitas vezes catalogado, com meus colegas, na categoria dos limitadores de liberdade. Porque nossa terapia está baseada em aprendizagens: ensinamos aos pacientes modos de pensamento, de comportamento, de gestão das suas emoções que a vida não lhes ensinou e que consideramos fundamentais. Às vezes, nossos adversários nos tratam como "adestradores de cães". Confundem aprendizagem com adestramento ou doutrinação. Quando trabalhamos com sujeitos tímidos, por exemplo, que gostariam de dizer *não*, mas não ousam, mostramos como fazer – nós os treinamos, por exemplo, para resistir à pressão por meio de encenações. Ensinamos a dizer não, mas não dizemos *a que* devem dizer não: a escolha é deles.

Alexandre: Ouvindo-o, Christophe, pensei nas casas de prostitutas que eu havia evocado. Você nos traz incríveis pistas. O desafio ocorre no ínfimo momento em que a emoção perturbadora ou a pulsão se manifesta. Quando observo os homens entrando nessas casas tristes, adivinho que há sempre um microssegundo em que ainda podemos escolher; depois, é tarde demais, tudo se encadeia. Trata-se de não deixar esse segundo passar. É incrível como um minuto de *desatenção* pode determinar a vida, estragá-la. Cada um é convidado a localizar seus pontos de vigilância: a angústia, a raiva, a sexualidade, o dinheiro, a opinião alheia... Para não quebrar a cara, trata-se de aprender a identificar os mecanismos que reduzem nossos esforços a nada.

A liberdade procede deste exercício: identificar os determinismos e as influências que pesam sobre nossas escolhas, nossas opiniões, e ousar revisitá-los, questioná-los. Encontrar o outro, dialogar verdadeiramente, abre uma via real para abandonarmos as trilhas e deixarmos de ser homens e mulheres sob influência.

A liberdade última: libertar-se das causas do sofrimento

Matthieu: De fato, existem diferentes tipos de liberdades que não devem ser confundidas. Em contraponto ao que vocês disseram, eu gostaria de acrescentar duas ou três coisas.

No budismo, falamos de duas formas de liberdade: a que permite se dedicar ao caminho espiritual e a que libera do jugo do sofrimento e das suas causas. A primeira consiste em se livrar de tudo que obstrui a progressão para o Despertar, em particular as preocupações e as ocupações fúteis que não fazem mais do que nos distrair dia a dia até a morte. A segunda é a libertação da confusão mental e das emoções negativas que nos assolam e obscurecem nossa mente. Desse ponto de vista, a liberdade última é sinônimo de Despertar.

Aqui, estamos longe da liberdade de fazer qualquer coisa. Lembro-me com frequência das palavras de uma moça entrevistada pela BBC: "Para mim, a liberdade", ela dizia, "é fazer o que me passa pela cabeça sem que ninguém tenha algo a dizer". Para ela, isso se resumia em ser voluntariamente escrava de todos os pensamentos indomados que se agitam na mente. Seu ponto de vista era radicalmente individualista, já que ela reivindicava a liberdade de fazer o que queria, sem se preocupar com a vontade dos outros.

A verdadeira liberdade consiste em dominar a mente em vez de deixá-la derivar no fluxo dos pensamentos. Como um marinheiro, livre para navegar até o destino que escolheu controlando seu barco e impedindo que ele derive conforme os ventos e as correntes que o levariam para os recifes. Em outras palavras, ser livre é libertar-se da ditadura do ego e das tendências habituais moldadas por nossos condicionamentos.

Para voltar a dois dos pontos desenvolvidos por Christophe, algumas pessoas pensam que submeter-se a uma disciplina, quando se faz um retiro para meditar ou uma estadia em um mosteiro, por exemplo, é perder a liberdade. Mas elas deveriam pensar a mesma coisa do esportista ou artista que pratica horas a fio em vez de aproveitar o tempo para se bronzear na praia. Quem aprende alpinismo será que sacrifica sua liberdade passando horas diante de um muro de escalada seguindo os conselhos de um instrutor? Para mim, em todo caso, é uma alegria passar tempo em um eremitério para cultivar a benevolência e dominar minha mente, não tendo que fazer coisas que não levam a nada, senão a mais confusão e sofrimento.

Quanto a chamar de adestrador de ursos ou cães quem aplica terapias cuja eficácia foi amplamente demonstrada, sob o pretexto de que exigem intervenção, prática e aprendizagem, os entusiastas do mínimo esforço deveriam mostrar mais compaixão por seus pacientes, em vez de lhes impor o produto das suas elaborações mentais. Isso me lembra a maneira como os trabalhos fundadores de Richard Tremblay e da sua equipe foram recebidos na França. Eles fizeram o que foi chamado "estudo longitudinal de Montreal", após terem acompanhado do nascimento à adolescência mais de 20.000 crianças representativas da população canadense. Constataram então três tipos de evolução da frequência das agressões físicas. Em metade das crianças, essa frequência aumentava entre um ano e meio e 4 anos, e então diminuía claramente até os 12 anos. Do começo ao fim desse período, um terço das crianças recorria muito pouco à agressão física. Por outro lado, as análises de trajetórias pessoais mostravam que cerca de 10 por cento das crianças se diferenciavam das outras pela frequência das suas agressões físicas antes dos 4 anos, e que cerca de metade delas eram violentas com muito mais frequência que as outras até a adolescência.

As crianças desse terceiro grupo corriam grandes riscos de sofrer problemas de relacionamento, de ser depressivas e instáveis e de ter comportamentos antissociais. Na adolescência, tinham frequentes problemas com a justiça. Apenas 3 por cento delas obtinham o diploma do fim dos estudos do segundo grau, contra 76 por cento dos rapazes que raramente tinham recorrido à agressão física. Os pesquisadores identificaram sinais prévios de agressão física crônica nas crianças de alto risco, como a disfunção familiar, a separação dos pais antes do nascimento, salários baixos, e o fato de as mães terem dado à luz antes dos 21 anos, ou terem se tornado mães por obrigação e a contragosto, ou ainda por terem fumado durante a gravidez. Os meninos corriam nitidamente mais riscos que as meninas.

Richard Tremblay se associou por um ano a um grupo de cientistas franceses que preparavam um relatório sobre distúrbios de conduta, publicado pelo Instituto Nacional de Saúde e Pesquisa Médica (Inserm) em 2005. Esse relatório provocou um *tsunami* de indignações nos "quatro cantos da França". No dia da publicação, o editorial do *Monde* o acusou de veicular ideais anglo-saxões que Bush aplicava nos Estados Unidos, qualificando-o de insulto aos grandes trabalhos dos psicanalistas franceses sobre as crianças. Os detratores desse relatório chegaram a dizer que seu verdadeiro objetivo era "identificar as crianças indesejáveis" por uma despistagem precoce e feroz, que levava ao "adestramento" das crianças para "neutralizá-las" por meio de uma medicação excessiva que podia conduzir a uma "toxicomania infantil". Segundo eles, íamos impedir que as crianças expressassem toda a riqueza da sua personalidade. Inúmeras fábulas que não tinham nada a ver, nem de perto nem de longe, com o conteúdo dos trabalhos científicos em pauta.

Esses estudos e muitos outros mostram que, quando uma criança apresenta de maneira crônica sintomas de distúrbios de conduta, o risco de delinquência juvenil grave é estatisticamente tão importante quanto o de ter câncer para um fumante. Por acaso se diria que o fato de querer saber, por exemplo, se as crianças são predispostas a se tornarem diabéticas em dez anos constitui uma forma de discriminação? O verdadeiro remédio do qual essas crianças precisam é a solicitude alheia e o equilíbrio emocional. Se eu me demorei um pouco nesse exemplo, é porque é típico do uso que se faz da liberdade de expressão para sustentar preconceitos a qualquer preço, ignorando a realidade dos fatos ou resultados cientificamente comprovados.

Matthieu: Às vezes, a liberdade é entendida em uma perspectiva puramente individualista. O individualismo tem várias faces. Pode se referir ao respeito pelo indivíduo, que não deve ser utilizado como um simples instrumento a serviço da sociedade. Essa noção originou o conceito dos direitos humanos. Esse tipo de individualismo confere a cada pessoa uma autonomia moral, permitindo-lhe fazer escolhas livremente. Mas essa liberdade, como Christophe destacou, não deve ocultar os deveres do indivíduo em relação à sociedade. Do contrário, o individualismo se transforma em desejo egocentrado de se libertar de toda consciência coletiva e de priorizar o cada um por si.

A noção de direito envolve a reciprocidade. Os extremistas, religiosos em especial, reivindicam respeito incondicional às suas crenças e reagem com violência toda vez que consideram que elas foram desrespeitadas. Infelizmente, eles acham que não têm obrigação de respeitar as crenças e opiniões alheias, dando-se o direito de desprezá-las e persegui-las. Trata-se de uma ideia unilateral do respeito. Os talibãs ficaram muito orgulhosos, por exemplo, por terem destruído os budas de Bamiyan. Mas, algum tempo depois, quando um exemplar do Alcorão foi queimado em um antigo bairro de Deli, não se sabe por parte de quem nem por quê, os violentos protestos que se seguiram causaram a morte de umas dez pessoas.

A benevolência como bússola

Matthieu: Concordamos em dizer que a liberdade pode ser exercida apenas se não prejudicar ninguém, mas essa posição é muitas vezes posta à prova no caso da liberdade de expressão. Como avaliar e prever as consequências negativas do que dizemos ou escrevemos? Após a tragédia do *Charlie Hebdo*, em janeiro de 2015, participei em Davos, na Suíça, de um debate sobre a liberdade de expressão organizado pela BBC. Entre os participantes estavam o diretor do Human Rights Watch, o antigo grande rabino da Irlanda, David Rosen, e o xeque Bin Bayyah, conhecido por ter declarado "guerra à guerra" e que é um dos raros sábios e eruditos muçulmanos respeitado por todos os ramos do islã. Os participantes afirmaram unanimemente que, no nível do Estado, nunca se deveria aceitar restringir a liberdade de expressão, mas que cabia aos indivíduos, por sua vez, exercer essa liberdade de maneira judiciosa e responsável.

Durante o debate, eu disse que, se fosse caricaturista e soubesse que meus desenhos corriam risco de provocar a morte de quinze pessoas no Paquistão, no Afeganistão e na Nigéria, consideraria que publicá-los seria da minha parte uma imperdoável falta de compaixão. As multidões que se revoltam reúnem a maior parte das vezes pessoas com pouca educação, que percebem o que foi dito ou publicado como grave ofensa ao que respeitam acima de tudo. Não estão em nada interessadas na liberdade de expressão, conceito que não entendem. Nesses casos, em vez de responder pelas armas, nossos esforços devem ser a longo prazo, para ajudar essas populações a se beneficiar de melhor educação e favorecer sua evolução para uma maior tolerância.

Reivindicar a liberdade de expressão, sobretudo nos países totalitários, requer em geral grande coragem. Mas, uma vez obtida essa liberdade, cabe aos indivíduos – jornalistas, escritores, líderes de opinião – não a usar para se arrogar o direito de dizer tudo que pensam sob o risco de provocar reações incontroláveis. Chegamos a um tipo de ditadura do individualismo que com frequência reflete falta de compaixão.

No exercício da liberdade condicional, é recomendável considerar mais as consequências que os princípios. É preciso evitar se prender ao dogma de uma liberdade de expressão sem condições, desconectada dos efeitos que pode produzir. Alguns deslizes, como fazer comentários racistas, incentivar a violência ou o negacionismo relativo ao Holocausto, são punidos por lei, mas não é possível legislar sobre todas as sutilezas do exercício da liberdade de expressão. Portanto, é apenas com base na benevolência que cada um pode decidir sobre o bom uso dessa liberdade. A benevolência não quer dizer que precisamos colar um esparadrapo na boca e quebrar nosso lápis de desenhista, mas que devemos abrir mais nosso coração aos outros.

Christophe: Matthieu, você falou da bandeira da liberdade, das motivações egoístas que se escondem por trás da máscara. Eu pensava em exemplos concretos, em pessoas que tomam a liberdade de falar alto ao telefone, incomodando o vagão em viagens de trem. Ou na liberdade de tocar música alto no carro e andar pelas ruas às 3 horas da manhã com as janelas abertas. Ou ainda na liberdade de fazer piadas sobre outras nacionalidades, judeus, deficientes, árabes ou loiras, etc. O que fazer? A solução não é apenas a interdição, mas também a educação, mais exatamente uma mistura dos dois. E qual é o limite? Qual é a finalidade do comportamento pelo qual reclamamos ter liberdade? Trata-se de uma finalidade relativa ao único prazer pessoal ou há algo da ordem do bem comum? Quando a liberdade que reclamo é falar bem alto ao telefone, 1) tem por meta a realização do meu desejo, a obtenção de um prazer pessoal ou a contribuição para o bem comum?, e 2) há outras maneiras de fazer isso?

Se passarmos tais reivindicações de liberdade pelo filtro dessas duas peneiras, fica claro que dar liberdade de falar em voz alta ao telefone dentro de um trem não contribui para o bem comum e serve unicamente para satisfazer necessidades pessoais. Por outro lado, tenho a possibilidade de ir até a plataforma para telefonar sem incomodar os outros. O veredito é claro: querer telefonar como eu bem quiser no vagão é uma forma de liberdade egoísta que deve ser regulada...

NOSSOS CONSELHOS PARA EXERCER A LIBERDADE NO COTIDIANO

UMA PRÁTICA DA LIBERDADE
Alexandre

• Libertar-se pela atenção. Aprender a identificar todas as emoções perturbadoras assim que surgem para não entrar em uma espiral infernal. E identificar a trovoada antes que ela estronde.

• A pasta DS. Criar uma pasta DS (Dane-Se) e colocar nela as ideias nocivas que nos assolam, as fantasias, as ilusões e os delírios. Não se deter no fluxo de pensamentos inúteis e nocivos que nos permeiam o dia todo, sair dessa neblina.

• Libertar-se do passado. Para Espinosa, libertar-se é revisitar nosso passado, examinar nossa história. O que tiramos disso? Do que lembramos? Dos preconceitos, dos traumas? Identificar as influências e os determinismos que arrastamos conosco é apressar o passo rumo à liberdade. Se precisamos de anos para nos moldar, devemos nos dar tempo para nos libertarmos das sequelas da nossa história, das traições, das faltas... O desafio? Revisitar o passado não para encontrar desculpas, mas para nos tornarmos melhores.

POR UMA LIBERDADE JUSTA
Matthieu

• A liberdade exterior é o domínio da nossa existência, e a liberdade interior, o domínio da nossa mente.

• A liberdade exterior se adquire pelo treinamento da mente, que se liberta do jugo da confusão e dos venenos mentais.

• Ela é naturalmente acompanhada de benevolência e compaixão, devendo essas últimas ser as guias da nossa liberdade exterior.

AS QUATRO CHAVES DA LIBERDADE
Christophe

• Sempre pensar a liberdade em estéreo: liberdade e responsabilidade. Assim que isolamos a liberdade da responsabilidade, ficamos no declive muito escorregadio do egoísmo, no barco embriagado sobre o qual falava Matthieu.

• Não esquecer a moral. A liberdade precisa de duas regulações: uma interior (a responsabilidade individual) e uma exterior (as regras e as leis). Mas, uma vez estabelecidas essas leis, voltamos à pessoa, porque a questão não é apenas "o que é legal", mas "o que é moral". Mesmo que a lei permita certas coisas, nem sempre é desejável que eu as faça.

• Passar minha liberdade pelo filtro de duas peneiras: 1) A liberdade que reivindico é destinada a alcançar meu prazer pessoal ou oferece algo da ordem do bem comum? 2) Se essa liberdade que reivindico, embora relacionada ao bem comum, gerar problemas para os outros, será que tenho outras maneiras de praticá-la?

• Conjugar a liberdade no plural. É um bem comum, e toda vez que reclamo algo que diz respeito à *minha* liberdade, estou cometendo um erro profundo, e devo pensar em *nossa* liberdade.

12

NOSSAS PRÁTICAS COTIDIANAS

Alexandre: Ao chegar ao seu mosteiro, no Nepal, o que me maravilhou, Matthieu, foi ver como a vida espiritual e a prática do darma se irradiam no centro do seu cotidiano. Comparado a você, sou uma piada... Ao me receber, você me ofereceu *Os cem conselhos de Padampa Sangyé*, com esta luminosa dedicatória: "Que a duração da sua prática seja a da sua vida". Portanto, devo acreditar e experimentar que cada instante ofereça uma possibilidade de progredir. Não, nada se opõe ao Despertar, à união com Deus, nem mesmo a tenacidade dos nossos pequenos erros cotidianos. Tudo pode se tornar exercício, até mesmo – e talvez sobretudo – aquilo que nos faz tropeçar. Se eu não transformar em algo positivo os problemas que me assolam, estou perdido. E por que não começar simplesmente entrando na escola das virtudes? "Olhe, esse cara está começando a me dar nos nervos, excelente! Não há melhor oportunidade para me livrar da minha maldita impaciência." E, quando as angústias giram ao meu redor como um enxame de vespas agressivas, vou imediatamente meditar. Nenhum negócio, nenhuma dificuldade trava a mente em sua obra de liberação. Ao contrário, as perturbações podem servir como sinais de alarme para

É perigoso esperar estar em alto-mar para aprender a nadar. Portanto, vamos começar imediatamente!

começar a trabalhar, a ousar não se fixar em nada ou simplesmente a pedir ajuda. Mas, quando os alarmes da vida começam a berrar, com frequência prefiro esquecê-los ou mesmo fugir deles. Mais uma vez, é perigoso esperar estar em alto-mar para aprender a nadar. Portanto, vamos começar imediatamente!

Fazer do dia um campo de experiência

Alexandre: Talvez tenha chegado o momento de pensar naquilo que representa o essencial da prática cotidiana. E, como ela deverá se prorrogar ao longo da vida, é melhor já agir com a maior dedicação... Então, aqui estão algumas pistas que me ajudam dia após dia.

O primeiro passo talvez seja dedicar o dia aos outros, especialmente aos mais desprovidos, àqueles que sofrem. No momento em que conversamos, alguns ficam sabendo que têm câncer, outros perdem um filho, muitos morrem de fome... Devemos velar na mente e no coração os bilhões de seres que se debatem no imenso oceano de sofrimentos, que pode engolir, a qualquer momento, cada um de nós, infringir nossa liberdade e violar nossa dignidade. Devemos lembrar sempre que não praticamos para mimar nosso ego, mas, retomando a expressão do padre Arrupe, para nos tornarmos homens e mulheres *para* os outros, pessoas que se dedicam a amar os outros e a aliviar a dor.

Obviamente, é possível retrucar: "E em que o fato de dedicar o seu dia melhora a vida daqueles que estão na pior?!" Afinal de contas, se um celular pode se conectar a uma antena, um simples pedaço de ferro que emite ondas, por que não imaginar que no cerne da nossa interioridade existe um vínculo profundo entre todos os seres? Entender que tudo, neste mundo, está *interconectado* não significa descambar para o ocultismo... Estou convencido de que colocar o dia sob o signo da generosidade nos torna melhores. Essa prática afasta um egoísmo tenaz, muito difícil de erradicar.

No começo, eu atordoava meu mestre com perguntas: "Quem é Deus?", "Por que sofremos?", "Quando vou me curar dos meus tormentos?"... Com infinita ternura, toda vez ele me convidava a voltar ao *aqui e agora*, onde acontece a eternidade. Ele me mostrou, de maneira magistral, que se perder em vãos discursos sobre a ascese não leva a lugar nenhum, que nada vale a prática da generosidade.

Muito concretamente, tento seguir quatro práticas essenciais. A primeira retoma o convite do papa João XXIII: realizar cada gesto como se Deus tivesse me criado para isso. Por exemplo, quando encontro uma pessoa, lembro-me de que naquele momento ela é a mais importante do mundo. Da mesma forma, escovando os dentes, dedico-me a isso inteiramente, sem que minha mente se perca em pensamentos... Mestre Yunmen resume essa grande arte com uma fórmula mágica: "Quando você está sentado, fique sentado; quando caminha, caminhe. Sobretudo, não hesite".

Um grande mal-entendido faz crer que o sábio não sente nenhuma emoção. Ao contrário, ele as vive plenamente, sabendo deixá-las evaporar antes que se tornem nocivas. Em suma, se sentir raiva, ele não se acha obrigado a jogar a louça na parede... O desafio consiste em viver plenamente o que nos incomoda sem negar coisa alguma, e avançar com extrema ternura. Por muito tempo, tive horror à noção de aceitação. Em geral, acreditamos que se trata de nos amputar das nossas emoções, de acabar com elas. Aceitar é antes de tudo vê-las, acolhê-las como se fossem nossos filhos, sem julgá-las. Assim, quando sinto tristeza, em vez de fugir a qualquer custo, fazer a experiência completa dessa tristeza me permite passar para outra coisa, virar a página. Quando eu era pequeno, nunca me entregava totalmente à dor. Sempre resisti até o esgotamento. Hoje, quando me sinto desencorajado, tento, ao contrário, deixar passar algum tempo, não resistir. Constato que posso flutuar, até mesmo em plena agitação. Ver que as emoções não me matam acaba me dando uma grande confiança. Eu quase diria que, de certo modo, as tempestades nos ajudam. Nada contraria mais o "sim" alegre do que a negação diante daquilo que nos agita.

A segunda prática, aquela que mais me alimenta, consiste em deixar passar. Mil vezes por dia, deixar passar as angústias, os medos, as emoções, como abelhas que viessem zumbir ao nosso redor: quanto mais tentamos afastá-las, mais elas se agitam. Devemos deixá-las simplesmente ir embora, sem reagir de forma alguma.

Por meio desse simples refrão, o *Sutra do diamante* me oferece uma formidável ferramenta que me converte a cada instante. Poderia se resumir da seguinte maneira: "Buda não é Buda, é por isso que o chamo de Buda". É uma terceira prática que me ocupa quase o tempo todo e me ajuda a assumir os altos e baixos da existência. Quando não estou bem, leio esse livro para encontrar nele não armas, mas um instrumento de vida: "A deficiência não é a deficiência, é por isso que a chamo de deficiência". O refrão me lembra que não devo fixar nada, e que preciso ver que uma coisa pode ser ao mesmo tempo uma calamidade e uma possibilidade. Trata-se de abandonar uma lógica binária, a prisão do dualismo. A cada segundo, posso viver a deficiência de forma diferente. Quando a mente tenderia a reificar as coisas e a colocar rótulos em tudo, mil vezes por dia, repito para mim mesmo: "Alexandre não é Alexandre, é por isso que o chamo de Alexandre". O que há de formidável nessa fórmula mágica é que ela nos ajuda a nunca nos acomodarmos em nossas feridas sem que seja preciso negá-las. Trata-se de tomarmos consciência de que colamos nessa realidade muitos preconceitos que depois descolamos aos poucos. Posso então, sem me iludir, chamar as coisas pelo seu nome, sabendo que o real é sempre mais denso do que acredito que seja. O exercício que pratico já há anos consiste em me desapegar, em tentar me desfazer de todas as fixações egoicas, e o tempo todo acompanhar o movimento da vida... Dizer: "Minha mulher não é minha mulher, é por isso que a chamo de minha mulher" é descobrir que, a cada dia, convivo com alguém novo, e parar de encerrá-la em representações. Ver que na minha mente corre um rio de pensamentos e emoções é parar desde já de levar a sério demais o que se passa na minha cabeça.

Finalmente, utilizo uma prática tirada de um texto do Antigo Testamento que constrói uma ponte magnífica com o budismo, o Eclesiastes. Apesar de parecer pessimista, ele separa tudo e arranca uma por uma nossas ilusões. Repito com frequência seu famoso versículo: "Vaidade das vaidades, tudo é vaidade". Ver que neste mundo tudo é precário e frágil me ajuda a avançar para uma liberdade mais profunda. Isso cura minha alma da tendência a me consolar com coisas pequenas. No fundo, é no caos que também posso descobrir a paz. Tudo passa, mas, para minha infelicidade, não sei *deixar passar*, agarro-me e sofro ainda e sempre... No fundo, o Eclesiastes me curou da própria ideia de curar. Perder uma por uma as ilusões e falsas esperanças abre as portas para uma certa serenidade. A luta cessa, o desgastante combate dá lugar à paz.

Construir uma espiritualidade no cruzamento das tradições não deixa de ser arriscado. É preciso se precaver de atribuir caráter absoluto a um caminho sem se perder na dispersão e no sincretismo. Quanto a mim, tento seguir Cristo, e nesse caminho o budismo me ajuda a me desfazer do eu e de sua parafernália. Todo dia tento frequentar o Evangelho e alimentar uma autêntica vida de prece. A meu ver, rezar é despir-se de vez, abandonar um por um todos os papéis para ficar à espreita de uma transcendência e ousar se abandonar, ter uma confiança total em algo maior que si mesmo. Aqui, os rótulos, as representações, as expectativas se desintegram, e o eu pode se eclipsar. É preciso ter coragem para se deixar cair até o âmago mais profundo, ousar não fazer nada, não dizer nada, não querer nada, e deixar Deus cuidar de Deus. Rezar é dizer sim ao que acontece, viver sem por quê. Então, quase apesar de nós mesmos, os mecanismos de defesa, as recusas e essa sede de querer dominar tudo nos abandonam. Despojados de tudo é que podemos ousar fazer o impensável: apelar a Deus Pai. Embora o caminho seja difícil, árido até, porque o eu resiste sempre, encontro nele uma alegria imensa, uma liberdade que me convida a me livrar das bengalas para avançar e amar gratuitamente.

Ver que neste mundo tudo é precário e frágil me ajuda a avançar para uma liberdade mais profunda.

Os obstáculos à prática

Alexandre: Entre os mil e um obstáculos que se apresentam no caminho, identifico um mais terrível: a mundanidade. Assim que me afasto do meu mestre e da minha família, logo me perco em um tipo de agitação que me desvia da interioridade. Sem falar do risco de maledicência, que nunca fica muito distante assim que passamos por certas portas... Como dizer que precisamos de meia hora de meditação quando estamos em um meio totalmente impermeável ou até hostil à espiritualidade? Como evocar a fé em Deus que nos alimenta quando tantos tabus e preconceitos impedem simplesmente de escutar sem julgar? Já me ocorreu ser obrigado a pretextar um cansaço repentino para me dar uma hora de *tranquilidade*, para deixar um modo de vida mecânico.

No caminho espiritual, são necessárias uma grande flexibilidade e uma determinação total. Mas faço inúmeras concessões o dia todo. Nem consigo seguir esse princípio, embora tão simples: viver aqui e agora. E, com frequência me surpreendo urinando, escovando os dentes e falando ao telefone... perigosa acrobacia!

Ao chegar a Seul, eu tinha uma sede enorme de progresso espiritual. Estava pronto para tudo a fim de alcançar o Despertar, a união com Deus. Mas, após algumas semanas, meu entusiasmo já começava a esfriar: "Padre, não poderíamos fazer um retiro a cada duas semanas?" E a mente redobrava de armadilhas para que eu me perdesse no caminho do coração. Eu confessava então, para poder ficar sossegado: "Padre, o verdadeiro desafio é praticar na vida cotidiana... Por que se retirar do mundo?" Todo dia é preciso voltar à aspiração profunda e se engajar cada vez mais. Mesmo dominando poucas coisas na vida, podemos a qualquer instante decidir engajar-nos totalmente no caminho espiritual, em que não há nem manual, nem receita milagrosa, nem consolo imediato. O método é progredir passo a passo, sem se agarrar à ideia de progresso.

O que me ajuda

Alexandre: Para perseverar e não me acomodar em concessões, eu me comprometi com meu mestre a meditar uma hora por dia. Em cinco anos, nunca falhei nesse compromisso. E acredito que foi isso que salvou minha vida... O mais curioso nessa história é que certas manhãs levanto já estressado perante a ideia de ter que reservar uma hora para meditação. Ao lado dessa prática regular, há amigos no caminho do bem e leituras que nos convertem cotidianamente. Quando me esgoto, sempre encontro, graças ao meu mestre, forças para me reerguer e continuar. Toda vez ele me leva de volta à fonte, ao meu âmago mais profundo. Falando com ele, a vida volta a ser simples e leve, e sinto que não tenho nada a fazer senão praticar, ainda e sempre, ousar avançar, em um infinito abandono a Deus.

Ainda criança, eu encontrava na missa frequentemente apenas sermões banais e muito ritualismo, muito distantes das aspirações do meu coração. Hoje, em Seul, graças ao meu pai espiritual, vivo a missa como o lugar do despojamento total, como a possibilidade de voltar renovado à vida. Descubro no fundo do coração que posso ser perdoado, ficar livre do domínio do ego, e reencontro a força de ir em direção ao outro sem me fechar sempre em mim. Não importa se somos budistas, praticantes ou ateus, em última instância, o essencial é escolher um caminho e praticá-lo plenamente sem cair no turismo espiritual. Quando cavamos um poço, se quisermos alcançar a fonte, precisamos nos manter na mesma direção.

Eu me esforço para reservar pequenos momentos de recolhimento que me lembrem que o que faço não é apenas um ganha-pão, um automatismo, uma obrigação, mas uma escolha.

Um dia típico

Christophe: Os diferentes assuntos abordados neste livro constituem práticas que nos esforçamos para alcançar por uma questão de coerência. Para falar cotidianamente, o que faço, em um dia típico ou talvez em um dia ideal, que denota esforço, em vez de acaso ou circunstâncias? Assim como vocês dois, começo meu dia dedicando no mínimo dez a quinze minutos do meu tempo à plena consciência, durante os quais fico sentado e tento centrar a mente naquele instante, na vida como ela é, segundo após segundo. Alguns dias, utilizo práticas orientadas para a compaixão, quando amigos ou pessoas que conheço estão sofrendo. Às vezes, são práticas de compaixão em relação a pessoas que sofrem e que não conheço, às vezes, práticas de felicidade altruísta. Há também práticas de regulação emocional, em que procuro, como diz Matthieu, antídotos para as minhas emoções dolorosas ou desconfortáveis. Se eu não fizer esse trabalho de pacificação, de limpeza, elas vão contaminar meu dia, minha relação com o outro, meu trabalho.

Em seguida, entro na vida familiar, e em geral, principalmente nos últimos anos, ela começa pelo encontro com meus filhos, que se levantam cedo, já que o tempo de transporte para chegar ao colégio ou à escola é bastante longo. Antes do encontro com meus filhos, tento me lembrar da importância de estar feliz, de começar o dia com brincadeiras, com bom humor, com sorrisos, do contrário, não sou biologicamente entusiasta de manhã.

Então, o dia segue, e regularmente me esforço para reservar pequenos momentos de recolhimento que me lembrem que o que faço não é apenas um ganha-pão, um automatismo, uma obrigação, mas uma escolha. Os dias em que fico em casa para escrever, toda vez que posso, fico em pé e coloco as mãos na poltrona. Lembro-me da sorte que tenho de escrever livros de psicologia com o que me foi ensinado, o que ouvi, e que esses livros talvez façam bem às pessoas, explicando-lhes coisas sobre as quais elas não haviam refletido, atraindo sua atenção para os esforços ao seu alcance. Quando chego ao hospital, tento ter algum tempo de recolhimento para sentir a possibilidade de poder exercer essa profissão de professor, de médico. Quando tenho conferências para preparar ou aulas para dar, reflito sobre a maneira de transmitir a vontade de ajudar, de cuidar de pacientes. Quando faço consultorias em empresas, eu me concentro no fato de que as minhas palavras ajudarão talvez a melhorar as condições de trabalho.

Outro dos meus objetivos, importante também para muitas outras pessoas em nossa sociedade, é permanecer centrado e lutar contra a dispersão. Entendi que, se eu não praticasse uma higiene das interações digitais, estaria perdido. Portanto, tento não olhar meus *e-mails* e meus SMS, e passar minhas ligações telefônicas para horários fixos, limitando-os aos períodos da manhã, até o meio-dia, e da noite. O resto do tempo eu me esforço para não me desorganizar, para não responder, senão haverá um desperdício considerável de energia e uma dispersão da atenção.

Estar presente diante do outro representa uma prática à qual me obrigo. Da melhor forma possível, quando estou com alguém, tento verdadeiramente lhe dar atenção, ainda mais que minha disponibilidade para o outro é limitada. Após certo tempo, os outros me cansam – não é que me incomodem, mas preciso de solidão, de tranquilidade. Daí a importância de estar com a pessoa por inteiro, mesmo que seja rapidamente. Por exemplo, quando certos pacientes chegam ao Hospital Sainte-Anne sem consulta marcada, permanecendo diante da minha porta para serem recebidos, eu os mando entrar. Como não estava previsto, isso cria certa confusão na minha agenda. Antigamente, eu resmungava por dentro, mas hoje penso: "Você está com eles, dê-lhes o pouco que tem; durante esses cinco minutos, esteja totalmente, completamente, absolutamente, calorosamente com eles". Eu lhes digo: "Posso recebê-los por apenas cinco minutos", e no final desse tempo: "Lamento, mas precisamos parar". Acho que durante esse breve lapso de tempo estou muito mais presente do que antes.

E também há o momento das dedicatórias, que antigamente me desestabilizava porque eu pensava no tempo limitado de que dispunha para ver cada pessoa que esperava: eu tinha a impressão de ser como uma cesta furada em que as pessoas despejavam suas expectativas, seus desesperos sem que eu pudesse fazer coisa alguma por elas. Hoje, entendi que não posso fazer milagres, mas, se eu fizer o esforço de permanecer centrado neles durante os poucos minutos que dura essa troca, isso talvez lhes traga um pouco de energia, de coragem e de reconforto.

Nos esforços que tento realizar, há obviamente uma luta contra a tendência à ansiedade, ao desânimo, à irritação, que ocorre com todos os seres humanos, e talvez ainda mais comigo, porque sou emocionalmente sensível e frágil. Portanto, preciso me deter mais, como dizia Alex, nesses movimentos emocionais, se não para pacificá-los ou suprimi-los, pelo menos para verificar de onde vêm e para onde me levam. Será que eles me desviam do meu rumo, dos meus valores e objetivos? Ou posso continuar com eles, e portanto me demorar mais tempo do que antes, graças à plena consciência, e submeter-me a essa presença interior?

Outra prática que faço de maneira bem regular consiste em arranjar alguns minutos de fluidez, em que não tenho obrigações. São momentos em que não sou obrigado a encontrar alguém, a entregar um manuscrito, a escrever um artigo ou uma conferência. Demorei muito para entender essa necessidade. Mesmo fazendo apenas coisas que curto, a maior parte do tempo com pessoas de que gosto, quando há coisas demais, pressão demais, isso se torna uma fonte de sofrimento ou de irritação, o que é um absurdo. Uma das minhas grandes preocupações – e me parece que muitas pessoas estão mais sobrecarregadas do que carentes de coisas para fazer – é ocupar esses espaços de tempo para respirar e poder responder a demandas inesperadas. No passado, já aconteceu de eu ter tantas coisas para fazer, encaixadas milimetricamente, que bastava um amigo me ligar dizendo que precisava de consolo para que eu percebesse sua demanda como mais uma preocupação. Isso não fazia sentido. Então eu me esforço para dispor de tempo para enfrentar o inesperado.

Com frequência, observo em que momentos me sinto realmente bem, em harmonia com os outros, realizado, disponível, disposto a ajudar. No fundo, quais são os dias, as atividades que permitem que eu esteja ao mesmo tempo nessa paz e nessa disponibilidade? Consequentemente, confio muito nas minhas emoções agradáveis. Elas são um barômetro e me indicam que estou no registro certo, em uma boa atividade, funcionando bem. E uma sorte que tive foi sentir poucas emoções positivas tóxicas: não sou muito sensível ao orgulho, a me envaidecer de minhas proezas. Rapidamente, quando percebo que sou admirado, sinto um pequeno sinal de alarme que me alerta sobre o sentimento de impostura. Por outro lado, desconfio das minhas emoções negativas, que em geral mentem para mim sobre a realidade dos meus desesperos.

A outra prática diz respeito ao meu vínculo com a natureza. Como a maior parte dos seres humanos, preciso muito de conexão com a natureza, e tenho a sorte de poder caminhar uma hora na floresta quase todos os dias. Sigo quase sempre o mesmo caminho, de maneira que não me preocupo com o trajeto. Toda vez que estou em um meio ambiente natural, isso desperta em mim sentimentos de gratidão, de reconhecimento e de responsabilidade muito importantes. Desejo que o maior número possível de seres humanos possa se beneficiar disso, especialmente todos os que virão depois de nós. E a deterioração dessa natureza talvez seja o maior crime que estamos cometendo.

O dia acaba, e à noite preciso reservar um pouco de espaço para as relações com minha família, para verificar se tudo está bem, trocar ideias, ter um momento particular com cada um. É também o momento das preces, quando quero pedir algo para alguém ou interceder por mim mesmo. Em geral, peço para os outros; quanto a mim

Confio muito nas minhas emoções agradáveis. Elas são um barômetro e me indicam que estou no registro certo.

mesmo, parece-me que posso fazer o trabalho sozinho, e agradecer; agradeço todas as possibilidades que pude encontrar durante o dia, e na hora de dormir pratico um exercício de psicologia positiva: repenso em três eventos agradáveis do dia, tento me impregnar deles fisicamente, conectá-los com um sentimento de gratidão e tomar consciência de que nenhum desses eventos felizes se deve somente a mim, que sempre houve alguém que o facilitou.

Um estado de espírito global

Christophe: Em seguida, para falar da minha prática mais global, tento me lembrar sempre de que posso morrer daqui a um ano, dois anos, cinco anos, e tento viver como se fosse morrer logo. Penso: "Se você tivesse certeza de que morreria daqui a um ano, o que faria?" Se devemos morrer amanhã, é urgente provocar comportamentos muito diferentes: despedir-nos das pessoas que amamos. Morrer daqui a um ano implica que continuemos nossa vida como é, mas de maneira bem mais inteligente. Tudo vai ter importância. Toda vez que nos despedimos de alguém, pensamos que talvez seja para sempre. Essa atitude trouxe muito mais peso à minha vida e modificou minha relação com o cotidiano, mas de maneira alegre. Paradoxalmente, pensar que posso morrer amanhã ou daqui a um ano trouxe muita alegria à minha existência.

De uns anos para cá, graças a você, Matthieu, a todos os mestres cuja leitura você recomendou e às pessoas que você me apresentou, avalio muito mais regularmente do que antes se fiz o bem ao meu redor. Todas as noites tento pensar nisso, e de manhã, mesmo sem estar ritualizado, isso volta de maneira mais natural à minha mente. Às vezes, penso que não é grande coisa ("pode melhorar"); às vezes, tenho a impressão de que está correto. Para tanto, eu me beneficio de uma ajuda considerável da parte dos meus amigos, que me mostram os caminhos possíveis, e dos leitores que me escrevem sem saber talvez que suas cartas têm uma força incrível para me motivar a ajudar os outros. Poder transmitir ajuda com palavras, frases e livros é uma sorte incrível.

Nos esforços que faço, tento não seduzir, não prometer demais, não trair as expectativas alheias. É por isso que às vezes pareço um pouco frio, distante, prudente: quero dar apenas o que posso. Não tenho energia suficiente na alegria de estar com os outros; eu precisaria esclarecer isso, porque às vezes as pessoas precisam ser tranquilizadas com demonstrações de simpatia e sedução; consigo ser gentil, mas nem sempre caloroso. São algumas das direções nas quais estou trabalhando!

A escuta, o estudo e a integração pela prática

Matthieu: Por que a prática? Porque é o complemento indispensável do estudo e da reflexão. A leitura e a escuta atentas permitem aumentar nossos conhecimentos. Em seguida, devemos refletir longamente para examinar a validade dos ensinamentos que lemos e recebemos. É útil também consultar aqueles que detêm o saber de que precisamos – eruditos, peritos, mestres espirituais –, e esclarecer com eles nossas dúvidas e incertezas. Segundo o budismo, não podemos parar por aí, porque o mais importante é a etapa seguinte: a integração pela prática de tudo que aprendemos e examinamos, que deve se traduzir por uma mudança em nossos pensamentos, palavras e comportamentos. Nós lhe damos também o nome de "meditação", um termo que os textos budistas definem como o fato de se familiarizar ou de aprender a dominar. Sem passar pela meditação, todos os conhecimentos adquiridos serão letra morta. Seremos como doentes que guardam a receita médica debaixo do travesseiro, sem seguir o tratamento, ou viajantes que leem guias e nunca se põem a caminho.

Dilgo Khyentse Rinpoche dizia que podemos avaliar o progresso da prática espiritual observando até que ponto ela se manifesta em nosso ser e em nossa maneira de reagir aos desafios da existência. Dizia também que é fácil ser um bom meditador sentado ao sol com a barriga cheia, mas que é nas provações e nos confrontos que a prática é "colocada no prato da balança".

Um dia, o grande mestre tibetano Patrul Rinpoche, que vivia como um monge errante, foi ver um eremita que passava o tempo em uma gruta. Sentou-se em um canto com um sorriso irônico e, após um momento, perguntou ao eremita por que vivia em um lugar tão austero e afastado.

– Estou aqui há muitos anos – respondeu o outro em tom de orgulho. – Neste momento, estou meditando na perfeição da paciência.

– Essa é boa! – exclamou Patrul. – Velhas raposas como nós conseguem realmente enganar o mundo, não é?

O eremita reagiu com raiva.

– Ah! – exclamou Patrul. – O que aconteceu com sua paciência?

Com certeza, se eu acreditar que sou um ótimo meditador e se após dez anos ainda tiver a fama de me mostrar tão irritado quanto antes, é mau sinal, e devo rever minha posição. Se, além disso, eu quiser me colocar a serviço dos outros, devo absolutamente adquirir as qualidades correspondentes a essa vocação. Começar a fazer o bem alheio sem ter alcançado certo grau de liberdade e de força interiores, de discernimento e de compaixão pode levar ao fracasso. É algo que se constata com frequência nas ações humanitárias. Começamos a ajudar os outros, e em determinado momento as coisas saem dos trilhos. Não porque não estejamos mais interessados, ou porque nossos recursos financeiros tenham acabado. Na maioria dos casos, isso se deve a conflitos de ego, a não perceber as necessidades alheias e, no pior dos casos, à corrupção. Tudo isso porque não estamos prontos. A melhor preparação para a ação humanitária é passar tempo transformando a si mesmo, para não se deixar derrubar pelos desafios que não deixarão de surgir.

O infinito poder de transformação da mente

Matthieu: Todos nós temos uma mistura de sombra e luz, mas isso não quer dizer que estejamos condenados a permanecer sempre assim. Nossos hábitos permanecerão os mesmos somente enquanto não fizermos nada para mudá-los. Pensar que é assim, que é pegar ou largar, e abandonar a corrida antes mesmo da partida, tudo isso consiste em subestimar consideravelmente o poder de transformação da nossa mente. Nossa possibilidade de controlar o mundo exterior é obviamente bem limitada, mas não acontece a mesma coisa com nosso mundo interior. O que sempre me surpreende são os esforços incríveis que fazemos na vida cotidiana para correr atrás de metas tão vãs quanto desgastantes, e não para encontrar o que uma felicidade certa traz.

Muitos pensam que é difícil demais treinar a mente. Entretanto, sabemos que precisamos de muitos anos para aprender a ler, escrever, instruir-nos, aprender uma profissão ou dominar uma arte ou um esporte. Por que mistério a mente deveria ser uma exceção? Se quisermos ser mais abertos, mais altruístas, menos confusos e encontrar a paz interior, é necessário demonstrar perseverança.

No aspecto físico, as façanhas esportivas logo esbarram em limites insuperáveis. À custa de treinamento, alguns correm mais rápido que outros e pulam cada vez mais alto. Mas, de fato, ganham apenas alguns centésimos de segundo ou alguns centímetros. Está fora de cogitação um ser humano correr 100 metros em quatro segundos, ou ultrapassar 4 metros de altura. Ao contrário, não vejo como poderia haver limites ao amor e à paz interior. Uma vez que nosso amor pelas pessoas alcance certo grau, nada vai impedi-lo de se tornar ainda mais amplo e profundo. As limitações naturais que se aplicam ao quantitativo não têm motivo nenhum para se aplicarem ao qualitativo.

Portanto, para se transformar, não há outra solução senão perseverar na prática cotidiana. Isso pode parecer fastidioso, como dizia Jigme Khyentse Rinpoche, mas, se ficarmos aborrecidos durante a meditação, não é culpa da meditação. Estamos simplesmente nos confrontando com nossos velhos hábitos, nossa distração e nossa inércia diante da mudança. O budismo enfatiza a repetição e a regularidade, usando a imagem da água, que, gotejando, acaba enchendo um vaso grande. É melhor fazer sessões de meditação curtas, porém frequentes, do que longas sessões muito espaçadas no tempo. As neurociências mostram claramente que o treinamento regular provoca mudanças no próprio funcionamento e na estrutura do cérebro. É o que se chama neuroplasticidade.

Agora, como podemos manter uma meditação no meio das atividades da vida cotidiana? Primeiro, é importante dedicar um pouco de tempo a isso todo dia, mesmo que seja apenas meia hora. O fato de meditar de manhã cedo traz certo "perfume" ao dia, um perfume que vai impregnar nossas atitudes, nossos comportamentos e nossas interações com os outros. É possível também, a qualquer momento, remeter-se a essa primeira experiência do dia. Toda vez que dispusermos de um tempo livre, poderemos mergulhar de novo nisso e prorrogar seus efeitos benéficos. Esses momentos vão nos ajudar a situar os eventos da vida cotidiana em uma perspectiva mais ampla, e a vivê-los com mais serenidade. Aos poucos, pela força do hábito, nossa maneira de ser vai evoluir. Assim, poderemos agir de maneira mais eficiente sobre o mundo ao nosso redor e contribuir para a construção de uma sociedade mais sábia e altruísta.

Uma prática pessoal

Matthieu: Quanto à minha própria prática cotidiana, o que dizer? O ritmo da minha vida varia muito conforme as circunstâncias. O que há de mais diferente de um eremitério no Himalaia que o Fórum Econômico de Davos? Idealmente, o corpo deve ser o eremitério da mente. Idealmente também, quando nossa prática espiritual é suficientemente estável e profunda, ela se mantém em quaisquer circunstâncias, na calma como no caos, na alegria como na tristeza. Essa capacidade depende por sua vez da compreensão, graças à experiência interior, de que nada pode alterar a consciência despertada que sempre

> As neurociências mostram claramente que o treinamento regular provoca mudanças no próprio funcionamento e na estrutura do cérebro.

esteve e estará presente atrás da cortina dos pensamentos e das emoções que surgem sem parar. Pessoalmente, estou longe de ter alcançado esse nível, mas a vida que passei ao lado de grandes mestres espirituais, assim como cinco anos de retiro solitário por períodos de algumas semanas por ano, me deram pelo menos uma amostra. Embora eu ainda tenha que percorrer a maior parte do caminho, a convicção de que a direção mostrada por meus mestres é a boa me enche de alegria.

Nas condições que considero ótimas, isto é, quando estou no meu eremitério, a duas horas de estrada de Katmandu, qual é meu dia típico? Como as primeiras horas da manhã são propícias à clareza da mente, levanto às 4h30 e então faço uma sessão de meditação até o amanhecer. Em seguida, tomo um café da manhã simples no aterro em frente ao eremitério, contemplando as brumas do vale, os pássaros voando na floresta abaixo e as montanhas majestosas, que alguns dias aparecem claramente e outros, menos. Então, faço outra sessão de meditação até o meio-dia. Após a pausa para almoçar, leio geralmente textos tibetanos, ou trabalho uma hora ou duas quando estou com algum projeto. Então, retomo minha prática até o anoitecer.

O budismo ensina muitas práticas adaptadas às necessidades e às disposições de cada pessoa. Em geral, começam por uma reflexão aprofundada sobre a sorte única que representa a existência humana livre, sobre a impermanência de todas as coisas, sobre o caráter inelutável da causalidade dos atos (se quisermos evitar o sofrimento, é preciso parar de criar suas causas) e sobre os inúmeros suplícios que as pessoas sofrem quando sua visão de si mesmas e do mundo não corresponde à realidade. Essas reflexões são seguidas pelas práticas ditas "principais", que culminam com a meditação sobre a natureza última da mente, a pura consciência despertada além dos conceitos. Os dias, as semanas, os meses se sucedem assim, nessa disciplina regular que, longe de ser monótona, preenche em geral o praticante de uma alegria serena, dando-lhe a impressão de utilizar da melhor maneira possível o tempo que lhe resta a viver.

Alguns pensam que se retirar assim do mundo é egoísta. Estão errados, já que a finalidade essencial dessas práticas é perceber mais claramente a impostura do ego e libertar-se do seu domínio, e que isso leva à benevolência e à compaixão que permitem colocar-se verdadeiramente a serviço dos outros.

Como encontrar o equilíbrio entre os retiros e a vida ativa? Conheci no Tibete um húngaro de uns 30 anos que havia trabalhado em um escritório de advocacia em Pequim. Um dia, enquanto passava as férias no oeste do Tibete, encontrou um mestre espiritual respeitado. Ficou algum tempo com ele e, após sua morte, passou vários anos fazendo retiro em eremitérios de montanha. Os pastores nômades lhe forneceram suprimentos, como se costuma fazer no Tibete. Mais tarde, enquanto eu voltava do Tibete e estava prestes a sair da China, um amigo me informou que esse homem decidira ir até um lugar sagrado muito afastado, na fronteira com a Índia, para passar o resto da vida em retiro. Quando, algumas horas depois, cheguei a Hong Kong, com sua vida trepidante, seu luxo, sua proliferação de restaurantes e lojas, senti uma profunda nostalgia e me perguntei se eu não deveria ter seguido o exemplo desse húngaro.

É um dilema, para mim, decidir quanto tempo vou dedicar aos retiros e quanto tempo às atividades um tanto desenfreadas às quais me dedico. Uma vez, fiz essa pergunta ao dalai-lama. Ele me respondeu que, se eu tinha certeza, após doze anos de retiro solitário, de ter alcançado o nível espiritual do grande eremita tibetano Milarepa, que viveu no século XII, mas cuja biografia ainda hoje é fonte de inspiração para a maior parte dos budistas, então deveria passar o tempo todo em retiro. Mas, se eu não estivesse certo do resultado, talvez fosse melhor dedicar seis meses por ano aos retiros e os seis meses restantes às outras atividades, sobretudo aos projetos humanitários. A segunda solução me pareceu refletir mais justamente minhas modestas capacidades! As circunstâncias da vida ainda não permitiram que eu guardasse seis meses por ano para fazer retiros, mas pretendo remediar isso o quanto antes. Agora, estou me aproximando do fim da minha existência, e, no melhor dos casos, isto é, se eu não morrer amanhã, disponho apenas de um número bem limitado de anos para viver. Portanto, espero ardentemente poder reatar a prática contemplativa, que, afinal de contas, foi a razão principal da minha primeira viagem à Índia, quando fui ao encontro dos mestres espirituais que inspiraram toda a minha vida.

Alexandre: Graças a vocês, vejo como é importante não relegar a prática espiritual ao nível de atividade secundária. O que levou Buda à iluminação foram sua convicção e sua determinação. Para acabar com o sofrimento, ou pelo menos para assumi-lo, não há nada melhor que um guia, uma prática e muita perseverança. Fazer trabalhos esporádicos nunca traz grandes resultados. Aguentar, manter o rumo, é verdadeiramente o mais difícil. É por isso que uma autêntica motivação, que ultrapassa a área de atuação do ego, um impulso profundamente altruísta, permanece um motor ímpar. Em suma, o essencial da ascese pode se resumir em poucas palavras: "Você tomará muito cuidado do seu corpo, do seu coração e do outro".

Conselhos para uma prática cotidiana

Matthieu: Anteriormente, mencionei que a renúncia não consiste em se privar daquilo que é verdadeiramente bom, mas de se desfazer do que cria o sofrimento. Para conseguir isso é preciso primeiro deixar de lado as atividades que não são construtivas nem para si nem para os outros. Em outras palavras, é preciso fazer uma faxina em sua vida. Algumas coisas nos parecem interessantes, mas não contribuem em nada para nossa liberdade interior, quando não criam obstáculos para ela. Conta-se que um brâmane, muito curioso por natureza, vinha fazer inúmeras perguntas a Buda, do tipo: "O universo é infinito? Houve um começo? Por que as flores têm cores variadas?", etc. Às vezes, Buda lhe respondia, outras, permanecia calado. Um dia, já que o brâmane insistia de novo, Buda pegou um punhado de folhas nas mãos e lhe perguntou: "Onde existem mais folhas, na floresta ou em minhas mãos?" O brâmane não teve dificuldade para responder: "Na floresta, claro". Buda lhe disse então que, como as folhas da floresta, os assuntos de conhecimento eram incalculáveis, mas que apenas um punhado deles era indispensável para alcançar o Despertar. Conhecer a temperatura das estrelas ou a maneira como os vegetais se reproduzem é apaixonante, mas isso não nos ajuda a entender a natureza da nossa mente, a nos libertar das toxinas mentais, a adquirir uma benevolência sem limite, e, afinal de contas, a alcançar o Despertar. Assim, tudo depende claramente da meta que fixamos. Daí a importância do nosso questionamento inicial: "O que conta verdadeiramente em minha existência?" Será que, ao apostar na riqueza, no poder e na celebridade, caio em armadilhas? Ou será que é trabalhando para o bem dos outros e de mim mesmo? O verdadeiro praticante não tem dificuldade em renunciar às coisas fúteis, porque sente por elas tão pouco interesse quanto um tigre por um monte de palha. Portanto, ele se dedica a "simplificar, simplificar, simplificar", como dizia Thoreau. Por fim, é preciso tomar consciência do valor do tempo. O tempo passa de forma extremamente rápida. O tempo é como a água que não podemos impedir de escorrer entre nossos dedos. Mas, utilizado de forma apropriada, ele permite que o praticante se dedique ao essencial. No dia de um eremita, cada hora se torna um tesouro. Como escrevia Khalil Gibran, o tempo é "uma flauta no coração da qual o murmúrio das horas se transforma em música". Alguns falam em "matar o tempo". Que terrível constatação de falta de sentido. Há tantas coisas apaixonantes para fazer! Se deixarmos sempre a prática do essencial para amanhã, essa indecisão corre o risco de nos acompanhar até a morte. O bom momento para começar é *agora*.

EPÍLOGO

Em uma clara manhã de inverno, chegamos ao termo de nove dias de diálogo que cristalizaram um desejo que ansiávamos havia muito tempo, o de falar com o coração daquilo que nos apaixona, nos inspira, nos preocupa e às vezes nos atormenta. Nossa amizade, já bem viva, reforçou-se e aprofundou-se com isso, e nosso sentimento de cumplicidade se tornou mais forte.

Somos apenas viajantes em busca de sabedoria, conscientes de que o caminho é longo e árduo, e de que temos ainda muitas coisas para descobrir, elucidar e integrar pela prática. Os lenhadores da compaixão, os funileiros do ego e os aprendizes da sabedoria fizeram o melhor que podiam, com alegria e entusiasmo. Nosso desejo mais caro é oferecer a todos aqueles que leram estas linhas assuntos de reflexão suscetíveis de inspirá-los e de lhes trazer tanta luz quanto trouxeram para nós.

Três autores e amigos inspiradores

Previstas para serem feitas por três pessoas, estas conversas logo incluíram uma pequena família de amigos que vieram assistir a elas, alguns por poucas horas, outros por toda a duração das discussões. Durante as pausas, as refeições e os passeios, eles reagiram às nossas falas e ofereceram sugestões.

Sandra, tão atenta e solícita, que todos os dias fez uma deliciosa comida vegetariana, sugeriu, entre outras coisas, falar da escuta, o que nos inspirou o capítulo que leva esse título.

Nossas editoras, Catherine e Nicole, assistiram a todo o encontro ou a parte dele e nos esclareceram com seus sábios conselhos, enquanto Guillaume e Sophie, que não puderam se juntar a nós, no guiaram durante a elaboração do livro.

Ao lado de Catherine, que teve papel essencial na diagramação, Christian trouxe uma ajuda preciosa para melhorar a apresentação e a legibilidade do texto.

Yahne, a mãe de Matthieu, de 90 anos, ofereceu-nos algumas pérolas da sua mente criativa e poética, sugerindo ter "um coração sobre cada mão"* e lembrando-nos de que "somos eternos a cada instante".

O amigo Yeshé gravou e filmou cuidadosamente todas as conversas; realizou também os retratos dos três marujos do Despertar que estão no livro.

Anne e suas filhas nos receberam em sua bela e tranquila casa. Élie, Sandra e Clara transcreveram nossas conversas.

Apesar da sua pouca idade, Augustin, o filho de Alexandre, assistiu à maior parte das conversas. Sua presença calma e atenta nos lembrava de sermos claros e simples. Seu afeto e sua dedicação por seu pai nos inspiraram.

Patricia nos ajudou com diligência a organizar nossa logística e se juntou a nós na Dordonha.

Alexandre não poderia escrever e testemunhar sem uma imensa rede de solidariedade. Todo o seu reconhecimento vai para sua mulher, seus filhos e seu pai espiritual, para Romina Astolfi, sua assistente, e para seus amigos no bem, que estão ao seu redor e o apoiam dia após dia. Um agradecimento muito especial a Justine Souque, Émilie

* Essa licença poética remete à expressão idiomática francesa "*avoir le coeur sur la main*" (ter o coração sobre a mão), que se usa para qualificar uma pessoa habitualmente generosa. (N. do T.)

Houin, Delphine Roché, Sandra Robbiani e Baudoin d'Huart por sua constante ajuda ao longo da aventura deste livro.

Finalmente, uma menção especial a Delphine, que devia receber inicialmente a nós três na sua casa, nas montanhas da Suíça. Já havia vários anos que Alexandre e Matthieu se encontravam lá por algum tempo, e toda vez eles ligavam para Christophe e diziam como gostariam que se juntasse a eles. Foi Delphine que propôs, há três ou quatro anos, reunir-nos em sua casa para as conversas. Porém, por diferentes motivos ligados aos acasos da existência, decidimos no último momento que íamos nos encontrar nas florestas da Dordonha. Delphine, então convalescente, pôde passar alguns dias lá com seu amigo Mark e aproveitar plenamente o belo ambiente que reinou ao longo das conversas.

Uma última aspiração

Quando estávamos chegando ao fim das conversas, Matthieu propôs voltarmos à intenção inicial, de sermos úteis aos outros. A melhor maneira de concluir os belos dias que passamos juntos é dedicar as benfeitorias desse encontro a todos os seres e desejar que de tudo isso saia algo positivo, útil e merecedor, que contribua para aliviar, direta ou indiretamente, os sofrimentos que os assolam. Possam eles também progredir em direção à liberdade, à sabedoria e ao conhecimento!

OUTROS LIVROS DOS AUTORES PUBLICADOS NO BRASIL

Christophe André

Aprendendo a conviver com pessoas difíceis. São Paulo: Ática, 1998. (Escrito em parceria com François Lelord.)

Autoestima: amar a si mesmo para conviver melhor com os outros. Rio de Janeiro: Viva Livros, 2014. (Escrito em parceria com François Lelord.)

Imperfeitos, livres e felizes: práticas de autoestima. Rio de Janeiro: Best Seller, 2009.

Psicologia do medo: como lidar com temores, fobias, angústias e pânicos. Rio de Janeiro: Vozes, 2006.

Viver feliz: a construção da felicidade. São Paulo: WMF Martins Fontes, 2006.

Matthieu Ricard

A arte de meditar: um guia prático para os primeiros passos na meditação. São Paulo: Globo, 2009.

A revolução do altruísmo. São Paulo: Palas Athena, 2015.

Felicidade: a prática do bem-estar. São Paulo: Palas Athena, 2007.

O monge e o filósofo: o budismo hoje. São Paulo: Mandarim, 1988. (Escrito em parceria com Jean-François Ravel.)

Compartilhe a sua opinião
sobre este livro usando a hashtag
#oCaminhoDaSabedoria
nas nossas redes sociais:

 /EditoraAlaude

 /EditoraAlaude